New Normal

뉴 노멀

New Normal

뉴노멀

윤기영·이명호 지음

정상과 비정상의 경계에서
우리는 새로운 정상^{New Normal}을 말해야 한다

매일 아침 눈을 뜨자마자 오늘은 확진자가 얼마나 늘었는가 찾아보는 것이 일상이 되었다. 마스크를 착용하고 길거리로 나서는 것 역시 일상이 되어 버렸다. 이뿐만 아니다. 경제활동에서도 '비정상'이었던 것들이 점점 '정상'과 '일상'으로 여겨지고 있다. 비즈니스를 위한 대면 미팅은 화상회의와 이메일 소통으로 대체되었다. 대형마트 매출은 급감하는 반면 온라인 유통은 특수를 맞이하는 등, 산업에 따라 희비가 엇갈리기도 한다. 한편 경영난에 빠진 기업 가운데는 구조조정을 고려하고 있는 곳도 있다. 젊은이들의 취업 가능성은 낮아지고 있으며, 이런 상황이 장기화될 경우 무직 상태가 당연시될지 모른다는 우려 섞인 전망도 들려온다.

이러한 시점에서 미래학자는 현재에 묻히지 아니하고 어떻게 해서든지 미래를 살펴보려고 한다. 모든 사람이 마스크를 끼고 제한된 공간에 스스로를 격리시키는 이 생활이 한없이 지속될 수는 없다. 지속되어서도 아니 된다.

그러나 현재의 관행에 익숙해져 버린 사람들은 어느덧 그 관행을 정상^{Normal}
이라고 인식한다. 비정상을 정상이라고 인지한 사람들은 더이상 현 상태를
개선하려는 시도조차 하지 않는다.

이러한 시점에서 우리에게 필요한 것은 무엇일까. 바로 비정상은 정상이
아니라고 말하는 지식인의 존재다. 지금의 이 상황이 정상이 아니며, 새로운
정상이 어디엔가 있다는 사실을 말하는 지식인 말이다. 우리는 새로운 정상
을 찾아 나서야만 하며, 현재의 비정상을 버릴 준비를 해야만 한다.

많은 지식인이 현재의 바이러스 난국에 매몰되어 있는 이때, 미래의 새
로운 정상인 '뉴 노멀$^{New Normal}$'을 이야기할 가장 적합한 사람은 미래학자다.
《뉴 노멀》은 코로나19 바이러스가 전 세계를 휩쓸고 있는 이 시점에서 팬데
믹 이후의 세계를 내다보려는 미래학자들의 결과물이다. 미래학회 이명호 부
학회장과 윤기영 이사의 노력이 우리에게 귀중한 이유다. 《뉴 노멀》이 코로
나19 바이러스로 인해 어두워진 우리의 눈을 새롭게 하기를 기대한다.

2020년 6월 18일
사단법인 미래학회 회장 김동환

단 2개월 만에 뒤집힌 세상…
역사의 변곡점에서 더듬어보는 미래

세상은 BC^{Before Corona}와 AC^{After Corona}로 나뉜다

미래학의 대부 짐 데이터^{Jim Dator}, 역사학자 유발 하라리^{Yuval Harari} 등 세계적 석학들이 코로나19로 인해 '인류 사회가 그 이전과 이후로 달라질 것'이라 보고 있다. 많은 나라가 국경봉쇄와 도시봉쇄를 택하여 세계 교역량과 경제활동이 급감했다. 많은 나라에서 일자리가 크게 줄어들었고 각국 정부는 경제적 재앙을 막기 위해 재정을 투입하고 있다. 의료 붕괴를 넘어서 사회가 혼란에 빠지고 도시가 마비되었다. 국가의 권한은 강화되고 있다. 아직도 코로나19의 기세가 꺾이지 않고 있는데 내년에 올 2차 파동을 걱정하고 있다. 1929년 세계 대공황보다 심각하고 장기화될 경제 침체의 가능성이 커진다고 한다. 코로나19의 영향을 극복하는 과정에서 새로운 질서가 도래할 것으로 보인다.

하라리는 코로나19 이전과 이후의 변화를 전체주의적 감시국가와 시민의식의 강화, 국가주의의 강화와 글로벌 연대 사이의 선택으로 요약했다. 코로나19가 전 세계적으로 정치 · 경제 및 사회 전반에 영향을 미칠 것으로 전망된다. 그리고 그 영향은 코로나19의 심각성 정도와 대응 역량, 사회경제 시스템의 차이에 따라 다르게 나타날 것이다. 세계 석학의 손가락을 따라갈 것이 아니라 우리의 시각으로 코로나19로 인한 뉴 노멀을 진단하고 전망하는 것이 필요하다.

뉴 노멀 1.0과 뉴 노멀 2.0

뉴 노멀은 2007년의 글로벌 금융위기로 이미 등장한 개념이다. 10여 년 만에 다시 떠오른 뉴 노멀 이야기에 누군가는 식상함을 느낄 수도 있다. 글로벌 금융위기 당시와 지금은 어떤 차이가 있을까. 우리는 왜 뉴 노멀을 다시 꺼내야 하는가.

10여 년 전, 금융시스템에서 시작된 문제는 다시 금융시스템에 일정한 변화를 가져왔다. 그러나 정치 · 경제 및 사회에 굵직한 변화를 가져오지는 않았다. 다만 금융시스템에만 몇 가지 변화가 있었다. 금융에 대한 자유방임주의는 포기되었으며, 2017년 글로벌 은행자본규제를 강화하기 위한 바젤 규제 개혁이 완료되었다. 양적 완화로 풀린 현금은 금융기업을 살리는 데 동원되어 '이윤의 사유화와 손해의 사회화'를 다시 확인시켰다. 양적 완화로 화폐의 가격이 낮아지면서 자산의 가격이 높아졌고 이는 다시 임금 노동자의 소득 감소로 연결되어 사회의 양극화, 저성장을 심화시켰다. 하지만 당시의 뉴 노멀은 금융산업에 국한되었고, 정치 · 경제 시스템의 전환이나 도시 거리의 풍경을 바꾸지는 못했다.

저마다의 이름으로 부르던 '뉴 노멀'

금융위기 이후 전 세계에 불어닥친 장기적 저성장 기조가 뉴 노멀 1.0이라면, 이번 코로나19로 인한 변화를 뉴 노멀 2.0이라고 할 수 있다. 뉴 노멀이라는 용어가 사용되지는 않았으나, 토마스 쿤Thomas Kuhn의 패러다임, 지아우딘 사다르Ziauddin Sardar의 포스트 노멀 시대Post Normal Times, 대니얼 벨Daniel Bell의 '후기 산업사회', 앨빈 토플러의 '제3의 물결', 미국육군대학의 VUCAVolatile, Uncertain, Complex, Ambiguous, 21세기의 디지털 전환 및 클라우스 슈밥의 제4차산업혁명 등도 새로운 질서와 뉴 노멀에 대한 전망이다.

근본적이고 급격한 변화에 대한 반복적 전망은 뉴 노멀을 식상하게 한다. 거듭된 강렬한 경고는 듣는 사람으로 하여금 경고음을 식상하게 하고, 그 경고가 주는 메시지에 둔감하게 만든다. 그렇다고 그 변화의 물줄기를 놓치는 것은 단순히 미래의 기회를 상실하는 것에 그치지 않는다. 국가 차원에서는 국제적 경쟁력이 약화될 수 있으며, 기업은 이익이 줄어들고 소멸할 위험에 처하게 될 것이다. 개인 입장에서는 자신의 꿈과 미래를 버리게 한다. 변화의 조짐을 제대로 인식하지 못하면 인류 차원에서도 그 존재의 지속가능성이 크게 낮아진다. 그런데 이 경고음에 신경을 곤두세우기 전에 '이 경고음이 진실된 것인가? 또 다른 양치기 소년의 외침은 아닐까?' 확인해볼 필요가 있다.

팬데믹은 잠시 스치고 지나가는 사건이 아니다

코로나19로 인한 변화가 진정한 의미의 뉴 노멀을 초래할 것인가? 여기서 진정한 뉴 노멀이라 함은 그만큼 변화의 힘이 강력한가 하는 것이다. 이를 위해서는 충격의 지속성, 충격의 강도와 충격이 영향을 미치는 범위를 확인해야 한다. 가능하다면 충격이 미치는 힘의 방향도 알 수 있어야 한다. 힘은 방향이 있는 벡터값이며, 변화에도 방향이 있기 때문이다.

첫째, 코로나19 및 신종전염병으로 인한 충격은 지속적일 것으로 판단된다. 코로나19의 영향은 짧으면 1년, 길면 2년 정도 계속될 것으로 전망된다. 그만큼 치료제와 백신의 개발이 어렵다. 다행스럽게 빠른 시일 내에 치료제와 백신을 발견하거나 개발할 수도 있다. 그러나 코로나19의 변종이 지속적으로 발생하면 백신 개발이 무의미해진다. 설사 효과가 좋은 치료제와 백신이 개발되어도 다른 신종 감염병이 끝없이 등장할 수 있다.

메가트렌드인 기후 온난화, 식량부족으로 인한 농지 확대, 도시화와 세계화로 인해 신종 감염병의 등장 주기가 짧아질 것이다. 신종 감염병은 반복적으로 등장하여 인류를 괴롭힐 가능성이 다분하다. 코로나19와 같이 전염력과 치사율이 높은 전염병의 등장이 예외적이었다고는 하나, 기후 온난화라든가

농지 확대 등 역시 인류 역사상 예외적 현상이다. 이들 메가트렌드의 추이를 보면 제2의 코로나19가 다시 등장할 개연성이 높다.

둘째, 코로나19는 단독으로도 그 충격이 크다. IMF는 〈세계경제전망 2020〉에서 2020년 세계경제성장률을 -3%로 전망했다. 2007년 글로벌 금융위기 당시 -0.1%보다 성장률 하락의 폭이 더 크다. 1930년의 대공황 이후 경제성장률이 가장 낮다. 미국은 코로나19에 속수무책이며 중국은 그들의 민낯을 보여주게 되었다.

다른 메가트렌드와 결합한 코로나19의 파괴력은 경제성장률이나 보건 시스템에만 영향을 주지 않는다. 인류 사회 전반에 깊고 굵은 충격파를 던질 것이다. 특히 디지털 전환Digital Transformation이 가속화되고 있으며, 미국과 중국의 글로벌 헤게모니 경쟁 및 세계질서의 다극화에 영향을 미친다. 마이크로소프트의 CEO인 사티아 나델라Satya Nadella는 코로나19로 인해 과거 2년간의 디지털 전환 진척 정도가 단 2개월 만에 이루어졌다고 했다.

셋째, 코로나19가 주는 충격은 광범위하게 영향을 미칠 것이다. 코로나19는 국제질서, 국가전략, 사회질서, 기업전략 및 개인의 모든 계층에 영향을 미칠 것이다. 또한 사회·기술·경제·환경 및 정치·제도의 모든 영역에도 변화의 파도가 휩쓸 것이다. 이 책의 본론에서 이러한 변화의 양과 방향성을 전망하려고 하므로 여기서는 간략하게 그 영향의 범위를 짚어 보는 정도에 그치겠다.

코로나19는 국제질서와 국가전략 차원에서 고립주의의 강화, 보건을 포함한 글로벌 리스크에 대한 국제적 협력 필요성 강화를 가져올 것이다. 기업 전략의 측면에서 리쇼어링Reshoring과 국제적 분업의 다양화와 국내 산업 생태계 구축 등을 고려하게 할 것이다. 기업은 가속화된 디지털 전환에 적극적으로 대응해야 할 것이다.

코로나19와 이로 인한 디지털 전환의 가속화는 자영업자의 폐업률을 높일 가능성이 있다. 사회적 거리두기가 일상화되는 경우 남녀 간의 이성 교제 방식도 이전과 달라질 수 있다. 디지털 전환으로 개인에게 디지털 역량과 디지털 문해력을 요구하게 될 것이고, 상대적으로 디지털 역량이 낮은 디지털 이주민과 디지털 노마드인 X세대와 Y세대에게 퇴직압력이 높아질 수 있다. 코로나19 이전에도 이러한 경향이 없었던 것은 아니나, 디지털 전환이 가속화되면서 이에 적응할 수 있는 시간을 단축시킬 위험이 있다.

마지막으로 코로나19가 야기한 변화의 방향에 대한 것이다. 우리는 코로나19가 거대한 변화를 불러올 것으로 알고 있고, 진정한 의미의 뉴 노멀을 초래할 것을 알고 있다. 그러나 변화의 방향은 아직 알지 못한다. 과학기술의 발전과 전염병 등의 외부 동인은 변화의 동력이다. 변화의 동력은 자동차의 엔진과 같다. 자동차의 진행 방향은 운전대를 잡고 있는 우리 인류의 손에 달려 있다. 글로벌 협력을 강화하고 시민의식을 높이며 새로운 경제시스템을 만들어 낼 수도 있지만, 전체주의적 디지털 감시국가의 악몽을 실현하게 될 수도 있다. 그것은 코로나19와 다른 메가트렌드에 의해 결정되는 것이 아니라 인류와 우리 한국 사회가 결정해야 한다.

기회의 창을 내다보며…

　세상은 고정되어 있지 않으며 끊임없이 변전하고 흐른다. 2차세계대전, 1971년의 금태환제도 폐지, 1980년 미국의 레이건 대통령과 영국의 대처 수상이 주도한 신자유주의 체제의 도입, 1991년 소비에트연방의 해체, 20세기 말의 닷컴 버블의 붕괴, 2007년의 글로벌 금융위기 등은 뉴 노멀을 불러왔다. 각각의 뉴 노멀은 새로운 변화와 질서를 가져왔으며, 한국사회와 인류는 이에 적응하여 살아남았다. 코로나19가 가져오는 뉴 노멀도 끊임없는 변전의 하나에 불과할 수 있다.

　21세기는 과학기술의 발전으로 인류에게 거대한 전환의 시기가 될 것으로 전망된다. 디지털 전환, 4차산업혁명은 사회적 생산성의 급격한 증가를 가져올 것이며, 지식의 가치와 사람 간 관계의 의미 변혁을 가져올 것이다. 그런데 이러한 변화는 빨라도 21세기 중반 혹은 21세기 하반기에 성숙해질 가능성이 있다. 코로나19는 디지털 전환 등의 흐름을 가속화하며 동시에 내용과 방향설정에 영향을 미칠 것이다. 이로 인해 거대한 전환이 가능할 수 있다. 코로나19는 거대한 기회가 될 수도 있고, 이와는 반대로 양대 강국의 노골적 현실주의적 국제정치 강화, 역세계화 및 개인 간의 단절과 파편화의 위험을 가져올 수도 있다.

　이 책에서 거대한 뉴 노멀을 모두 더듬는 것은 불가능하다. 아직 그 물길의 방향이 열려 있기 때문이다. 그러나 변화를 따라가다 보면 새로운 기회의 창이 열리는 것을 볼 수 있다. 이 기회의 창은 여러분에게 새로운 도약의 기회를 가져다줄 것이다. 이 책에서 뉴 노멀의 조짐을 개략적으로 훑어 인류 사회와 한국 사회가 미리 준비하고 바람직한 미래를 만드는데 작은 보탬이 될 것으로 믿는다.

2020년 6월

윤기영, 이명호

목차

2장 사회 | 오늘부터의 세상은 낯선 곳

3장 기회 | 보려고 하는 사람에게만 보이는 것

1장

경제

지금은
경주 직전의
숨고르기

준비되지 못한 채 성큼
다가온 미래

변화에 가속도가 붙다

코로나19는 디지털 전환Digital Transformation을 가속화하고 있다. 윌리엄
깁슨은 "미래는 이미 와 있다. 단지 널리 퍼져있지 않을 뿐이다"라고 했는데,
정말 "준비되지 않은 채 미래가 훌쩍 왔다." 마이크로소프트의 CEO인 사티아
나델라Satya Nadella는 "우리는 과거 2년간 이뤄지던 디지털 전환이 2개월 만에
이뤄지는 것을 목격하고 있다. 원격 팀워크 노동 및 원격 학습, 영업 및 고객
서비스, 중요한 클라우드 인프라 및 보안에 이르기까지" 코로나19로 인해 디
지털 전환이 빠르게 진행되고 있다고 했다.[2]

코로나19가 디지털 전환을 가속화하는 현상과 그 결과에 대한 전망을 하
기 전에, 디지털 전환의 의미를 명료하게 이해하는 것이 먼저 필요하다. 디지

털 전환의 의미가 풍부하기 때문이다.

　디지털 전환은 4차산업혁명과 이음동의어[3]로 디지털 기술이 비즈니스, 경제, 사회 및 정부 기능과 융합하여 사회적 생산성을 높이고, 정치, 경제 및 사회에 근본적 변화를 일으킬 것으로 전망된다.[4] 그런데 디지털 전환의 의미가 너무 광범위하다.

　MIT의 슬론Sloan 대학과 컨설팅 회사인 캡제미니Capgemini는 디지털 전환을 사용자 경험, 운영 프로세스, 디지털 비즈니스 모델로 나누었다[5]. 글로벌 경영전략 3대 컨설팅 회사의 하나인 매킨지Mckinsey는 디지털 전환을 순환적 연속적 과정으로 보고, 사용자 경험 · 제품과 비즈니스 혁신 · 디지털 업무 프로세스 등이 순환적으로 연계된다고 보았다.[6] 따라서 캡제미니와 슬론의 디지털 전환과 매킨지의 디지털 전환은 다르지 않다. 앤서니 스콧Anthony Scott은 "전환Transformation"을 운영 프로세스 전환, 운영 비즈니스 모델 전환, 전략 전환으로 나누었다.[7] 슬론과 캡제미니의 디지털 전환에 디지털 전략을 더한 것이다. 하버드의 케네디 스쿨은 디지털 기술과 나노 물질 기술 및 생명과학기술 등의 발달로 사회 및 정치에 근본적 영향이 있을 것으로 보아 미래 사회The Future Society에 대한 별도의 연구를 진행하고 있다.[8]

　이는 20세기 말의 정책학자 예헤즈켈 드로어Yehezkel Dror[9] 의 고민과 2016년 세계경제포럼WEF의 회장인 클라우스 슈밥Klaus Schwab의 생각[10] 을 이어 받은 것으로 보아야 한다. 디지털 전환의 과정을 디지타이제이션Digitization, 디지털라이제이션Digitalization, 디지털 전환Digital Transformation으로 나누어 접근하고, 비즈니스와 제조에서의 디지털화를 디지털라이제이션이라 하고, 정치 경제 및 사회의 전환을 디지털 전환으로 규정하는 경우도 있다.[11]

디지털 전환과 미래 시간의 관계[12]

단기 미래를 포함한 현재					10년 후의 장기 미래
사용자 경험	절차	디지털 비즈니스 모델	디지털 전략	조직 구조, 조직 문화 전화	정치, 경제, 사회의 전환

디지털 전환에 대한 시각틀과 20세기 말의 디지털까지 포함하여 통합한 접근이다.

　디지털 전환에 대한 풍부한 정의는 정의자의 전공과 활동 분야로 말미암은 것이다. 비즈니스 분야에서는 비교적 단기적 전망이 필요하여 디지털 전환을 단기적 시각 틀에서 보려 하고, 사회학이나 정치학 전공자는 정치와 사회가 전환하는 데 비교적 장기가 소요되므로 디지털 전환을 장기적 시각 틀로 보려 한다. 그런데 지구는 멈춰 있지 않다. 끊임없이 변전하는 것으로 디지털 전환도 통시적으로 보아야 한다. 디지털 전환이 가져올 가능성을 높이고 위험을 최소화하기 위해서도 이러한 시간을 관통하여 변화의 흐름을 전망하는 것이 필요하다. 위 그림은 시간과 디지털 전환의 대상과 내용의 흐름을 보여주기 위한 것이다.

빠르게 변화하고 있는 한국 사회

한국 상황을 보면 디지털 전환의 속도는 예상보다 빠르지 않았다. 우리나라에서는 RPA^{Robot Process Automation}를 적극적으로 도입하려 하고 있으나, 이는 업무 프로세스 자동화를 통해 인건비를 절감하기 위한 시도에 한정된다. 인공지능 기술을 이용하여 챗봇^{ChatBot}과 음성 대화 시스템을 구축하려는 동인은 콜센터 직원을 인공지능으로 대체하여 비용을 줄이려는 접근이었다. 언택트^{Untact, 비대면} 비즈니스는 코로나19로 인해 화두가 된 것이 아니라, 인건비를 줄이고 관련된 시간 비용을 고객에게 전가시키는 접근이다.

한국의 디지털 전환은 비용효율성을 주요 대상으로 하고 있다. 디지털 비즈니스 모델과 디지털 전략으로의 전환은 상당한 불확실성을 수용해야 한다. 그럴 정도의 용기 있는 경영진과 정책담당자가 많지 않으며, 경영진과 정책담당자가 디지털 전환을 적극적으로 시도하게 할 유인요소가 없거나 있더라도 크지 않기 때문이다. 그렇다고 다른 나라가 우리나라보다 크게 앞선 것도 아니다. 우리나라에서 디지털 전환의 속도가 느리게 진행되지만, 억지로 위안을 삼는다면 다른 나라도 몇 개 기업을 제외하면 그 속도가 빠르지 않았다는 점이다.

원인을 간략히 살펴보면 다음과 같다. 제도 변화가 디지털 기술의 발달에 발과 손을 맞추고 있지 못하고, 기업과 정부의 디지털 성숙도가 낮고,[13] 기업이 단기적 성과평가에 치중하고, 기업과 정부 담당자가 중장기 미래에 투자할 유인요소가 없으며, 디지털 전환의 촉매가 되는 많은 디지털 범용기술[14]이 아직 충분히 성숙하지 않았기 때문이다.

그런데 코로나19가 상황을 바꾸었다. 디지털 전환에 급격한 가속도가 붙었다. 원격근무와 원격교육이 도입되었다. 원격진료도 그간 의사협회의 반대로 진행되지 못하다가 일시적으로 허용되고 있는 상황이다. 정부 회의와 학술적 미팅은 인터넷 미팅으로 진행되고 있는 상황이다. 코로나19 대응을 위한 '진단 · 추적 · 치료'에서 진단과 추적은 직간접적으로 디지털 기술이 활용되고 있다. 코로나백신과 치료제의 개발에도 디지털 기술이 적극적으로 이용되고 있는 상황이다. 사회적 거리두기를 위한 언택트와 온택트^{Ontact, 온라인} _{접촉}도 디지털 기술을 기반으로 진행된다. 코로나19가 디지털 전환의 속도와 영향에 영향을 미치고 있다. 디지털 전환에 적극적이지 않고 체계적이지 않았던, 안이했던 태도와 자세가 더 이상 허용되지 않게 될 것으로 보인다.

기업의 입장에서 디지털 전환은 오랜 시간이 걸리는 것으로 체계적인 접근이 필요하다. 그런데 코로나19는 수년에 걸쳐 진행되는 것을 몇 달 만에 진행되게 한다. 변화가 가속되면 불확실성을 높인다. 불확실성은 이윤과 위험의 원천이다.[15] 개인, 기업, 시민사회단체 및 정부 모두에게 디지털 전환의 가속화는 기회와 위험의 원천이 된다. 코로나19로 인한 디지털 전환이 가져올 변화를 전망하면 다음과 같다.

다섯 가지 핵심 변화

첫째, 디지털 문해력과 디지털 역량이 중요해진다. 디지털 전환으로 개인의 디지털 문해력과 디지털 역량이 더 중요해진다. 온라인 교육과 업무에 디지털 문해력이 낮아서 제대로 업무를 처리하지 못하는 사람을 계속 고용할 수 없는 일이다. 더구나 디지털 역량이 없는 임직원이 실행가능하며 경쟁력 있는 디지털 비즈니스 모델 등을 기획하는 것을 기대하기는 어렵다.

디지털 이주민에 해당하는 X세대와 디지털 노마드인 Y세대도 전부는 아니나 다수가 디지털 문해력과 디지털 역량이 부족하다. 기업체에서 이들에 대한 퇴직 압력이 높아질 수 있다. X세대와 Y세대는 디지털 문해력과 디지털 역량을 높이기 위해 적극적으로 학습하려 할 것이고, 이들을 위한 교육 프로그램이 온라인과 오프라인에 모두 만들어질 것이다.

둘째, 일자리의 전환 속도가 빨라질 것이다. 언택트 비즈니스와 긱^{Gig} 경제의 확장 등으로 인한 것이다. 언택트 비즈니스는 다수의 일자리를 컴퓨터 프로그램과 스마트 로봇으로 대체하려 할 것이다. 언택트 비즈니스에서 사용자 채널의 편의성을 높이기 위해 관련 인공지능 기술에 투자하고, 이는 다시 일자리를 스마트 로봇과 인공지능으로 빠르게 전환하게 할 것이다. 프레이^{Frey}와 오스본^{Osborne}이 예상한 속도[16]만큼 빠를 것이다. 그렇지만, 아디다스가 2016년 독일에 세운 스피드팩토리^{SpeedFactory}가 2019년 폐쇄했듯이[17], 많은 분야에서 아직 스마트 로봇과 3D 프린팅이 인간 노동자를 대체하기에는 한계가 있다.

디지털 플랫폼 비즈니스 모델로 인한 긱 경제의 확장도 전통적 노동법의 보호 외곽에 있는 불안정한 일자리를 양산하고, 기존의 양질의 일자리를 감소시킬 가능성이 있다. 일자리 전환 속도의 화두는 사라지는 일자리만큼 새로운 일자리가 만들어질 것이냐 하는 점이다. 이에 대해서는 비관적인 견해가 다수이나, 더욱 문제가 되는 것은 속도이다. 속도가 빠르면 개인이 이에 적응할 수 없게 된다. 새로운 일자리에 요구되는 역량을 빠른 시간 안에 갖출 수 있는 사람은 많지 않다.

셋째, 기업은 디지털 비즈니스 모델과 디지털 전략을 적극적으로 탐색하며, 정부는 디지털 정책을 적극적으로 도입하려 할 것이다. 기업은 변화한 환경에 대응해야 한다. 주류산업은 업무 이후의 회식과 놀이에 큰 영향을 받는다. 주류회사인 버드와이저는 이를 극복하기 위해 온라인 쇼핑몰에서 클럽의 장면을 실시간으로 방영하고 있다.[18] 다수의 기업이 플랫폼 비즈니스 모델을 채택하고 확장하려 할 것이다. 언택트 비즈니스와 온택트 비즈니스가 체계적으로 진행되는 경우 플랫폼 비즈니스 모델과 연계되는 경우가 많기 때문이다.

또한 인공지능 개발을 위해 가치 있는 데이터를 대량으로 확보하기 위해 플랫폼 비즈니스 모델이 최선일 수 있다. 모든 기업이 플랫폼 비즈니스 모델을 택하는 것은 불가능하므로, 다수의 기업이 다양한 디지털 비즈니스 기술을 적용하려 할 것이다. 독일의 인더스트리 4.0이 스마트 프로덕트, 스마트 서비스, 스마트 물류, 스마트 생산을 포함하는 것[19]을 기억할 필요가 있다. 즉, 디지털 비즈니스 모델과 디지털 전략을 인공지능과 플랫폼 비즈니스 모델에 국한되지 않으며, 더 넓은 분야에 확대할 필요가 있다.

넷째, 디지털 범용기술에 대한 적극적 투자가 진행될 것이다. 디지털 전환이 가속화되면 디지털 범용기술[20]에 대한 투자가 탄력을 받게 될 것이다. 인공지능과 빅데이터 분석, IoT^IoT, MIoT, AIoT 등, 3D 프린팅^Additive Manufacturing, VR/AR/MR 기술, 차세대 블록체인, 드론 등의 UAV^Unmanned Aerial Vehicle, 스마트 로봇, 저궤도인공위성 무선 인터넷 등에 대한 투자가 적극적으로 진행될 것이다. 이들 독립된 기술은 단독으로 운영되는 것이 아니라, 다른 범용기술과 융합할 것으로, 이들 기술의 융합도 빠르게 진행될 것이다. 이러한 디지털 범용기술의 발달은 다시 디지털 전환의 속도를 가속화할 것으로, 양의 선순환이 일어나며, 그 속도를 더욱 빠르게 할 것이다.

마지막으로, 디지털 정부로의 전환 속도가 빨라진 것으로, 우리나라 디지털 정부 모델에 대한 수요가 늘 것이다. 우리나라가 코로나19를 체계적으로 대응하고, 원격근무와 원격교육을 시행할 수 있었던 것은 디지털 정부가 일정한 역할을 수행했기 때문이다. 마스크 5부제는 건강보험관리공단과 약국 등에 디지털 시스템이 이미 구축되어 있었기 때문에 가능했다. 제3세계의 경우 한국형 디지털 정부 모델의 이식을 원하게 될 것이다.

경제적 양극화의 가능성

디지털 전환의 가속화는 기회만 제공하는 것은 아니다. 디지털 전환의 가속화에 기민하게 대응하기 위해 다수의 기업은 클라우드 시스템을 이용하려 할 것인데, 이는 자칫 디지털 주권을 상실하게 할 위험이 있다. 글로벌 클라우드 시스템을 장악한 구글, 아마존 등은 지속적으로 서비스를 고도화할 것인데 디지털 주권을 지키기 위한 기업과 정부 차원의 전략과 접근이 필요하다.

디지털 플랫폼 비즈니스 모델은 경제적 양극화를 가져올 가능성이 높다. 코로나19로 인해 미국에서 5,700만개의 일자리가 사라졌지만, 아마존의 회장인 제프 베조스의 자산가치는 240억 달러가 늘었다.[21] 코로나19는 직접적으로 경제적 약자에게 더욱 가혹한 데[22], 코로나19 이후의 디지털 전환의 가속화도 경제적 약자에게 상당히 가혹할 가능성이 있다. 다만 이러한 경제적 양극화의 심화는 오히려 이 문제를 해소할 실마리와 기회를 줄 가능성이 크다. 다만 그 기회가 잔인하고 폭력적이거나 혹은 평화로울 것인가의 차이는 있다.[23]

디지털 문해력과 역량을 키울 여건이 되지 않거나 혹은 키울 수 없는 개인에 대한 배려가 필요하다. 모든 직업과 일에 디지털 문해력이 필요한 것은 아니다. 기업과 정부 정책 분야에서 창업가 징신을 유지하면서도 일자리가 보장될 수 있는 적극적인 정책이 필요하다.[24] 그래야만 디지털 전환을 조직적으로 거부하는 움직임을 예방할 수 있다.

기업과 정부에서 디지털 비즈니스 모델, 전략 및 디지털 정책을 적극적으로 탐구하고 수용할 수 있도록 해야 한다. 이를 위해서는 미래의 불확실성을 포용할 수 있도록 성과평가 제도를 개선해야 한다. 그리고 임직원 중에 디지털 역량이 낮은 경우 재교육을 시키거나 보직을 변경하도록 해야 한다. 정부 조직도 마찬가지다. 디지털 역량이 가장 중요한 역량은 아니나, 데이터와 소프트웨어 등의 디지털에 대한 기초적인 이해가 없으면, 그들은 디지털 비즈니스 모델에 소극적이거나 혹은 실천성 없는 대안을 제시할 우려가 있기 때문이다.

디지털 전환의 가속화는 한편으로 한국사회에 큰 기회가 될 수 있는 동시에, 다른 한편으로 디지털 주권 상실을 가속화할 수 있다. 코로나19 기간 동안 한국사회는 디지털 문해력과 디지털 역량이 상당히 높은 것을 보여주었다. 빠른 시간 안에 디지털 기술을 이용하여 감염자 동선 추적이 가능하도록 했으며, 코로나19 감염지도를 만들었고, 약국별 마스크 보유 현황을 실시간 공유하는 프로그램을 개발했다. 디지털 전환이 가속화되면 우리나라의 디지털 경쟁력이 빛을 발할 수 있다. 그러나 가속화된 디지털 전환은 클라우드 시스템에 대한 의존도를 높일 수 있으며, 외국의 소프트웨어와 솔루션에 대한 의존도를 높여 디지털 주권 상실 정도만 심화시킬 수 있다. 클라우드 시스템은 대부분 아마존, 구글, IBM에서 제공하고 있고 우리나라에 경쟁력 있는 클라우드 시스템을 찾기 어렵다. 코로나19로 인해 당장 원격회의 및 원격교육 시스템 서비스가 성장하고 있으나, 아직 경쟁력 있는 관련 국내 기업을 찾기 어렵다. 이 거대한 시장에서 일부 한국 기업이 진출하지 않은 것은 아니나, 차별적 경쟁력이 부족하다. 독일의 인더스트리 4.0^{Industrie 4.0}에 대한 논의의 한 축이 디지털 주권이었음을 잊지 말아야 한다. 모든 클라우드 시스템과 소프트웨어 및 솔루션을 한국사회가 모두 만들 필요는 없으나, 디지털 주권의 차원에서 대안을 마련하는 것이 필요하다.

개인, 기업, 시민사회단체, 정부는 디지털 전환이 가속화되는 것을 고려하여, 이의 긍정적 가능성과 위험을 동시에 전망하고 대안을 마련해야 한다. 코로나19 이전에는 급하기는 했으나 어느 정도 시간의 여유가 있었다면, 지금은 그 시간적 여유가 없게 되었다. 우리 모두 서둘러야 한다.

디지털 뉴딜, 데이터의 바다에 댐 세울 인력을 모집합니다

디지털 뉴딜을 위한 3대 프로젝트와 10대 중점과제

문재인 정부는 코로나19로 인한 실업에 대응하고, 디지털 전환 가속화에 대응하기 위해 디지털 뉴딜 정책을 추진하겠다고 2020년 5월 7일 발표했다.[1] 디지털 뉴딜을 구체화하기 위해 3대 프로젝트와 10대 중점과제가 제시되었다.

디지털 뉴딜은 코로나19로 인해 디지털전환이 가속화되고 있고, 경제가 침체에 빠지고 있어, 적시성이 있다고 판단된다. 디지털 전환이 가져올 수 있는 경제적 양극화의 위험과 디지털 디바이드Digital Divide, 정보격차를 디지털 뉴딜을 추진하고 있는 조직이 충분히 인지하고 있다.[3] 디지털 뉴딜에 대해 비판해야 할 것이 없지 않다. 코로나19의 영향과 디지털 전환의 파급이 광범위함에도 불구하고 '비대면'에 집중하고 있다. 디지털 전환의 동력

디지털 뉴딜 3대 프로젝트 10대 중점과제 [2]

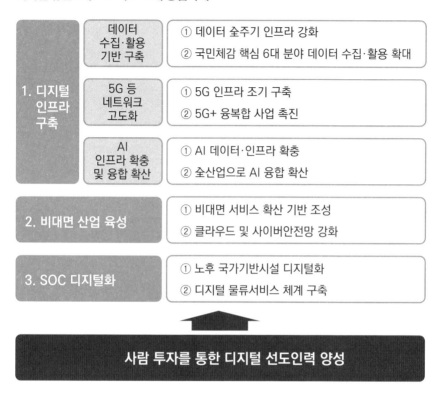

1. 디지털 인프라 구축	데이터 수집·활용 기반 구축	① 데이터 숲주기 인프라 강화 ② 국민체감 핵심 6대 분야 데이터 수집·활용 확대
	5G 등 네트워크 고도화	① 5G 인프라 조기 구축 ② 5G+ 융복합 사업 촉진
	AI 인프라 확충 및 융합 확산	① AI 데이터·인프라 확충 ② 숲산업으로 AI 융합 확산
2. 비대면 산업 육성		① 비대면 서비스 확산 기반 조성 ② 클라우드 및 사이버안전망 강화
3. SOC 디지털화		① 노후 국가기반시설 디지털화 ② 디지털 물류서비스 체계 구축

사람 투자를 통한 디지털 선도인력 양성

은 디지털 범용기술인 3D 프린팅, VR/AR/MR, 스마트 로봇과 무인자동차, 드론, 각종 사물통신, 인공지능과 빅데이터 분석, 소형 위성 기술 등인데, 디지털 뉴딜에서는 데이터와 5G 등으로 그 범위를 제한하고 있다. 디지털 전환의 가속화는 다양한 부작용을 만들어 낼 것이고 이에 대응하여 디지털 포용정책을 선언했으나, 이는 선언에 그칠 위험이 있다.

아직 정책 입안 단계라 미흡한 부분이 많다. 한국형 디지털 뉴딜에 대한 논의는 지속적으로 보완되고 확장돼야 한다. 디지털 뉴딜 중점과제에 원격의

디지털 뉴딜로 인한 미래전개도(Futures Wheel)

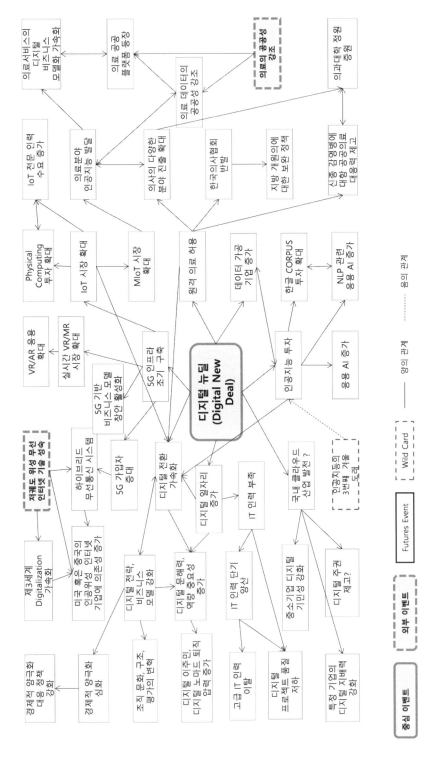

료가 빠지면서 상당한 실망감을 안겨주었다.[4,5] 이후 원격의료와 비대면의료 디지털 뉴딜에 포함될 것이라는 의견이 조심스럽게 등장했다.[6] 이에 더해 문재인 대통령은 디지털 뉴딜과 그린 뉴딜이 더해져 한국형 뉴딜 정책의 핵심이 될 것으로 선언했다.[7]

원격의료는 의료법 제34조에 의해 예외적으로 허용된다. 노인인구의 증가, 환자의 편의성 증대, 의료산업의 경쟁력 확보, 예방적 의료체계의 강화를 위해 원격의료에 대한 요구가 계속 있었다. 그러나 대한의사협회는 지방에 소재한 중소규모 병원의 지속가능성을 들어 반대하고 있는 상태다. 우리나라의 일부 시민단체는 원격의료의 허용이 민간영리병원에게 문을 열어주는 것이라 하여 반대하고 있다. 그런데 코로나19로 예외적으로 원격 의료가 허용되었다. 엔데믹Endemic으로 진화할 코로나19에 대한 대응, 주기적인 신종 감염병의 등장 및 의료산업의 발전을 위해서 원격의료의 도입과 확대는 불가피하다. 다만 민간영리병원에 대한 논란은 주의해야할 필요가 있다.

저탄소경제로의 전환을 의미하는 그린 뉴딜은 코로나19와 직접적 관련성은 없다. 기후변화에 대응한 탈화석연료 경제로 전환은 시간의 문제다.[8] 디지털 뉴딜과 그린 뉴딜은 양립 가능한 것으로 한국사회의 경쟁력과 새로운 일자리를 만들기 위해 디지털 뉴딜을 그린 뉴딜까지 확장한 것은 환영해야 할 일이다.

디지털 전환을 가속화할 디지털 뉴딜로 인한 변화를 전망해보고자 한다. 기업과 학계, 개인의 대응이 요구된다. 디지털 뉴딜의 범위와 방안은 확정된 것은 아니다. 기업, 학계와 정부의 합의와 아이디어가 필요하다.

장·단기적 일자리 변화

디지털 뉴딜은 단기적으로는 디지털 일자리 증가를 가져올 것이다. 5G 무선통신은 그간 기지국이 충분히 구축되지 않아 제대로 된 서비스를 받기 어려웠다. 통신망뿐만 아니라 5G 전용 서비스와 앱도 개발되어 있지 않다. 5G 인프라 조기 구축으로 이러한 문제는 어느 정도 해결될 것으로 보인다. 5G 통신망은 초고속, 높은 접속 수 허용, 낮은 통신 지체 시간Low Latency의 장점이 있다. 이 때문에 실시간 가상현실과 사물통신을 위한 인프라가 될 것이라는 평가가 있었다. 그러나 인프라만으로 경쟁력 있는 비즈니스 모델을 만들지 못한다. 이 때문에 10대 중점과제에 '5G 융복합사업이 촉진'이 포함되어 있다. 단기적으로 관련 창업이 일어날 것이다. 5G 해커 워크숍 및 대회 등이 활발해질 것으로 전망된다.

5G 통신망 구축은 필요한데, 저궤도 위성 무선 인터넷 시스템 구축의 추이를 보면서, 그 방향성과 전략을 세밀하게 하는 것이 필요하다. 저궤도 위성 무선 인터넷은 고도 200~2000km에 통신위성을 다수 배치하여 전화에서 인터넷 통신까지 가능하게 하는 시스템이다. 저궤도 위성은 제3세계의 디지털화의 속도를 빠르게 할 것이다. 제3세계의 디지털 비즈니스에 참여하기 위해서는, 서비스와 지식의 글로벌 가치사슬에 한국사회가 적극적으로 참여하기 위해서는, 저궤도 위성 무선 인터넷에 대한 전략과 정책을 지금부터 고민해야 하고, 5G 통신망 구축 시에 이를 반영하는 접근이 필요하다.

원격의료가 전반적으로 허용되는 데는 상당한 난항을 겪을 것이다. 한국의사협회의 반대와 일부 시민단체의 영리병원 도입에 대한 우려 때문이다. 코로나19 사태가 단기간 해결될 가능성은 높지 않다. 한국의사협회가 개업의 중심이라 전체 의사에 대한 대표성이 낮다 하더라도, 코로나19의 사태가 진행되는 중에 정부가 의사협회와 갈등을 고조시키기는 어렵다. 그럼에도 불구하고 우리사회의 의료비용 절감, 예방적 치료 체계로의 전환, 코로나19에 대한 대응력 제고 및 의료붕괴 위험 대비를 위해 원격진료는 체계적이고 긴급하게 진행되어야 한다. 일부 시민 단체의 우려는 경청해야 하나, 원격의료가 바로 영리병원을 허용하는 것은 아니다. EHR^{Electric Health Record, 전자 건강 기록}과 PHR^{Personal Health Record, 개인 건강 기록}을 마이데이터^{MyData}로 관리하게 하고, 공공데이터로서 활용하도록 해야 한다.

마이데이터란 정보사용 및 제공의 주체를 기업이나 의료기관에서 개인으로 전환한 것을 의미한다. 다시 말하자면 개인의 심전도 기록을 특정 통신회사가 보유하고 있다고 하면, 개인이 PHR을 실시간 분석하는 인공지능 의사 시스템^{기업 서비스}에 본인의 심전도 기록을 사용할 것을 허용한다면, 그 인공지능 의사 시스템은 통신회사에 해당 데이터를 요청할 수 있고, 통신회사는 그 정보를 전달해야 하는 것이 마이데이터의 의미다. 이때 인공지능 의사 시스템은 진단 혹은 진단 보조만 하는 역할을 수행하는 것으로 하고, 본격적인 진단과 치료는 사람 의사가 하도록 해야 한다.

원격의료는 의료 서비스를 디지털 플랫폼 비즈니스로 만들 가능성이 크다. 디지털 플랫폼 비즈니스 모델은 그 자체의 네트워크 효과로 인해 자연스럽게 독과점이 된다. 여기에 더해 플랫폼 비즈니스 모델은 인공지능 학습을 위한 데이터 확보를 용이하게 해서, 독과점을 강화한다. 이러한 현상은 의료 서비스 플랫폼에도 예외가 아니다. 지방의 중소 병원뿐만 아니라, 대형 병원까지 의료 서비스 플랫폼에 종속될 위험이 있다. 이에 대한 예측적으로 대응이 있을 것이며, 의료 서비스 분야에서는 공공 플랫폼이 강화될 가능성이 있다.

글로벌 가치사슬의 대상은 제조업과 서비스 모두 포함된다. 코로나19 이후 여러 이유로 인해 글로벌 가치사슬의 변화가 오겠으나, 제조와 서비스에서의 양태가 다를 것이다. 서비스 분야의 글로벌 가치사슬은 보다 강화되고 단단하게 될 가능성이 크다. 미국 등의 선진국이 서비스 분야에 경쟁력이 있기 때문이다.

의료 서비스의 경제규모가 크고, 글로벌 가치사슬이 강화되며, 우리나라 의료집단의 이해관계가 첨예하여, 코로나19와 디지털 뉴딜로 인한 원격진료의 향방에는 높은 불확실성이 있다. 그러나 분명한 것은 원격진료는 진행될 수밖에 없다는 점이다. 우리가 원격진료에 대해 보수적으로 규제하면, 역차별이 발생하며, 코로나19와 이후에 발생할 신종 감염병을 안전하고 효율적으로 대처하지 못하게 한다. 역차별만 따로 이야기하자면, 해외 디지털 의료 서비스 플랫폼 기업이 국내 소비자를 대상으로 원격의료를 진행하는 경우, 이를 막을 방법이 없다. 국내 기업은 원격의료 서비스를 만들지 못하며, 해외 기업만 원격의료 서비스를 만들 수 있는 역차별이 일어난다. 그리고 그러한 일이 일어나면 한국사회의 의료비용은 올라가고, 의료서비스는 낮아지며, 의료산업은 낙후될 것이라는 점이다.

디지털 뉴딜은 데이터와 인공지능에 대한 투자도 체계적으로 할 예정이다. 데이터 산업은 데이터 표준화, 사물통신, 데이터 가공기업, 데이터 공유, 마이데이터, 개인정보보호3법, 데이터 센터 등과 연계된다. 정부는 그간 데이터 표준화를 지속적으로 추진했으며, 데이터 공유도 강화했다. 마스크 5부제 시행 시 약국 별 마스크 보유량을 다수의 지도 앱에서 보여주었는데, 이는 공유 데이터를 적극적으로 그리고 기민하게^{Agile} 활용한 사례다. 데이터 표준화와 공유 데이터의 증가는 이들 데이터를 활용하는 다양한 애플리케이션의 개발을 자극할 것으로 보인다. 그리고 인공지능과 관련하여 데이터 가공 산업의 규모를 키울 것이다.

신경망알고리즘에 경쟁력 있으며 수익성이 있는 비즈니스 모델이 적다는 점을 유의해야 한다. 이 때문에서 인공지능의 3번째 겨울이 올 것이라는 조심스러운 예측도 존재한다. 인공지능의 학습에 대규모의 자원이 투입되고 있으나, 인공지능으로 수익을 거둔 기업은 많지 않다. 정부의 입장에서는 인공지능 기술의 추이를 지속적으로 모니터링해야 한다. 개인은 인공지능 역량을 키워야 한다. 대규모 기업은 체계적인 투자를 해야 하며, 중소기업은 적절한 기술과 비즈니스 모델의 적시성을 고민해야 한다.

우리나라 클라우드 시스템 구축에 여러 기업이 도전했으나 큰 성공을 거두지 못했다. 10대 중점과제에 '클라우드 및 사이버안정망 강화'이 포함되어 있는데, 삼성전자도 그간 아마존의 클라우드 시스템을 사용하다가 자체 클라우드 시스템을 강화한다고 발표했다.[9] 클라우드 시스템은 중소기업이 디지털 서비스와 인공지능 서비스를 제공하는 데 비용효율성과 유연성을 제공한다. 디지털 가속화에 따라 클라우드 시스템에 대한 수요가 증가할 것인데, 정부와 삼성 등이 이러한 필요성과 수요에 부응한다고 볼 수 있다. 또한 중소기업이 사이버 보안의 요구를 충족하는 디지털 시스템을 구축하는 데는 상당한 비용이 들어 그림의 떡이 될 수 있다. 클라우드 시스템은 이에 대한 대안이 될 수 있다.

그런데 클라우드 시스템은 핵심적인 디지털 역량을 외부에 의존하게 할 위험이 있다. 기존에 우리나라에 경쟁력 있는 클라우드 서비스가 없어서, 아마존, 구글 및 IBM 등의 해외 기업의 클라우드 서비스를 사용해왔기 때문에, 클라우드 시스템으로 인해 핵심역량의 외부의존 문제는 약화시킨다고 볼 수 있다. 중소기업이 선택할 수 있는 대안이 늘었기 때문이다. 어떻든 클라우드 시스템은 불가피하나, 대기업을 포함한 중소기업은 그 가능성과 위험을 동시에 고민해야 한다.

디지털 뉴딜은 일시적으로 디지털 일자리를 늘릴 뿐만 아니라, 장기적으로도 디지털 일자리를 늘릴 것이다. 디지털 시스템과 비즈니스 모델과 관련된 운영과 유지보수의 일자리는 디지털 뉴딜 이후에도 존속하게 된다. 그러나 디지털 뉴딜로 인한 디지털 전환의 가속화는 다른 분야의 일자리를 줄어들게 할 위험이 있다. 특히 디지털 기술을 이용한 언택트는 관련 대면 일자리를 줄어들게 할 것이다. 줄어드는 일자리와 늘어나는 디지털 일자리 사이에 균형이 맞지 않으면 정부의 일자리와 관련된 적극적 정책의 요구가 늘 것이다. 그렇다고 장기적으로 일자리가 줄어들 것을 두려워하여 디지털 뉴딜을 막거나, 디지털 전환의 속도를 조절하는 것은 더 큰 문제를 가져올 가능성이 크다. 한국사회의 경쟁력을 강화하기 위해서라도 디지털 전환을 가속화해야 한다.

디지털 뉴딜은 디지털 일자리를 늘려 관련 인력의 일시적 공급부족 현상을 일으킬 것이다. 이에 대응하기 위해 인공지능, 클라우드, 보안, 사물통신 관련 인력을 양산하는 정책이 디지털 뉴딜의 일환으로 진행돼야 한다. 기존에도 인공지능 관련 전문 인력을 양성하기 위한 정책이 시행되고 있었으나, 보다 강화돼야 한다. 관련 인력의 지나친 양산은 자칫 디지털 뉴딜 프로젝트의 품질을 하락하게 할 위험이 있다. 동시에 인력 양산으로 인해 보수가 낮아진 전문 인력은 IT 분야에서 이탈할 가능성이 있다. 이러한 현상은 2000년대 초반에 일어났던 일이기도 하다. 디지털 인력 양산이 필요하나, 정교한 교육 프로그램 개발이 필요하다. 디지털 뉴딜과 디지털 전환의 가속화는 디지털 역량과 디지털 문해력의 중요성을 급격하게 높일 것이다. 코로나19 이전에 그 속도가 상대적으로 완만하여 적응할 수 있는 시간이 있었으나, 그 속도가 빨라지면서 속도에 적응하지 못하는 경우가 늘 것이다. 이는 다시 디지털 역량 등이 없는 경영진 및 노동자의 퇴직 압력을 높이게 될 것이다.

디지털 뉴딜은 문재인 정부의 정책으로 봐서는 안된다. 그 이후에도 이름을 달리하여 지속될 수밖에 없다. 디지털 뉴딜은 코로나19로 인한 일자리 문제와 디지털 전환 가속화에 유효한 정책이다. 디지털 뉴딜이 미래 파급을 전망하고 외부의 미래 트렌드를 반영하며 기민하게 추진되기를 기대한다.

다시 쓰는
대한민국 부동산 지도

오갈 데 없는 돈이 부동산에 몰린다

부동산 시장은 경제성장률, 화폐의 가격인 이자율, 정부정책에 의해 영향을 받는다. 그리고 가장 근본적으로는 수요와 공급에 의해 영향을 받는다. 코로나19는 1930년대의 대공황 이후 가장 심각한 경제불황을 가져올 것이고, 이는 부동산 시장에 직격타가 될 것이다.

흥미로운 점은 코로나19 이후에도 우리나라의 부동산 시장이 경제성장률과는 반대 방향을 보이고 있다는 점이다. 마땅한 투자처가 없고 그간 시장에 화폐가 풍부하게 풀린 것이 원인으로 볼 수 있겠다. 뒤에서도 언급하겠으나, 우리나라의 경우 2009년 이후 경제성장률과 부동산 가격 사이에서는 강한 음의 상관관계를 확인할 수 있다. 부동산 정책이나 이자

우리나라 실질GDP 성장률과 대도시 지가 변동률 [2]

율 등에 의해 부동산 가격이 결정되었다는 의미다. 그러나 과거의 패턴으로 보아 부동산 시장과 경제성장률의 방향은 같이 갈 수밖에 없다. 투기적 가수요라 하더라도 유효수요에 대한 기대가 있어야 하기 때문이다. 경제 침체가 본격화되는 하반기에는 부동산 시장에 큰 영향이 있을 것으로 보인다. 그렇다면 코로나19 사태가 종식되면 부동산 시장은 다시 살아날 것인가?

2021년 이후 경기가 반등해도 우리나라 부동산 시장은 과거로 돌아가기 어렵다고 판단된다. 다만 부동산 시장이 다른 시장과는 독립된 경향이 있는데, 코로나19로 인한 미래동인이 부동산 경기 상승을 억누를 가능성이 크다. 우리나라의 경우 부동산 양극화가 심하여, 이를 억누를 필요가 있다.

물론 경기부양책으로 인한 시장 유동 화폐량의 증가 등에 따라 부동산 경기가 다시 살아날 가능성이 전혀 없는 것은 아니다. 그러나 우리나라의 경우 화폐량이 적극적으로 늘어나지 않을 것으로 판단되며, 가계대출 이자율이 지속적으로 상승할 가능성 또한 있다. 그리고 공급과 수요에 의해 가격이 결정된다는 일반균형이론에 따를 경우 부동산 가격이 장기적으로 하락 안정 되는 것은 시간의 문제일 따름이다.

경제성장률과 지가 변동률의 상관관계?

코로나19는 우리나라를 포함하여 전 세계적으로 경기침체를 야기하고 있다. IMF에 따르면 2019년 말 우리나라의 2020년 경제성장률은 2.0%로 전망되었다. 코로나19로 인해 경제성장률이 3.4%하락하여 -1.2%를 달성할 것으로 보인다. 이 것도 OECD 국가 중에서는 가장 좋은 성적이다. 그리스의 경우 -10.0%에 달할 것으로 예측되었다[1]. 코로나19로 인한 전 세계적인 경기침체는 1930년의 대공황 이후 가장 심각한 수준이다. 그런데 코로나19의 진행에 따라 글로벌 경기 침체는 더욱 나빠질 수 있다.

경기가 침체하는 경우 부동산 가격도 같이 하락했다. 우리나라의 경우 IMF, 2007년과 2008년의 글로벌 금융위기, 2012년의 유럽 재정위기에 따라 부동산 가격이 하락했다. 2008년까지 경제성장률과 대도시 지가 변동률 간에는 매우 강한 양의 상관관계를 보이고 있다. IMF와 글로벌 금융위기 직후 우리나라는 V자 반등을 보였고, 이에 따라 부동산 가격도 회복세를 보이고 있다. 이러한 과거 패턴을 보면 부동산 시장도 2021년 회복될 가능성이 있다. 앞에서도 언급한 것이나, OECD 국가 중 우리나라 2020년 경제성장율이 가장 양호하며, 2021년 경제성장률이 3.4%에 달하기 때문이다.

그런데 상황이 그렇게 낙관적이지 않다. 도표 〈우리나라 실질GDP 성장률과 대도시 지가 변동률〉을 분석하면 2010년 이후의 경제성장률과 대도시 지가 변동률 간의 상관관계는 강한 음의 상관관계를 보인다. 경제 성장이 되면 부동산 가격이 하락한다고 할 수는 없어도, 경제성장률과 부동산 시장 간에 상관관계가 없고, 독립적으로 운영되고 있다는 의미다. 코로나19 사태가 마무리되어 경제가 살아난다고 하여 부동산 시장이 회복될 것이라는 보장이 없다. 부동산 시장은 V자 반등이나, U자의 느린 반등이나, W자 반등 형태를 보이지 않고, L자의 침체를 보일 가능성이 있다[3].

코로나의 직접적인 영향은 2021년까지, 그 후는?

코로나19가 디지털 전환을 가속화하며, 언택트와 온택트 비즈니스를 활성화하며, 원격근무 비율을 늘려 부동산 수요의 변화를 가져오면 대도시의 부동산 시장은 반등하기 어렵다. 이에 더해 신종감염병에 대한 국가적 대응체계와 기후 변화와 탈화석연료 경제 및 인구 구조 변화, 대도시 인프라 및 고층 빌딩 노후화 등의 메가트렌드도 부동산 시장을 장기적으로 억누를 것이다. 대도시의 부동산 시장을 반등시킬 만한 동인이 없는 것은 아니나 그 신호가 강하지 않다.

미래 부동산 가격과 관련 있는 미래 동인과 'Three Horizons'

구분	미래 동인	내용	대도시 부동산가격
Horizon 1 (2020~2021)	코로나로 인한 경기 침체	코로나19로 인한 글로벌 경기 침체	하락
	자영업자 폐업률 증가	사회적 거리두기, 글로벌 경기 침체 등으로 자영업자 폐업률 증가에 따른 공실률 증가	상가 가격 하락
	디지털 전환 강화	디지털 전환 가속화로 온라인 및 언택트 비즈니스가 활발해지면서 현실의 사무 공간 축소	상가 가격 하락
	리쇼어링(Reshoring)	해외로 이전한 공장이 국내로 되돌아오거나, 해외로 공장을 이전할 계획이 폐지되거나 축소되어 리쇼어링으로 지방에 일자리 증가	중소 도시 지가 상승
	재정정책 강화	경기침체에 대응하기 위해 각국은 재정정책을 강화할 것 재정정책 강화로 시장에 화폐가 많아지며, 이는 다시 화폐의 가치를 하락하게 할 가능성 존재	상승 가능성
Horizon 2 (2022~2025)	원격근무 비율 증가	원격근무의 증가 속도가 가속화될 것으로, 이는 직주공간의 관계에 변화를 가져올 것 다른 한편으로 근로자 채용의 기준이 달라지기 시작할 것	하락
	기업 사옥 매각 및 이전	직주공간의 변화에 대응하여 기업은 사옥을 축소 기업의 자산투자 전략의 변화	하락
	사무실 공실률 증가	원격근무 증가, 지점 축소 등으로 사무실 공실율 증가	하락
Horizon 3 (2026~2031)	전체 인구감소 시작	2028년 5,194만명 정점을 찍고 감소하기 시작[5] 인구 감소의 시기는 2028년보다 빨라질 가능성 존재	하락
	국내 이민 증가	인구 감소에 대응하기 위해 외국인의 국내 이민 관련 법령 완화 및 이주민 증가	상승
	탈화석연료 경제	기후 온난화 가속에 따른 탈화석연료 경제 시스템 가속화 CO_2 Zero 건물 및 도시 증가	하락
	가상현실 기술 성숙	가상현실 기술 발달에 따른 원격근무와 원격교육 가속화	하락
	3수준 이상의 무인자동차 상용화[6]	3수준 이상의 무인자동차 대중화에 따라 주거지 결정이 비교적 자유로워질 것 무인자동차의 대중화가 진행됨에 따라 필요 주차공간 감소	하락
	3D 프린팅 건축 대중화	3D 프린팅 건축 대중화로 저층 건물 건축설계 비용 및 건축비 절감	하락
	신종 전염병에 대응 건축 기준 변화[7]	신종 전염병에 대응하기 위한 건축물의 환기구조 등에 대한 요건 변경 새로운 건축물에 대한 수요 증가하고 기존 건축물 가격 하락	–
Uncertainty	신종 감염병 등장	21세기 신종감염병 추이에 따르면 10년 안에 신종 전염병 등장할 확률 높음	–
	지방분권 헌법개정	지방분권을 헌법에 규정하면서, 지방 권한 강화	하락

우리나라 부동산 시장과 관련된 다수의 미래동인을 체계적으로 분석해야 한다. 이를 위해 Three Horizons[4]의 시각 틀을 채용했다. Three Horizons는 미래 신호의 강도와 미래의 불확실성을 기준으로 현재와 단기미래, 중기미래 및 장기미래로 나누어, 미래 변화를 전망하고 미래 전략을 도출하는 사고 체계이다. 현재와 단기미래, 중기미래 및 장기 미래 각각이 미래의 수평선을 이루며, 이 세개의 수평선을 합하여 Three Horizons라 한다. Three Horizons에서 미래 기간의 할당은 1:2:3으로 한다. 코로나19의 직접적인 영향이 2021년까지 지속될 것으로 본다면, Three Horizons에 각각 2년, 4년, 6년을 할당하여, 미래동인의 추이를 분석하게 된다.

코로나19는 원격근무의 가능성을 열었다. 원격근무는 삶의 질을 높이고, 환경친화적인 근무형태다. 미국 근로자를 대상으로 한 설문조사에 따르면 99%가 원격근무를 선호하는 것으로 나타났다.[8] 전통적 조직문화, 성과 평가의 어려움, 원격근무 관련 근무규칙의 부재, 생산성과 효율성 저하에 대한 두려움 등이 원격근무의 문호를 닫게 만들었다. 코로나19는 이 문을 강제로 개방했다. 일부 기업의 경우 원격근무로도 충분히 업무가 처리된다는 것을 깨달았다. 또 어떤 기업은 일련의 어려움이 있다 하더라도 원격근무를 확장해야 할 필요성을 명료하게 인지했다. 기업연속성계획BCP, Business Contingency Planning 강화 필요성, 글로벌 인재 채용 필요성, 인건비 절감 유인 등이 기업의 입장에서 원격근무를 확대할 이유에 해당한다.

원격근무로 인한 재택근무 비율이 증가하면, 직장과 주거공간 간의 관련성이 줄어든다. 직장과 주거공간의 관계 변화는 대도시에 거주할 유인요소를 줄인다. 재택근무를 할 수 있는 노동자의 일부는 지방도시로 이주할 수 있다. 심지어는 디지털 인프라가 잘 되어 있다면 농어촌 지역으로 이주할 수도 있을 것이다. 삶의 질을 높이고, 주거비용과 생활비용을 줄이기 위한 것이다. 우리나라의 경우 만혼이 증가하고 출산율이 저하하는 이유의 하나가 주거비용으로 때문인 것도 감안해야 한다. 일부가 지방도시로 이주하여도, 대도시 부동산 시장에 큰 충격을 준다.

코로나19 및 이후에 등장할 신종감염병 이외의 메가트렌드도 원격근무의 경향을 강화할 것으로 보인다. 가상현실 기술은 2030년대 중반에 성숙할 것이나[9], 2030년 이전에도 충분히 대중화될 가능성이 크다[10]. 가상현실 기술, 혼합현실 기술은 가상실재Virtual Presence를 가능하게 하여 원격회의를 오프라인에서 회의하는 것과 유사한 환경을 만들 것이다. 여기에 더해 동시통역 기술의 발달은 원격근무를 글로벌 차원에서 진행하도록 할 것이다. 무인자동차 기술의 발달도 직장과 거주지 간의 거리의 심리적 제한도 완화시킬 것이다. 또한 무인 자동차 기술은 주차공간의 필요성을 줄여, 도시의 가용공간을 확대하게 될 것이다.

코로나19로 인한 사회적 거리두기는 자영업자 폐업율을 높일 것으로 전망된다. 행정안전부의 전국 식품업종 월별 폐업 수 추이에 따르면 사회적 거리두기가 본격화된 2020년 3월과 4월의 폐업 수는 작년 같은 월에 비해 오히려 줄어든 것으로 나타났다. 코로나19로 매출액이 급격하게 줄어들었음에도 폐업 수가 감소하지 않은 이유에 대해서, 다른 경제적 대안이 없기 때문이라는 분석이 설득력이 있다. 이러한 분석에 따르면 더 이상 버티기 어려운 경우 폐업이 급격하게 증가할 위험이 있다. 자영업자의 폐업은 상가 공실률을 증가시킨다. 상가 공실률 증가는 부동산 시장에 상당한 영향을 미칠 것이다. 코로나19 사태가 종식되면 다시 점포의 수가 늘어날 수 있다. 그러나 디지털 전환이 가속하게 되면, 플랫폼 비즈니스와 온택트 비즈니스 규모가 커지게 되고, 이는 오프라인 점포의 경쟁력을 줄어들게 한다. 다시 자영업자의 수가 늘어나도 코로나 이전의 규모로 돌아가는 것은 사실상 불가능에 가깝다. 여기에 더해 원격근무의 대중화는 사무실이 집중된 지역에 위치한 상가의 이윤에도 영향을 미치게 된다.

부동산 가격 동향에 민감한 기업의 자산 투자 전략에 변화가 불가피할 수 있다. 기업의 지점 위치, 사옥 구매 등을 포함하여 원격근무 정책까지 일종의 부동산과 관련한 자산투자 전략으로 보아야 한다. 대도시의 부동산 가격의 장기 하락이 전망되는 경우, 기업은 보유한 부동산을 매각하고 다른 자산으로 전환하려 할 것이다. 대도시 부동산 가격이 더 가파르게 하락할 가능성이 크다.

부동산의 미래

장기적으로 지방 도시의 발전 가능성이 크다. 대도시의 장점은 양질의 일자리, 교육여건, 의료 접근성 및 편의시설 접근성에 있다. 원격근무가 확대되면서 반드시 대도시에 거주할 필요성이 줄어든다. 교육에 대한 요구가 다양해지고, 지식사회가 성숙해지면서 교육여건에 대한 변화도 불가피하다. 원격의료와 e헬스케어eHealthcare의 대중화는 중소도시와 지방에서도 양질의 의료서비스를 받을 수 있도록 할 것이다. 다만 노인의 경우 대도시 거주비율을 높일 수 있다. 편의시설 접근성은 디지털 전환의 가속화에 따라 대도시와 지방 간에 큰 차이가 없게 될 것이다. 또한 헌법개정을 통해 지방 분권과 재정분권이 강화되는 경우, 주요 지방 도시는 양질의 일자리, 교육 여건 및 의료접근성에 있어서 대도시와 차이가 크지 않거나 혹은 더 양호해질 것이다.

코로나19로 촉발된 리쇼어링 현상도 지방에 일자리를 만들 가능성이 크다. 낮은 임금과 무역장벽을 극복하기 위해 공장을 해외 이전하는 것을 오프 쇼어링Off-Shoring이라 하는데 그 역의 현상, 즉 제조업 공장이 국내로 다시 돌아오는 것을 리쇼어링이라 한다. 코로나19는 글로벌 가치사슬에 상당한 변화를 불러올 것으로 모든 제조업 공장은 아니라 하더라도 일부 공장은 다시 국내로 되돌아오게 할 것이다. 리쇼어링의 배경과 결과는 보다 깊은 논의가 필요하므로 다른 장에서 더 깊이 다루겠다. 리쇼어링으로 지방에 일자리가 늘어나면 대도시로 양질이 일자리를 찾아 이주하는 경우는 줄어 들며, 오히려 대도시 거주자의 일부는 일자리를 찾아 지방으로 이주할 수 있다.

대도시는 열섬효과 및 낮은 신재생에너지 발전효율, 에너지 집약적 도시 구조와 건물 등으로 비용과 환경 측면에서 거주하기 어려운 곳이 될 것이다. 기후변화와 탈화석연료 경제는 대도시를 매력적이지 않은 공간으로 만들 것이다. 또한 3D 프린팅 건축 기술은 지속적으로 발달하여, 저층 건물의 건축비를 낮출 것이다. 인공지능을 이용한 건축물 설계는 설계비용을 줄일 것으로, 많게는 기존 건축비의 5/10 적게는 7/10 정도가 될 것이다[11].

10평 정도 규모의 건물의 벽과 지붕 정도의 간이 주택을 3D 프린팅으로 건축하는 데는 500만원 정도면 가능하다.[12] 에너지 전환효율이 높은 태양광 패널 난방 효율이 높은 3D 프린팅 건축은 CO_2 Zero 건물로 각광을 받을 것이다. 이미 고층 건물로 가득 찬 대도시는 이러한 이익을 향유하기 어렵다.

2019년부터 우리나라 인구가 자연감소되기 시작했다. 2029년부터 출생자보다 사망자가 많은 자연감소로 예견되었으나, 출생률의 급격한 감소로 인구 자연감소가 10년 빨리 진행되었다. 외국인 유입까지 고려하면 2028년 인구가 정점을 찍은 뒤 감소할 것으로 예상된다.[13] 인구감소는 부동산 수요에 큰 영향을 미친다.

코로나19 사태 이후 대도시의 부동산 시장을 높일 동인을 찾기 어렵다. 다만 1인 가구의 증가, 보다 양질의 주거 공간에 대한 수요, 외국인 유입과 역 이민으로 인한 주거공간에 대한 수요 증가, 적극적 재정정책으로 인한 유통 화폐량의 증가와 이로 인한 화폐 가격의 하락 등은 일시적으로 대도시 주택 가격 상승의 요인이 될 수 있다. 2010년 이후 부동산 가격의 상승은 부동산 정책, 낮은 이자율 및 마땅한 자산 투자처를 찾지 못한 개인의 욕망이 결합되어 나타난 현상이었다. 같은 현상이 벌어질 가능성이 없다고 단언할 수 없다.

우리나라 가계 부채 비율은 상당히 높은 편으로, 국내총생산 대비 가계 부채비율은 2018년 말 97.7%로 매우 높은 수준이다. 또한 실질 GDP 성장에 비해 우리나라 가계부채증가율은 2019년 3배를 넘었다. 부채를 통해 부동산 가격을 상승시킬 여력이 없다는 뜻이다. 은행 등 금융기업이 가계에 여신을 하는 경우 이자율을 높이고 있다. 우리나라 가계 부채 비율이 높아

그 위험을 반영했기 때문이다. 정부가 경기를 살리기 위한 재정정책은 현금 회전율이 높도록 설계되어 부동산 등 자산 가격을 상승하게 하지 않을 가능성이 크다.

외국인의 이주 증가와 적극적 부동산 매입이 대도시의 부동산 가격을 올릴 수 있다. 2017년 런던의 부동산은 러시아인의 적극적 매입으로 30% 가량 상승했다. 제주도의 경우에도 중국인의 투자로 급등했다. 서울 등의 대도시에서도 같은 일이 벌어지지 않을 이유는 없다. 그러나 2018년 런던의 부동산 거품은 꺼졌고, 중국의 한한령 이후 제주도의 부동산 가격도 약세를 면하지 못했다. 외국인의 부동산 수요로 인한 대도시 부동산 가격 상승을 기대하기에는 불확실성이 너무 크다.

코로나19로 인한 부동산 가격의 하락할 것이며, 코로나19 이후에 경제가 'V'자로 반등하더라도 부동산 가격은 반등하지 않을 가능성이 높다. 개인, 기업 및 정부 정책 담당자의 고민이 깊어질 수밖에 없다.

미중 무역전쟁 2라운드, 한국의 수출길은 어디로?

미중 무역갈등의 영향

코로나19 이전과 이후의 글로벌 가치사슬이 바뀔 것이다.[1,2] 코로나19로 세계의 공장인 공장이 멈추게 되자 전 세계 가치사슬이 멈췄다. 더 나아가 유럽의 경우 마스크와 호흡기조차도 생산할 수 있는 제조시설을 국경 안에 가지고 있지 않았다. 이는 마스크의 수급을 맞추지 못하게 하고, 가격을 급등하게 했으며, 감염률을 높이고, 사망자의 수를 늘렸다. 유럽에서 코로나19로 인한 독일의 사망자 수와 프랑스와 이탈리아 등의 사망자 수에 상당한 차이가 있는 이유는 인공호흡기 보유량과 제조역량 때문이다. 코로나19로 글로벌 가치사슬이 끊기고, 제조업 역량의 중요성이 다시 인식되면서 글로벌 가치사슬에 변화가 올 수밖에 없다.

미중 무역갈등도 글로벌 가치사슬에 변화를 가져올 동인이다. 미중 무역갈등이 얼마나 지속될 것인가에 대해서는 의견이 나뉜다. 미국과 중국 간에 경제 의존도가 높아 오래 지속되지 않을 것이라는 주장도 한편으로 설득력이 있다. 미국 당국이 화웨이에 대한 제재를 강화하자, 미국의 반도체 제조사의 주가가 하락했다.[3] 성균관대학교 중국전문대학원 안유화 교수는 미국의 화웨이에 대한 압력은 제한적이며 트럼프의 선거전략에 불과하다고 판단했다. 코로나19로 인해 미중 갈등이 심화되었으나 글로벌 가치사슬에 제한적 영향을 줄 것이라는 주장이다.[4]

미중 무역갈등이 단기간 내에 종료되지 않을 것이라는 의견에도 고개가 끄덕거려지는 부분이 있다. 미중 무역갈등의 이면에 글로벌 헤게모니 경쟁이 있다. 코로나 이전에도 미국의 리쇼어링 지수인 MIR^{Manufacturing Import Ratio}이 급격히 하락했다.[5] MIR은 제조업 분야에서 국내 제조 생산에 기여한 수입 중간재의 기여율을 의미한다. 2018년 미국의 MIR은 13.1%였으나, 2019년 12.1%로 크게 하락했다. 2011년 이후 처음으로 MIR이 하락했다. 미국의 MIR 하락은 미중 무역갈등이 원인 중 하나였다. 미국의 MIR 지수 하락은 미국이 다양한 정책과 제도를 통해 자국의 글로벌 가치사슬에 영향을 미칠 수 있다는 것을 의미한다. 세계 최대의 반도체 파운드리 업체인 대만의 TSMC가 미국의 압박으로 미국 애리조나에 5나노 반도체 공장을 건설하는 것[6]도 미중 무역갈등이 지속될 여지로 읽혀진다. 미중 간에 새로운 냉전 체계가 시작될 것이라는 진단도 있다.[7] 이러한 견해는 무역갈등이 장기적으로 지속할 것이며, 이는 다시 글로벌 가치사슬에 영향을 미치게 된다.

2011년 이후 떨어지고 있던 '글로벌 가치사슬 참여율'

글로벌 가치사슬의 미래는 불확실성이 높다. 신종감염병으로 인한 리스크 관리 이외에도 기술발전, 정치적 의사결정, 미래 산업 동향이 불확실성에 영향을 미치며, 다수의 이해 관계자가 다양한 이해를 가지는 복잡성을 띠기 때문이다. 글로벌 가치사슬의 미래 변화를 전망하기 위해서는 의미와 동향을 분석하고 코로나19로 인한 변화를 미래동인과 연계해서 전망하는 것이 필요하다. 우선 글로벌 가치사슬의 의미를 명확하게 하고 추이를 확인해야 한다.

글로벌 가치사슬GVC, Global Value Chain은 글로벌 공급망 사슬Global Supply Chain이라고도 한다. 완성품 생산에 있어서 설계, 부품 및 조립을 여러 개의 나라에 분산된 제조시설에서 참여하여, 이윤을 극대화하는 것을 의미한다. 가치사슬은 제조업 및 서비스 산업에서도 발견할 수 있다. 특히 반도체 분야에서 글로벌 가치사슬은 상당히 발달되어 있다. 예를 들어 고순도 불화수소의 원료인 형석을 중국에서 생산하고, 이를 한국과 일본이 수입하여 고순도 불화수소로 생산한다. 고순도 불화수소를 한국의 반도체 공장에서 사용하고, 그 결과물인 반도체는 중국, 일본 등에 수출된다. 반도체의 소재와 부품 및 장비는 글로벌 가치사슬로 촘촘히 연결되어 있다.

글로벌 가치사슬 개념은 1990년대 중반 동아시아 지역의 의류산업에서의 글로벌 분업 체계에서 온 것이다.[8] 글로벌 가치사슬의 인한 글로벌 총 생산의 비중은 지속적으로 증가했다. 세계교역 중 중간재 교역 비중이 2000년 55.8%에서 2010년 58.7%로 증가했다. 2017년 글로벌 가치사슬 무

역량은 전 세계 무역의 74%를 차지했다.[9]

그런데 글로벌 가치사슬 확산이 정체되고 있다. 이러한 현상은 코로나19로 인한 것이 아니다. 2011년 이후 세계의 글로벌 가치사슬 참여율은 52% 수준으로 머무르고 있다. 그 이유는 자유무역협정에 따른 관세 하락의 효과가 한계에 달했으며, 글로벌 기업이 글로벌 가치사슬을 통한 원가절감 보다 리스크 관리에 집중하면서 공급망의 유연성과 신축성을 높이는데 중점을 두었기 때문으로 분석되었다.[10]

과학기술 발전도 글로벌 가치사슬에 영향을 주고 있다. 독일의 인더스트리 4.0은 디지털 기술을 이용하여 가치사슬을 통합하고자 하는 접근이다. 아디다스의 스피드팩토리는 인더스트리 4.0의 대표적 사례로 언급된다. 대표적인 노동집약적 산업인 신발 제조업은 인건비가 저렴한 동남아에 밀집되어 있었다. 스피드팩토리는 3D 프린팅과 스마트 로봇을 이용하여 극단적인 공장자동화를 시도했다. 연간 50만 켤레 생산에 직원의 수는 단 10명만 필요한 스피드팩토리는 독일에 위치하여, 디지털 기술을 이용한 대표적 리쇼어링 사례가 되었다.[11] 그러나 스피드팩토리는 고객의 다양한 요구에 부응하지 못하고 소수 모델의 신발만 제조할 수 있었다. 2019년 말 스피드팩토리는 문을 닫고 제조시설을 동남아로 이전했다.[12] 스피드팩토리의 사례는 현재의 과학기술 발전으로는 자동화에 한계가 있음을 보여준다. 노동집약적 산업이면서 자동화에 한계가 있는 산업의 경우 리쇼어링이 적극적으로 추진될 수 없다. 글로벌 가치사슬은 낮은 인건비를 쫓아서 이윤이 최대화가 되도록 구성된다. 따라서 충분하게 자동화되기 이전에 노동집약적 산업의 리쇼어링에는 한계가 있다.

이에 반해 하이테크 산업의 경우는 다르다. 이들 산업은 인건비보다는 산업 보안과 비관세 무역장벽에 더 큰 영향을 받는다. 효성이 방탄복 등에 사용되는 차세대 섬유인 아라미드 제조 공장을 베트남에 건설하려다가 울산으로 선회한 것이 대표적 사례다.[13] 낮은 인건비의 국가는 하이테크 산업으로 전환하고자 하는 욕구가 있을 수밖에 없다. 이는 자국에 소재한 외국 기업의 기술을 훔치는 동인이 된다.

정치적 동인이 글로벌 가치사슬에 변화를 가져올 수 있다. 글로벌 가치사슬은 자유무역 체계와 자유무역에 대한 신뢰를 바탕으로 한다. 그런데 특정 원료, 소재, 부품, 장비, 최종제품에 차별적 경쟁력을 가진 국가가 이를 무기로 삼을 수 있다. 일본의 대 한국 수출규제가 이에 해당한다. 일본은 고순도 불화수소 등의 대 한국 수출을 제재하였고, 이후 한국을 화이트 리스트에서 배제했다. 우리나라의 소재, 부품 및 장비의 일본 의존도가 높다. 일본은 우리나라의 가장 큰 약점이 될 수 있는 부분을 공격하여 자신들의 정치적 의사를 관철시키려는 시도였다. 베트남이 코로나19 이후 쌀 수출을 금지한 것도 같은 맥락이다. 자국의 식량안보를 강화시키기 보다는 주변 쌀 수입국에 대한 정치적 영향력을 강화하려는 시도였다. 이러한 접근은 글로벌 공급망 다변화를 추구하게 한다.

세계질서의 다극화도 글로벌 가치사슬에 영향을 미칠 것으로 보인다. 현재의 추이로 보면 세계질서의 다극화가 메가트렌드인 것으로 판단된다. 1980년 이후 세계질서의 중심에 있던 미국이 중국의 도전을 받게 되면서,

단극적 세계질서가 다극적 세계질서로 전환되고 있다는 주장이 힘을 얻고 있다. 전 UN 사무총장 반기문은 2013년 '세계가 불가역적으로 다극 체계로 진입하고 있다'라고 말했다. 2016년 러시아 외무부 장관 세르게이 라브로프Sergei Lavrov는 중-러 컨퍼런스에서 '국제 관계는 다극적 세계질서의 출현으로 구성되고 경제발전과 권력의 새로운 중심지의 강화를 반영하는 개념으로 새로운 역사무대에 진입했다'고 선언했다.[14] 2020년 현재 유럽중앙은행장이며 IMF 의장을 역임한 크리스틴 라가르드Christine Lagarde는 "미국이 글로벌 리더십을 잃을 위험에 처해 있다"고 경고했다.[15] 영국 채텀 하우스Chatam House의 알란 비티Alan Beattie는 2019년의 보고서에서, 미국이 트럼프 이후에도 "초강대국으로 자유무역 질서를 수호하는 시대는 끝났다"고 진단했다.[16] 비티는 미국이 글로벌 헤게모니를 상실하는 원인으로 미국이 "기축통화국으로 전 세계에 달러를 공급하면서 틀어쥔 통화 패권을 지키려면 경상수지 적자를 감수해야 하지만 통상 부문의 패권을 위해서는 적자를 용납할 수 없는" 딜레마에 처해 있는 상황을 들었다.

한국의 대응방안

인류의 역사가 보여주듯이 헤게모니를 순순히 나누어 주는 국가는 없다. 영국이 미국에게 헤게모니를 평화적으로 넘겨주었으나 이는 2차 세계대전이라는 극단적인 상황과 영국과 미국의 역사적 배경이 있었기 때문에 가능했다. 세계질서의 다극화에 응대하여 미국은 다양한 군사적, 경제적 전략을 진행하고 있는데, 코로나19는 미국에게 힘을 줄 수 있다. 미국과 유럽이 중국을 견제하기 위해 공동대응을 할 가능성이 커졌다. 중국의 정치경제 시스템이 유럽의 입장에서 수용할 수 없다는 점이 중국의 이번 코로나19에 대한 대내적, 대외적 대응에서 분명해졌기 때문이다. 그러나 미국 우선주의가 지속되는 경우, 유럽이 미국과 같은 입장에 계속 서 있기를 기대할 수 없다. 메가트렌드로 보였던 세계질서의 다극화에 불확실성이 코로나19로 더 커졌다.

코로나19로 인한 글로벌 가치사슬의 변화를 정리하고 한국사회의 대응방안을 정리하면 다음과 같다.

첫째, 글로벌 가치사슬의 변화에는 복잡성과 불확실성이 있다. 이에 대응할 수 있는 기민성과 유연성을 갖추는 것이 필요하다. 코로나19로 '글로벌 가치사슬이 짧아지고 넓어질 것'이라는 전망이 대세다. 가치사슬을 단순화하고 공급망을 다변화하여 위험을 관리하겠다는 의미다. 일정 수준 글로벌 가치사슬이 짧아지고 넓어질 것이나, 상황이 그리 간단하지 않다. 미중 갈등을 포함한 세계질서의 다극화는 글로벌 가치사슬의 변화양상을 더욱 복잡하게 한다. 수출입 의존도가 높은 우리나라의 경우 경쟁력을 유지하기 위한 글로벌 가치사슬 기민성과 유연성을 더욱 강화시켜야 한다.

둘째, 지식사회의 이행은 세계 무역량 중 지식산업의 비중을 늘릴 것이다. 지식산업의 글로벌 가치사슬 변화를 전망하는 것이 필요하다. 지식산업이란 연구개발, 교육, IT, 콘텐츠, 컨설팅 산업으로, 기존의 서비스 산업에서 분리하여 독립적 산업군으로 나누어진 것이다. 지식산업을 4차 산업 Quaternary Activities이라고도 한다. 지식산업의 글로벌 분업은 자연스럽다. 오푼소스의 글로벌 협력이 대표적이다. 코로나19 백신을 개발하기 위해 세계 곳곳의 연구진이 협력하고 있다. 정보와 지식에게 국경은 없다. 제조업 분야의 글로벌 가치사슬의 규모는 코로나19 이전에도 정체하고 있었다. 그러나 지식산업의 글로벌 가치사슬 규모는 지속적으로 증가할 것이다. 한국사회는 지식산업의 글로벌 가치사슬을 강화하기 위한 정책을 펼쳐야 한다.

셋째, 아직 자동화에는 한계가 있으며, 자동화에는 비용이 든다. 자동화를 통한 글로벌 가치사슬의 위험을 완화하고, 가장 기본이 되는 제조업의 리쇼어링은 제조물품의 가격 상승을 가져온다. 제조업 강국인 한국사회에 그 영향이 상대적으로 높지 않을 것이나, 유럽의 경우에 영향을 미칠 것이다. 유럽의 리쇼어링에 따른 최종제품 가격 상승을 전망하고 유럽에 대응한 수출전략을 수립해야 한다.

마지막으로, 글로벌 가치사슬의 다변화에 대한 대응과 대북한 전략을 연계하는 것을 고민해야 한다. 문재인 정부의 신북방전략은 에너지 안보와 밀접한 관련을 가진다. 에너지 자급율이 원전을 제외하고 3% 남짓한 우리나라의 입장에서, 기후변화는 에너지 안보와 강한 관련성을 가진다. 이후에 언급할 것이나, 또 다른 검은 코끼리인 기후변화와 탈화석연료 경제에 대응하기 위해서 한국사회는 신북방전략을 적기에 완성해야 한다. 신북방전략이 성공하기 위해서 북한과의 평화구축과 협력이 전제조건이다. 북한과의 협력은 한국사회의 글로벌 가치사슬 다변화와도 밀접한 관련을 가진다.

자영업 키워드는
혼밥·혼술 아니라 '홈밥·홈술'

자영업자에게 닥친 코로나19라는 악몽

코로나19는 서비스업에 직접적인 충격을 주었다. 2020년 1분기 제조업의 GDP는 전기 대비 1.8% 감소하였으나, 서비스업은 2.0% 감소했다.[1] 서비스의 유형에 따라 전기대비 GDP 증가율이 달랐는데, 운수, 도소매 및 숙박, 음식이 하락율이 가장 컸다. 정보통신 분야는 언택트 비즈니스와 확대와 디지털 전환의 가속화로 오히려 성장한 것으로 판단된다. 부동산 가격이 올라가면서 부동산과 금융 쪽도 성장했다. 코로나19로 경제하락이 본격화되면 부동산과 금융도 하락할 것으로 판단된다. 이에 대해서는 앞에서 다루었다.

코로나19는 자영업자의 폐업을 가속화하고 있다. 자영업자의 대다수가

2020년 1분기 서비스 업 GDP 증가율 [2]

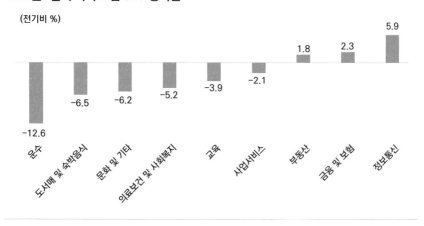

(전기비 %)

서비스업에 종사하고 있는데, 코로나19 사태가 단기간 내에 종식되지 않을 가능성이 크다. 코로나19는 언택트 비즈니스를 강화하고 디지털 전환을 가속한다. 코로나19로 자영업자가 살아남아도 이들 변화는 장기적으로 자영업의 개편을 요구하고 있다.

식품업종 폐업 추이 통계에 따르면 2020년 3월과 4월의 폐업 수가 전년도 보다 낮은 것으로 나타났다. 사회적 거리두기가 엄격하게 진행된 2020년 3월과 4월의 식품업종 폐업건수는 1만 3,368건과 1만 3,138건이었다. 3월에 비해 4월의 폐업건수가 다소 줄었다. 폐업건수가 많고 적음은 이전 년도와 비교해야 한다. 2019년 3월과 4월의 폐업건수는 1만 4,062건과 1만 4,721건이다. 2020년의 3월, 4월 폐업건수 합계에 비해 2,277건이 많다.[3]

그런데 엄격한 사회적 거리두기로 매출액이 줄어들었음에도 폐업자의 수가 전년 대비 줄어들었다는 것은 더욱 좋지 않은 신호로 해석된다. 코로나19 이전과 이후의 매출액에 큰 차이가 있기 때문이다. 경기도를 기준으로, 2020년 1월 점포당 매출액이 월 2,178만 원이었으나, 코로나19가 확산되던 2월과 3월 평균 매출액은 1,446만원으로 33%가 줄었다.[4] 매출액이 줄어도 폐업율이 줄어들지 않은 이유는 다른 경제적 대안이 없기 때문인 것으로 읽혀진다. 즉, 다른 업종으로 전업하거나 혹은 취업이 어려우므로 점포를 폐업하지 않고 버티고 있는 것이다. 더 이상 버티지 못하는 경우 폐업율이 급격하게 증가할 가능성이 있다.[5]

긴급재난지원금만으로 해결될 수 있을까?

다행스럽게 2020년 5월 긴급재난지원금이 전가구에게 제한없이 모든 가구에 지급되었다. 긴급재난지원금 사용처가 전통시장, 동네마트, 음식점, 미용실 등에 제한되었는데, 이는 자영업자에게 단비가 되었다. 경기도를 기준으로 2020년 4월 점포당 매출액은 3월에 비해 18% 증가했다. 그러나 코로나19 이전에 비하면 79% 수준에 불과했다. 우리나라 전가구에 지급된 정부의 긴급재난지원금은 점포당 매출액을 더 크게 늘릴 것이다. 또한 긴급재난지원금 사용처의 설계가 잘되어 있어, 긴급재난지원금의 화폐 유통 속도를 높일 것으로 기대된다. 자영업자에게 지급된 긴급재난지원금은 직원과 재료 중간 유통상에게 지급되며, 직원은 또 다른 소비를 유발하며, 중간 유통상은 농가 등에게 재료에 대한 비용을 지급하게 되기 때문이다. 그러나 긴급재난지원금에 우리나라 사회의 경제를 의존할 수 없음은 당연하다.

긴급재난지원금이 몇 차례 더 지급될 것으로 기대된다. 올 하반기부터 세계경제 침체에 영향을 받은 국내경제 침체가 본격화되어, 자영업자와 중소기업이 타격을 받을 것이다. 한국사회가 이를 감당할 수 없다. 실업률의 증가도 문제지만, 자영업자와 중소기업의 폐업과 도산은 코로나19 이후 한국사회의 경제 복원을 어렵게 하기 때문이다. 그렇다고 긴급재난지원금이 몇 차례 더 지급된다 하더라도, 모든 자영업자가 생존 가능하지는 않다. 그리고 코로나19가 종식되어도 자영업자가 넘어야할 더 큰 파도가 있을 수 있다.

정리하자면 단기적으로 코로나19로 인한 경제 침체를 극복해야 하며, 장기적으로는 언택트와 디지털 전환 등의 파고를 견뎌야 한다. 이러한 변화는 업종마다 다르다. 모든 업종을 여기서 다룰 수 없어 업종별 점유율 상위 수준을 기준으로 대표적인 업종에 대해 전망하겠다.[6] 표 〈자영업 업종별 코로나19 이후에 대한 전망〉은 업종에 따라 미래동인이 영향을 미치는 영향을 표시한 것이다. 꼭지점이 아래인 삼각형▽은 쇠퇴 압력, 위인 삼각형▲은 상승 압력, 하이픈-은 큰 관련성이 없음을 나타낸다. 아래 표는 미래동인의 내용과 귀납추리에 의해 도출했다.

자영업 업종 별 코로나19 이후에 대한 전망

자영업 업종 분류	미래동인			비고
	언택트	디지털 전환 가속화	탈화석연료 경제	
음식점	▽	▽	▽	
식품 및 종합 소매	▲	▲	▽	
의류 및 잡화점	–	–	–	
이미용 및 화장품	–	–	–	
주점 및 유흥 서비스	▽	▽	▽	
건자재 및 가정용품	–	–	–	
학원 및 교육서비스	▽	▽	▽	
스포츠 및 오락	▽	▽	▽	
차량 및 관련서비스	–	▲	▽	무인자동차
병원 및 의료서비스	▽	▽	–	원격진료
택시 및 운수업	▲	▽	▽	
전자제품 판매	▲	▲	–	
숙박업	▽	–	▽	
약국	–	▽	–	원격처방
문구 및 서점	▽	▽	▽	
정보통신업	▲	▲	–	
건설/부동산 서비스	▲	▽	▲	

(▲: 수요 상승, ▽: 수요 하락, -: 관련 없음)

업종별로 살펴본 미래

코로나19 이후의 자영업의 미래에 영향을 미치는 동인을 언택트, 디지털전환 가속화 및 탈화석연료 경제를 왼쪽부터 순서대로 들었는데, 왼쪽부터 시간 순으로 영향을 미칠 것이다. 언택트가 현재와 단기미래 및 장기미래에 영향을 미칠 것이고, 디지털 전환이 2~3년 이후의 중기 미래, 탈화석연료 경제가 10년 안에 영향을 미칠 것이다. 탈화석연료 경제는 코로나19와 직접적인 관련이 적으나, 우리 인류가 애써 무시하고 있는 우리 방안에 들어온 또다른 검은 코끼리이다.

그리고 모든 업종에 대해 전망을 제시하지 못했음을 다시 강조하겠다. 업종별 점유율을 근거로 대표적인 업종만 다뤘다. 그 기준도 산업분류코드에 따르지 않고, 국민은행의 개인사업자의 분류 체계를 따랐음을 참고하기 바란다.

음식점

음식점은 언택트가 진행됨에 따라 지속적으로 그 매출이 감소할 가능성이 크다. 코로나19는 편의점과 슈퍼 등의 매출을 늘렸는데, 음식점에서 식사를 하기보다 집에서 식사를 하는 빈도가 증가했기 때문이다. 기존의 음식점도 신종 감염병에 대응하기 위해 1인용 식당 형태로 전환되었다. 코로나19 이후에도 언택트는 늘어날 것으로 전망되어, 배달 전문 음식점이 늘어날 것이다. 배달용 음식 전문점이 등장할 것이고, 이는 음식점 운영을 위한 점포의 크기를 최소화하는 것으로 이어질 것이다.

또한 음식점의 위치에 따라 매출액의 차이가 줄어들 것이다. 서울의 홍대거리, 부산의 서면, 광주의 예술의 거리와 같이 문화적 수요가 있는 특정 지역을 제외하고 이러한 현상이 광범위하고 지속적으로 진행될 것으로 전망된다. 이는 상가 시장에도 큰 영향을 미칠 것이다. 서울의 홍대거리 등도 관광이 줄어들어 이전의 매출액을 회복하기는 어려울 것이다. 따라서 음식점은 브랜드 가치 제고, 배달음식에 적합한 음식개발, 음식 중간 상품 개발, 프랜차이즈 전략 채용, 고급화된 체험 서비스 개발 등의 대책을 마련해야 한다.

상가 건물주는 주변 건물주와 연대하여 창업가와 예술가가 모일 수 있도록 해야 한다. 그러나 이미 고가에 부동산을 구입한 경우, 임대료로 이자도 부담하기 어렵게 되어, 진퇴양난 상황에 처할 것이다. 그러한 경우 과감한 의사결정이 필요하다.

관광업

참고로 관광업은 앞으로도 이전으로 회복하기 어려울 것이다. 코로나19가 종식되어도, 항공기 내의 감염위험을 줄이기 위한 환기시설 등의 구조적 변화가 불가피할 것이다.[7] 이는 항공권의 가격을 높여서, 해외여행자의 수를 줄일 것으로 판단된다. 선박을 이용한 여행도 같다.

식품 및 종합 소매업

식품 및 종합 소매는 언택트의 추세에 의해서는 상황이 좋으나, 디지털 전환이 가속화에는 부정적인 영향을 받을 것이다. 다만 신선 식품의 경우에는 디지털 전환으로 인한 영향을 상대적으로 덜 받을 수 있다. 언택트의 동향은 일인가족의 구성과 직접적인 영향은 없으나, 간접적인 영향을 가진다. 또한 일인가족의 증가는 메가트렌드에 해당한다. 식품 및 종합 소매는 1인가족의 증가에 대응하여 신선식품인 상품을 마련하고, 마케팅을 하는 것도 대안이 된다. 다만 식품 및 종합 소매는 진입장벽이 낮다는 문제가 있다. 이들 자영업은 지역에 기반을 둔 것으로 신뢰, 체험 등의 디지털 기업이 제공하지 못하는 부가적 가치를 제공하는 방안을 마련해야 한다.

의류 및 잡화점

의류 및 잡화점은 상대적으로 코로나19의 영향을 덜 받을 것이다. 다만 경제 침체로 인한 소비자의 수입 감소가 의류 및 잡화점에 영향을 미칠 것이다. 디지털 전환에 의류 등은 상대적으로 영향을 덜 받을 것인데, 이는 의류의 경우 인터넷으로 그 질감, 색상, 맵시 등을 확인하는 것이 어렵고, 잡화의 경우 배송비 부담 때문이다. 그러나 디지털 전환이 가속화되는 경우 의류와 잡화에 대한 오프라인의 장벽이 낮아질 것이다. 현재의 상황에 머물러 있다가는 '점점 뜨거워지는 솥 속의 개구리[8]'가 될 가능성이 크다.

이·미용 및 화장품

　이·미용 및 화장품도 코로나19로 크게 영향을 받지 않을 것이다. 의류 등과 같이 경제 침체로 영향을 받을 것이다. 언택트는 이·미용과 화장품에 대한 수요를 줄이기는 할 것이나, 그 영향은 미미할 것으로 보인다. 디지털 전환과 이·미용 및 화장품은 판매경로에도 영향을 미칠 것이나, 그 제품의 구성에 영향을 미칠 가능성이 크다. 디지털 이·미용 제품이 나오고 있기 때문이다. 이는 이·미용 및 화장품 판매에 있어서 전자제품 판매업체와 경쟁해야 한다는 의미다. 그러나 코로나19로 인한 디지털 전환의 가속화의 영향은 상대적으로 덜 받을 수 있다. 스마트 이·미용 제품은 사물통신, 인공지능 등의 발달과 연계된 것으로, 제품 개발에 상당한 시간이 걸리기 때문이다. 그렇다고 여유가 많이 남아 있는 것은 아니다.

주점 및 유흥 서비스

　주점 및 유흥 서비스의 매출액은 현재도 어려우나 중기 미래 이후에도 어려울 것으로 판단된다. 언택트는 한편으로 비즈니스 모델이며, 다른 한편으로 디지털 전환의 한 모습이며, 또 다른 면으로 문화적 조류에 해당한다. 디지털 전환은 인간 간의 소통과 교류의 대안을 제공할 것으로, 물리적 만남이 줄어드는 언택트는 메가트렌드가 되고, 문화적 흐름이 될 것으로 전망된다. 주점 및 유흥 서비스는 감염에 안전하도록 출입자 통제와 환기시설을 강화하고, 체험과 관련된 콘텐츠를 추가해야 한다. 혹은 도시 외곽지역으로 이전하여 감염 안전성을 강화하는 것도 검토할 가치가 있다. 외곽지역의 음식점 등의 매출액이 도시 중심지역에 비해 매출액이 양호했다.

건자재 및 가정용품

건자재 및 가정용품도 코로나19로 인한 직접적 영향은 크지 않을 것이다. 다만 디지털 전환의 가속화에 따라, 소규모 건자재와 가정용품의 경우 유통업의 변화에 큰 영향을 받을 가능성이 크다. 이미 건자재 상의 하나인 철물점의 수는 상당히 줄어들었다. 철물점과 가정용품점을 DIY^{Do It Yourself}로 확장하는 것을 고민할 수 있다. 그런데 우리나라 일반 주택의 구조가 DIY를 하기에 적합하지 않다. 철물점과 DIY 센터를 결합하는 접근을 하는 것도 대안이 될 수 있다.

학원 및 교육서비스

학원 및 교육서비스는 언택트, 디지털 전환에 직접적인 영향을 받을 것으로 보인다. 코로나19에 의해 상당한 영향을 받은 학원 및 교육 서비스는 이 사태가 종식되면 단기적으로 급격한 매출액 회복이 가능하다. 그러나 원격교육이 가능성을 확인한 교육당국과 각 가정은 코로나19 이후에도 일정 수준의 원격교육을 유지할 것이며 또한 해야 한다. 원격교육 시스템이 고도화되면 학생마다 인공지능 개인교사가 할당될 것으로, 지식의 전달만 보자면 기존의 교육보다 더욱 효율적일 수 있다. 출산율 저하 등은 이들 업종의 미래를 더욱 어렵게 할 것으로 보인다.

영국의 캠브리지 대학은 2021년 여름까지 모든 과정을 온라인으로 개설하겠다는 계획을 발표했다.[9] 캠브리지의 이러한 움직임의 배경은 코로나19와 신종 감염병에 대한 대응, 전 세계 학생 흡수를 통한 재무적 안전성 확보 등이 될 것이다. 캠브리지의 전략을 옥스포드 대학을 포함한 전 세계 대학이 모방할 개연성은 다분하다. 이러한 시스템 변화는 당연하게도 학원 및 교육 서비스에도 영향을 미칠 것이다. 학원 및 교육 서비스는 연대를 통해 규모의 경제를 달성하고, 또한 이를 통해 디지털 전환을 빠르게 진행해야 한다. 그리고 교육 대상자를 기대수명 연장과 지식반감기의 단축에 따라 성인 대상으로 전환하는 것이 필요하다.[10]

스포츠와 오락

스포츠와 오락의 종류는 다양하다. 갇힌 공간의 스포츠와 오락에 대한 수요는 줄어들 것이나, 열린 공간의 스포츠와 오락은 그 수요를 유지할 가능성이 크다. 당구장, 헬스클럽 등의 업종의 미래는 밝지 않을 것으로 보인다. 대신 개인이 열린 공간이나 거주 공간에서 할 수 있는 운동과 오락이 인기가 있을 것으로 전망된다. 기존 점포는 환기시설을 추가하는 등 전염병에 안전하기 위하도록 해야 하고 이와 관련된 이미지 제고 홍보를 진행해야 할 것이다. 이들 시설을 추가하기 위해서 상당한 비용이 들 것인데, 경쟁 업체가 줄어들게 되면 고급화 전략을 펼 수 있다. 다만 스포츠와 오락은 규모의 경제가 작동할 것으로 소규모 자영업자가 언택트와 디지털 전환의 파고를 견디기 어려울 수 있다.

차량 및 관련 서비스

차량 및 관련 서비스는 중기적으로는 수요가 늘 수 있다. 언택트는 차량 수요를 늘릴 것으로 전망되기 때문이다. 다만 교통정체로 인해 차량에 대한 극적인 수요의 상승을 기대하기 어렵다. 디지털 전환의 가속화는 차량 및 관련 서비스에 대한 새로운 수요를 가져올 것이다. 특히 원격 근무가 정착되면 새로운 형태의 디지털 노마드를 만들어 낼 수 있다. 고가의 부동산으로 인해 자가 소유를 포기한 Z세대는 이동식 주택을 구매하고, 노마드로 원격근무를 하게 될 것이다. 특히 전기자동차가 저렴해지게 되면, 이러한 동향이 늘 수 있다. 태양광 충전으로 필요한 전기를 충당할 수 있기 때문이다.

병의원

병의원은 언택트와 디지털 전환에 직접적인 영향을 받을 것이다. 원격진료, 정밀의료, 의료사물통신MIoT, Medical Internet of Things과 인공지능 결합은 강력한 미래동인이다. 개인 병의원과 의사에게 이러한 변화는 한편으로 위협이 될 것이나, 새로운 기회가 될 수 있다. 다만 기존의 전통적인 개인 병의원 비즈니스 모델에 집착하게 되면 큰 위기에 봉착할 수 있다. 더구나 여기에서 미래동인으로 들지 않았으나, 공공의료의 강화는 개인 병의원에게 일정 수준으로 영향을 미칠 것이다. 다만 우리나라 공공의료가 유럽 등 복지국가 모델을 따르지 않을 것으로 판단된다. 이번 코로나19가 유럽의 공공의료 모델이나 미국의 의료 모델 모두 한계가 있음을 확인했기 때문이다.

택시 등 대중교통

코로나19로 교통량은 줄었으나, 자가용 출퇴근 이용량은 증가하게 했다.[11] 감염병에 대한 두려움이 자가용 이용량을 늘리게 했다. 이로 인해 택시 서비스에 대한 수요가 단기적으로는 일정 수준 유지될 것이다. 다만 현재 택시 서비스 수요가 줄어든 것은 경제 침체 때문이다. 경제가 다시 되돌아오면 언택트의 동향은 택시 서비스 수요를 오히려 늘게 할 수 있다. 그러한 경우 정부는 줄어든 일자리를 택시 업계가 일정 수준 흡수하기를 원할 것으로 보인다.

그러나 택시 서비스는 장기적으로 보아 미래가 밝지 않다. 원격근무가 활성화되는 경우 교통수요가 줄어들 것이다. 2030년 이후 자유주행자동차 기술이 3수준 이상이 되면 택시 운전자의 일자리는 급속히 줄어들 것이다. 현재 가트너의 예측에 따르면 완전한 자율주행자동차를 의미하는 3수준 이상의 자율주행자동차는 2030년 이후 등장할 것으로 전망하고 있다.[12] 고속철도망을 제외한 버스의 경우에도 택시와 크게 다르지 않을 것으로 전망된다.

택시 등 운송업에 종사하는 개인 사업자는 당분간은 좋겠으나, 장기적으로는 일자리를 전환하도록 고민해야 한다. 규모가 있는 사업자의 경우 다른 서비스와 융합한 디지털 비즈니스 모델을 고안하는 것을 추천한다.

전자제품

전자제품에 대한 수요는 오히려 늘 것으로 보인다. 언택트, 디지털 전환의 가속화, 기후변화 등은 이들 제품에 대한 수요를 늘릴 것이다. 다만 유통채널의 변화가 자영업자에게는 어려움이 될 가능성이 크다. 이들 자영업자는 이른바 아마존화Amazonification를 두려워해야 하며, 그 대응방안을 모색해야 한다. 다윗이 골리앗을 이긴 이유는 기민Agile하기 때문임을 잊지 말아야 한다. 지식사회에서의 기민함은 디지털 역량과 유연한 학습과 협력역량, 건강하고 가벼운 실패임을 잊지 말아야 한다.

숙박업

숙박업의 미래는 관광산업의 쇠퇴로 인해 그 미래가 밝지 않다. 다만 원격근무가 숙박업에 새로운 활로가 될 수 있으나, 불확실성이 크다. 에어비앤

비와 같은 디지털 플랫폼 기업은 숙박업 간의 경쟁을 심화시킬 것으로 이윤을 줄이게 할 것으로 보인다.

약국

약국의 미래는 언택트에 큰 영향을 받지 않을 것이다. 다만 디지털 전환은 약국에 영향을 미칠 위험이 있다. 원격 의료가 일반화되면, 온라인 처방전을 환자에게 직접 발급하게 될 것이다. 이는 약국 간에 경쟁을 심화시킬 수도 있으며, 온라인 약국을 만들 가능성도 있다. 혹은 약국 서비스의 플랫폼 비즈니스화를 가져올 수도 있다. 약국은 새로운 고객가치를 만들어서 이러한 변화에 대응해야 한다.

문구 및 서점

문구 및 서점은 언택트, 디지털전환, 탈화석연료 경제에 모두 영향을 받을 것으로 보인다. 문구의 수요는 Paperless가 진행됨에 따라 줄어 들 것이며, 디지털 전환은 그 유통에 변화를 가져올 것이다. 책에 대한 수요는 일정 수준 유지될 것이나, 다른 매체와 경쟁을 할 것으로 보인다. 특히 가상현실과 증강현실 기술의 발달은 문구와 서점 분야에 큰 영향을 미칠 것으로 보인다. 다만 코로나19가 디지털 전환을 가속화할 것이나, 가사현실과 증강현실 기술을 발달시키는 데는 직접적인 동력이 되기는 어려울 것으로 판단된다. 그리고 가상현실 기술 등이 대중화되는 데는 2030년 이전일 것으로 판단되나[13], 기술이 충분히 성숙하기 위해서는 2030년을 넘어야 할 것으로 보인다.[14] 문구와 서점에 대한 수요는 문화적 기반이 있어서, 불확실성이 높다. 문구와 서점 업종 자영업자는 문화적 수요와 연계시키는 시도를 하면 좋겠다.

정보통신업

정보통신업은 언택트와 디지털 전환으로 인해 긍정적 영향을 받을 것으로 보인다. 다만 5G로 이행하면서 통신기반 인프라는 통신사에 따라 진행하는 것이 아니라, 사회간접자본의 형태로 진행될 가능성이 있다. 이는 중복투자를 방지하여 사회적 비용을 효율화하기 위한 것이다. 디지털 뉴딜의 10대 중점과제에 '5G 인프라 조기 구축'이 있다는 것을 유의해야 한다. 이는 다양한 통신서비스 사가 진출할 수 있도록 할 것이다. 사물통신의 대중화도 정보통신사업의 미래를 밝게 한다. 이는 이들 분야가 빠르게 다양한 경쟁자가 신입에 진입할 것이라는 의미이기도 하다. 새로운 전략과 마케팅 채널 등을 기민하게 마련하는 것이 필요하다.

건설 및 부동산

　건설 및 부동산 분야는 단기적으로는 언택트 동향에 따라 새로운 수요가 존재할 것으로 전망된다. 또한 기존 건물의 환기시설의 보강도 건설 및 부동산 시장에 긍정적 신호가 될 것이다. 다만 원격근무, 3D 프린팅 건설 기술의 발달은 건설 및 부동산 시장의 핵심 플레이어에 변화를 가져올 가능성이 크다. 탈화석연료 경제로의 전환은 CO_2 제로 건물에 대한 수요를 늘릴 것이다. 기존 건물에 대한 수요가 줄어들어 가격이 하락할 위험이 있으나, 부동산 가격이 그 위치에 의해 주로 결정되는 것을 고려한다면, 건설 및 부동산 시장에 상당한 불확실성이 있다. 건설 및 부동산 자영업자가 전통적 산업이며, 여기에 종사하는 사람들의 다수가 그 인식을 전환하는 것이 어렵다. 우선 디지털 역량을 늘리고 건설 및 부동산 시장의 새로운 기회를 모색하는 것이 필요하다.

민첩함이 필요한 시대

　우리나라의 전체 취업자 중에서 자영업자 비율은 상당히 높아, 2018년을 기준으로 자영업자 및 무급가족종사자를 포함하여 25.1%를 차지했다. OECD 평균보다 10%가 높은 상황이다. 그리스, 터키, 멕시코, 칠레 다음으로 우리나라가 자영업자 비율이 높은 국가이다. 높은 자영업 비율은 그만큼 양질의 일자리가 부족하다는 것을 의미한다. 그나마 자영업자 비중이

지속적으로 하락하여 2008년 25.3%였으나 2018년 21.0%로 줄어들었다.[15]

코로나19는 장기적으로 자영업자의 비중이 지속적으로 하락하고 있는 상황 속에서 급격한 충격을 준 사건으로 보아야 한다. 다시 말하자면 지금도 힘이 드나, 미래도 그 상황이 녹록하지 않다. 그렇다고 다른 경제적 대안이 있는 것도 아닌 상황이다. 디지털 전환이 가속화되는 경우 양질의 일자리는 감소할 것이며, 새로운 일자리는 기성세대의 것이 아니기 때문이다. 말 그대로 진퇴양난이다.

그래도 변화가 곧 기회다. 자영업 분야도 다르지 않다. 다수의 기존 자영업자가 힘든 시간을 보낼 것이나, 그렇지 않은 자영업자도 존재할 것이다. 생각의 전환이 필요하다. 체험, 문화, 디지털 전환과 비즈니스 모델을 융합하고 가볍게 시도할 것을 권한다. 한류와 언택트는 새로운 기회가 될 것이다. 그리고 자영업자는 민첩하게 움직일 수 있으므로, 기민하고 반복적으로 시장의 반응을 반영할 수 있는 체계인 린 스타트업Lean Start-up의 접근을 할 것을 권한다. 자영업자를 향해 응원의 메세지를 보낸다.

팬데믹에 빠진 2차·3차 산업…
일부 구간은 녹색불

금융·자동차 산업 빨간불, 게임 산업은 초록불

코로나19는 심각한 경제 침체를 가져왔다. 산업에 따라 그 영향이 다르고, 산업 내에서도 기업에 따라 받는 충격이 다르다.[1] 우선 기업은 생존해야 하며 버텨야 한다. 그런데 그 이후는 어떻게 변화할 것인가? 우선 글로벌 경영전략 컨설팅 기업인 매킨지와 우리나라의 컨설팅 조직인 삼정KPMG 경제경영연구소의 진단을 볼 필요가 있다. 이들의 진단은 코로나19 이후의 전망이 아니며, 코로나19 진행중의 상황에 대한 진단이다.

한국표준산업분류코드[2]에 의하면 산업의 유형이 너무 많아서, 삼정을 중심으로 매킨지의 것을 보완하여 분석했다. 삼정은 코로나19로 인해 단기적인 영향을 분석했다. 코로나19로 인해 엄격한 사회적 거리두기와 이동의

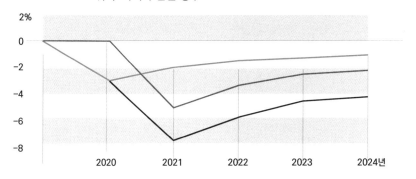

코로나19 시나리오별 세계 경제 성장률 전망

─── 2020년 코로나19 확산이 지속할 경우
─── 2021년 새롭게 확산할 경우
─── 위 두 가지가 겹칠 경우

현재 코로나19 확진자의 증가세가 무섭게 오르고 있다. 또한 올 가을에 2차 팬데믹이 올 개연성이 높은 것으로 전망되고 있다. IMF의 경제 침체 시나리오 중 가장 좋지 않은 시나리오가 달성될 우려가 커지고 있는 상태다.

자료: 국제통화기금

제한, 경기 침체 등이 직접적 영향을 주는 것으로 읽혀진다. 매킨지는 업종별 총 주주 수익률 분포에 의해 코로나19로 인한 산업별 영향을 분석했다. 삼정의 분석과 맥을 같이 하기 위해 산업별 수익률 분포가 모두 마이너스면 부정적, 일부라도 수익률 분포가 플러스에 걸쳐 있으면 일부 부정적으로 표시했다. 삼정의 산업 분류와 매킨지의 산업 분류가 일치하지 않아, 삼정의 것을 기준으로 했으며, 매킨지의 분석에는 영문 산업명을 추가로 달았다. 다만 삼정에서 분석하지 않은 전자와 의료 부분은 중요성이 있다고 판단하여 추가했다.

코로나19에 따른 산업별 영향

산업분류	삼정 경제경영연구소[3]	매킨지&컴퍼니[4]
금융	부정적	부정적(Bank, Insurance, Other Financial Services)
자동차	부정적	부정적(Automobile & Assembly)
휴대전화	부정적	일부 부정적(Telecom)
디스플레이	부정적	일부 부정적(Advanced Electrics)
항공	부정적	부정적(Air & Travel)
해운	부정적	부정적(Transport & Infrastructure)
호텔	부정적	부정적(Air & Travel)
패션, 의류	부정적	부정적(Apparel, Fashion, & Luxury)
반도체	일부 부정적	일부 부정적(High Tech)
건설	일부 부정적	부정적(Real Estate)
정유, 석유화학	일부 부정적	부정적(Chemicals & Agriculture)
철강	일부 부정적	부정적(Basic Materials)
유통	일부 부정적	일부 부정적(Logistics & Trading, Retail)
화장품	일부 부정적	
식음료	일부 부정적	일부 부정적(Food & Beverage)
영화, 영상 미디어	일부 부정적	일부 부정적(Media)
게임	일부 긍정적	
전자		일부 부정적(Advanced Electrics)
의료		일부 부정적(Medical Technology, Healthcare Supplies & Distribution)

삼정은 금융, 자동차 등은 코로나19로 인해 부정적 영향을 받으며, 반도체 등은 일부 부정적인 영향을 받은 것으로 보았고, 게임은 일부 긍정적인 영향을 받는 것으로 분석했다. 삼정과 매킨지의 분석은 대체로 일치했으나 일치하지 않는 영역도 존재한다. 이는 시장의 대상이 다르기도 하며

시각의 차이 때문인 것으로 판단된다. 일단은 영향도에 대한 것은 어느 정도 이해가 된다. 삼정과 매킨지의 분석 내용을 보다 상세하게 알고 싶은 독자는 출처를 미주에 제시했으니 찾아보시면 좋겠다.

삼정 등의 분석은 코로나19 사태로 인한 최근까지의 상황 추이를 분석하여 통계적 예측을 한 것이며, 매킨지의 접근도 크게 다르지 않다. 따라서 코로나19로 인한 미래동인 등을 반영한 산업별 변화의 가능성을 탐색하는 데는 미래 신호를 적극적으로 반영하는 것이 필요하다. 전략적 사고와 전략 계획이 양립 불가능한 것이 아니라,[5] 사고의 순서다. 증거기반 전략과 정책은 엄밀성을 확보할 수 있는 장점이 있으나, 전략지체와 정책지체를 가져올 수 있다. 따라서 기민한 전략Agile Strategy과 기민한 정책Agile Policy은 증거기반 전략과 정책은 순서의 문제이며 양립 불가능한 것이 아니다. 우리나라가 서구에 비해 코로나19에 잘 대응한 것도 이러한 기민한 정책 때문이다.[6]

필자가 이렇게 전략적 사고와 기민한 정책과 전략의 중요성을 강조하는 이유는 코로나 이후의 변화에는 상당한 불확실성이 있기 때문이다. 불확실성은 정보와 지식이 없음을 의미하는 것도 아니나, 다양한 게임 플레이어의 역동적 의사결정에 의해서도 일어난다. 불확실성에 대응하는 방안은 증거기반과 통계적 접근이 아니라 보다 기민하고 창의적 접근이 필요하다. 그 첫걸음이 각 산업별 코로나19와 그 이외의 미래동인을 탐색하고 분석하는 것이다.

산업별 분석을 위해서는 한국표준산업분류코드에 의하는 것이 타당하다. 그러나 현황 분석과 비교하는 것이 보다 적합하다고 판단했다. 코로나19로 인한 영향을 삼정과 매킨지에서 분석한 것이 있어 이를 기준으로 미래동인에 따른 영향을 분석하고, 산업별 미래분석을 개괄적으로 기술했다.

산업별 미래동인 영향 분석

산업분류	미래 동인			
	언택트	디지털 전환 가속화	탈화석연료 경제	기타 동인
금융	▽	▽	–	기축통화와 양적완화, 미중 무역갈등 전개
자동차	▲	–	–	전기자동차, 무인자동차
휴대전화	▲	▲	▲	저궤도위성기반 인터넷
디스플레이	▲	▲	▲	가상현실, 증강현실
항공	▽	▽	▽	
해운	–	–	–	
호텔	▽	▽	▽	
패션, 의류	▽	–		
반도체	▲	▲	–	
건설	▲	▽	▲	3D Printing Housing, CO_2 Zero Building, 환기에 대한 새로운 규제
정유, 석유화학	▽	–	▽	
철강	–	–	▽	
유통	▲	▲	–	무인자동차, 물류 고속도로
화장품	▽			
식음료	–	–		대체식량 기술, 1인가구의 증가, 가족 구성의 변화, 여성 권한 상승
영화, 영상 미디어	▽	–	–	온라인 미디어, 가상현실 기술
게임	▲	▲	–	가상현실, 혼합현실 기술
전자	▲	▲	–	사물통신 기술
의료	▲	▲	–	정밀의료, 신종감염병 대응, 고령화

금융

금융분야는 언택트와 디지털 전환의 영향력을 가장 강하게 받을 것이다. 핀테크 기업의 출현으로 전통적인 금융 비즈니스는 끊임없는 도전을 받아 왔으며, 금융기업은 경쟁력을 확보하기 위해 규모의 경제를 확보하려 할 것이다. 언택트와 디지털 전환의 가속화로 지점은 통폐합되고, 온라인과 모바일 서비스로 이행할 것이다. 이로 인해 금융산업의 신규고용은 줄어들 것이다. 다만 언택트와 디지털 전환과 관련된 전문인력에 대한 수요는 증가할 것으로 전망된다.

전통적인 상업은행의 이윤 감소와 위험증대는 규모의 경제를 추구하게 할 가능성이 높다. 투자은행은 기축통화의 양적완화와 미중 무역 갈등과 같은 변화를 통해서 이윤을 얻으려 할 것이나, 이는 경제적 양극화를 심화시키는 것이지 금융산업의 발전을 의미하지 않는다.

자동차

자동차 산업은 수요에 비해 공급량이 늘어나면서 근본적인 성장한계에 봉착했다. 전 세계적인 중산층의 증가가 수요를 늘릴 것이나, 그 이상으로 공급량이 늘어나 새로운 차별적 경쟁력을 갖출 필요가 커졌다. 언택트는 한편으로 나홀로 자가용에 대한 수요를 늘릴 것이나, 이는 각 국가의 도로 등의 교통 인프라와 소비자의 소득에 따라 다를 것이다. 특히 기후변화와 탈화석연료 등에 대비하려 할 경우 지속가능한 교통 인프라를 구축하려 할 것이기 때문에, 불확실성이 있을 것으로 보인다.

전기자동차와 무인자동차는 디지털 전환의 가속화에 영향을 받을 것으로 보인다. 전기 자동차와 무인 자동차는 별개의 기술이나, 상호 연관성이 높다. 수소 전지 자동차도 전기 자동차로 보아야 한다. 전기 배터리 자동차와 수소 전지 자동차의 차이는 대량 배터리를 가지고 있느냐, 아니면 수소 탱크와 수소를 전기로 바꾸는 연료 전지를 가지고 있는가의 차이다. 무인자동차 수준은 0에서 5까지인데, 3수준부터 사람의 개입 없이 운전이 가능하다. 3 수준 이상의 무인자동차는 2030년 이후에 상용화될 것으로 전망된다. 무인자동차는 우선 버스와 화물차, 택시 순으로 적용될 것이다. 따라서 디지털 전환의 가속화에 전기 자동차와 관련된 비즈니스 모델을 우선 적용하는 것이 필요하다.

탈화석연료 경제는 내연기관 자동차를 박물관으로 보내고, 전기료를 올려서 전기차의 수요를 줄일 수 있다. 이때 자동차 제조사는 자동차를 물리적인 디지털 플랫폼으로 전환하여 새로운 디지털 전략과 디지털 비즈니스 모델을 모색할 것이고 자동차 산업의 판도를 바꿀 것이다. 다만 제3세계의 경우 이러한 동향에 순조롭게 따라오지 못할 위험이 있다.

항공·해운

항공 시장의 수요는 코로나19 이후에도 회복되지 않을 것으로 판단된다. 각 항공기는 환기를 위한 구조의 조정이 필요하며, 이는 항공료의 상승

요인이 될 것이다. 코로나19 및 코로나19의 변종과 신종감염병에 대응하기 위해 각 나라는 출입국 절차를 강화할 것이다. 이는 해외여행의 감소를 가져올 것으로 보인다. 다만 디지털 전환의 가속화됨에 따라 개인의 해외 직구는 지속적으로 상승하여, 항공 물류 시장이 커질 가능성이 있다. 우리나라 항공사는 이에 대응한 비즈니스 모델과 전략을 개편할 것을 제언한다.

해운 시장에는 큰 변화가 없을 것이다. 코로나19로 인한 경제 침체는 화석연료에 대한 수요를 줄이고 물류의 이동도 줄일 것이나, 코로나19 이후에는 회복될 가능성이 크다. 다만 경기 회복 시나리오에 따라 회복 속도가 늦거나 혹은 빠를 것이다. 경기회복에 대한 시나리오 급격한 회복을 의미하는 V자 모델과 회복이 느린 L자 모델이 있다. L자 모델에도 그 지속시기에 따라 다양한 시나리오가 있다. 이들 시나리오에 대해서는 미주에 출처를 기재했으나 참고하기 바란다. [7]

호텔·관광

호텔 산업의 미래는 코로나19 이후의 관광산업의 쇠퇴에 따라 수요가 줄어들 것으로 보인다. 다만 원격근무의 비율 증가에 따른 새로운 공간 서비스에 대한 수요 증가가 호텔 산업의 새로운 활로가 될 수 있다. 디지털 전환의 가속화는 경제적 양극화도 가속화할 개연성이 크다. 어떻든 경제적 양극화에 따른 호텔 서비스 수요의 양극화를 전망하고 이에 대한 전략과 비즈니스 모델을 준비할 것을 제언한다.

5G 휴대전화는 5G 인프라가 확대되고, 5G 기반의 다양한 서비스와 소프트웨어가 성숙하면서 수요가 늘 것으로 판단된다. 특히 코로나19에 대응하기 위한 정부의 디지털 뉴딜 정책은 스마트폰과 통신 시장에서 수요를 확대시킬 것이다. 스마트폰 기술은 사물통신으로 확장될 것이고 이를 위해 가격 경쟁력과 표준화 및 다양한 제품을 개발하는 것이 필요하다. 사물통신은 의료, 인프라, 산업, 농업 등 다양한 분야에 진출해야 하며, 국내 시장이 아니라 전 세계의 시장을 대상으로 우리나라 관련 기업 간 컨소시엄을 발빠르게 구성해야 할 것으로 보인다.

우리나라의 스마트폰 시장은 저궤도 인공위성 인터넷 기술이 보편화되는 것을 대비해야 한다. 저궤도 인공위성 인터넷 기술은 2030년 이전에 안정적으로 정착될 것이며, 넓은 국토를 가진 미국, 러시아, 중국 등의 디지털화를 촉진할 뿐만 아니라, 동남아와 아프리카의 디지털화를 가속화할 가능성이 크다. 제3세계의 디지털화가 저궤도 인공위성 인터넷을 통해서 진행되는 경우, 이들 인프라를 제공하는 기업에 우리나라 기업이 종속될 위험이 있다. 우리나라의 디지털 뉴딜로 인한 단기적 수요 증대에 만족할 것이 아니라, 장기적인 근본적 변혁에 대비하여 우리나라 통신기업 및 스마트폰 기업이 예측적 대응을 해야 한다.

디스플레이 시장은 언택트와 디지털 전환의 가속화로 수요가 다양해질 것으로 판단된다. 다만 수요의 증가에 비해 공급이 과도해질 것으로, 우리나라 기업이 지속적인 차별적 경쟁력을 유지해야 한다. 가상현실 기술과 증강현실 기술은 지속적으로 발전할 것으로 2030년 이전에 대중화되며, 2030년 중반 기술적으로 충분히 성숙할 것으로 전망된다. 가상현실 등을 위한 저전력, 저발열, 고해상도를 위한 '퀀텀닷Quantum Dot'등의 기술에 집중 투자하는 것이 필요하다.

반도체

반도체 산업은 언택트, 디지털 전환의 가속화로 가장 큰 수혜를 볼 것이다. 다만 비메모리 반도체와 메모리반도체에 따라 다를 것이며, 사물통신의 발달도 반도체 산업에 영향을 미칠 것이다.

건설

건설 산업은 코로나19 및 신종감염병 대응을 위한 환기시설의 구비에 영향을 받을 것이다. 고층 아파트와 빌딩의 경우 환기가 중앙집중식으로 되어 있어, 땅 위의 다이아몬드 프린세스호가 될 가능성이 있다. 다이아몬드 프린세스호는 크루즈 여행을 위한 배로, 탑승객 3,711명 중 712명이 코로나19 감염되었다. 외부 공기를 많이 유입시키는 중앙집중식 환기가 대안이 되나, 에너지 효율이 낮은 문제가 발생한다.

원격근무, 원격교육의 대중화는 거주공간에 대한 선호를 바꿀 것이다.

거주공간이 동시에 업무공간과 교육공간이 될 것이며, 이에 대응한 디지털 기기, 전자 기기 및 공간 구성에 대한 요구가 늘 것이다. 공간 서비스도 높아진 환기에 대한 요구와 원격근무에 대응한 새로운 수요가 증가할 것이고, 건설 산업은 이에 대응해야 할 것이다.

3D 프린팅 건설과 3D 프린팅 건설 로봇 기술은 건설 산업을 노동집약적 산업이 아니라 자본집약과 기술집약적 산업으로 전환할 것이다. CO_2 제로 빌딩에 대한 요구의 증가는 건설 자재 산업에 큰 변화를 가져올 것으로 전망된다.

정유·석유화학

정유, 석유화학 산업은 경제 변동과 큰 관련을 가진다. 코로나19로 인한 경제 침체와 이의 회복이 정유와 석유화학 산업의 미래에 단기 및 중기적으로 영향을 미칠 것이다. 그런데 탈화석연료 경제는 이 산업의 미래를 밝지 못하게 한다. 중산층의 증가와 제3세계의 성장은 화석연료의 소비를 늘릴 수 있으나, 지구생태계가 감당하지 못한다. 석유화학 산업의 일부는 여전히 살아남을 것이나, 정유산업은 새로운 에너지 기업으로 전환해야 한다.

제1차 석유파동이 일어났던 1973년 OPEC의 석유장관이었던 아메드 자키 야마니Ahmed Zaki Yamani가 "석기시대가 돌이 다 떨어져서 끝난 것이 아니듯이, 석유시대는 석유를 다 쓰기 이전에 끝날 것이다"라고 했다. 2030년 이전에 탈화석연료 시대가 본격적으로 시작할 가능성이 크며, 정유 산업은 이를 준비해야 한다. 다만 통계에 따르면 인류의 에너지 소비가 늘고 있어, 화

석연료의 소비량이 급격하게 줄어들지 않을 것으로 예측되고 있다.[8]

탈화석연료에 대한 전망과 에너지 소스 별 수요예측에 차이가 존재하는 이유는 기후변화로 인한 비용의 크기에 대한 인식 차 때문이다. 탈화석연료에 대한 전망은 매우 클 것으로 보는 것이고, 화석연료에 대한 수요가 크게 줄지 않을 것이라는 전망은 그 비용이 크지 않을 것이라는 전제를 가정으로 한다. 필자는 기후변화의 비용이 매우 클 것으로, 우리가 애써 외면하는 검은 코끼리 중의 하나라고 확신한다.

철강

철강 산업은 코로나19로 인한 미래동인에 큰 영향을 받지 않을 것으로 보인다. 다만 탈화석연료 경제로 인해 에너지 집약적 철강 산업은 쇠퇴할 가능성이 있다. 우리나라 철강산업의 경쟁력은 세계적이다. 이를 유지하기 위해서는 신소재 분야로 적극적 진출이 필요하다. 다만 기술 성숙이 빠르지 않아, 시장 진입시기가 곧 비즈니스 전략이 되는 점이 있다.

유통·패션·화장품

패션, 의류 산업은 언택트에 일정한 영향을 받을 것으로 보인다. 물리적으로 사람을 만나는 기회가 줄어듦에 따라 이와 관련된 소비도 줄어 들 것이다. 원격근무와 교육도 패션과 의류에 대한 수요를 감소시킬 것이나, 다른 한편으로 적극적인 야외활동을 늘릴 가능성이 있어, 불확실성이 있다. 이들 산업은 디지털 전환이 가속화되면 고객 채널의 변화가 일어날 것이고 이에 대응한 전략을 수립해야 한다. 특히 글로벌 가치사슬의 변화도 패션과 의류 산업에 영향을 미칠 것으로 판단된다. 디지털 기술을 적극적으로 활용하여 재고의 위험과 유통비용을 줄일 수 있는 방안을 적극적으로 탐색해야 한다.

유통 산업은 언택트와 디지털 전환 가속화에 큰 영향을 주고 또한 받을 것이다. 특히 언택트와 원격 근무 등은 유통 산업의 수요를 늘릴 것이며, 예측적 유통을 통한 고객 가치 향상과 스마트 로봇을 이용한 인건비 절감이 유통산업의 핵심 경쟁력이 될 것으로 보인다. 유통 산업의 미래는 아마존 Amazon을 봐야 한다. 코로나19로 인해 아마존은 가장 큰 승자가 되었다. 주가는 30% 이상 상승했다. 유통산업은 신종 감염병에 취약할 수 있다. 열악한 근로환경이 코로나19가 쉽게 전파될 수 있도록 한다. 쿠팡이 그 사례다. 아마존도 예외가 아니다. 이에 대응하기 위해 스마트 로봇을 적극적으로 채용할 것으로 판단된다.

화장품 산업은 의류와 패션산업과 괘를 같이한다. 다만 우리나라 화장품이 한류의 파도를 타고 전 세계적인 경쟁력이 있는 상황이다. 화장품 산업은 언택트를 문화적 상황으로 보고 이에 대응한 비즈니스 모델과 전략을 수립해야 한다. 디지털 전환의 가속화에 대응하여 화장품 업계는 적극적인 디지털 전략 등을 확장해야 한다.

식음료

식음료 산업은 언택트의 조류에 혜택을 받을 것이다. 원격근무와 원격교육은 외식의 비율을 줄이게 될 것으로 전망된다. 여성의 권리 상승과 가족구조의 변화, 일인가구의 증가 등도 식음료 산업에 영향을 미칠 것으로 판단된다. 대체육, 대체식량은 1차산업을 2차산업으로 바꿀 것이다. 정밀의료와 식음료 산업이 결합하여, 개개인의 유전자와 생활습관에 맞는 음식을 추천하고 공급하는 서비스도 등장할 것이다. 그렇게 되는 경우 식음료 산업은 유통산업 혹은 의료 서비스 산업과 경쟁하게 될 것이다.

원격근무 등은 도시농업을 늘릴 것이고 이는 미약하나마 식음료 산업에 영향을 미칠 것으로 판단된다. 조리용 로봇 기술의 성숙도 식음료 산업에 영향을 미칠 것이다. 코로나19로 위상이 한층 높아진 한류는 우리나라 식음료 산업의 새로운 활로가 될 수 있다. 특히 우리나라 사찰 음식은 서구의 채식주의자에게서 새로운 수요를 만들 수 있다. 이러한 변화는 식자재, 식기구 등의 산업을 활성화시킬 것으로, 품질관리, 브랜드화 및 문화와의 결합 전략이 필요하다. 식자재와 식기구 관련 업체의 대부분은 중소기업으로 연대를 통해 규모의 경제를 달성하거나, 정부의 지원 정책이 필요하다. 정부의 지원 정책은 이미 존재하는데 식자재와 식기구와 관련한 정책 강화를 제언한다.

영화, 영상 미디어에 대한 수요는 언택트와 디지털 전환으로 증가할 것이다. 다만 이들 콘텐츠의 미디어에 큰 변화가 올 것이다. 영화관의 수요는 줄어 들 것으로 전망된다. 넷플릭스와 같은 디지털 플랫폼 기업의 지배력이 강화될 것이다. 디지털 플랫폼 비즈니스 모델에서 흔히 발견할 수 있는 특징은 과점이다. 따라서 한국의 콘텐츠 디지털 플랫폼 기업의 성장이 필요하며, 이때는 새로운 디지털 전략과 비즈니스 모델이 필요하다. 인공지능을 이용한 콘텐츠 개발의 비율이 점진적으로 증가할 것으로, 사람 배우와 성우 및 가수가 설 수 있는 공간은 줄어들고, 그 자리를 인공지능 개발자가 차지하게 될 것이다.

게임 산업은 언택트와 디지털 전략 가속화의 혜택을 지속적으로 받을 것으로 전망된다. 앞으로 가상현실과 혼합현실 기술에 큰 영향을 받을 것으로 전망되는데, 이들 기술이 충분히 성숙하는 데는 상당한 시간이 걸릴 것이다. 이들 기술은 2030년 이전에 대중화될 것으로 보이며, 2030년 중반에 기술적으로 성숙할 것으로 전망되고 있다. 가상현실 기술 등은 관련 하드웨어 기기의 시장과 게임 산업 모두를 발전시킬 것이며, 4D 체어Chair 등의 산업도 발전 시킬 것으로 보인다.

전자 산업은 언택트, 디지털 전환 가속화로 긍정적인 영향을 받을 것이다. 특히 디지털 뉴딜은 사물통신에 긍정적 영향을 미칠 것이다. 디지털 전환의 가속화에 따라 인더스트리 4.0의 스마트 프로덕트와 사이버 물리 시스템CPS, Cyber Physical System, 미국의 제너럴 일렉트릭과 가트너의 디지털 트윈

Digital Twin이 대중화될 것이다. 이에 따라 원칙적으로 모든 제조업은 전자 사업 및 디지털 기술과의 융합을 고민하고 접근해야 한다.

의료·바이오

의료 산업은 언택트와 디지털 전환 가속화로 인해 상당한 충격을 받을 것으로 보인다. 중소 병원의 입장에서 환자 수가 감소할 위험이 있다. 중소 병원의 경쟁력을 제고하기 위한 디지털 시스템의 공유와 제도적 장치가 필요하다. 의료의 공공성 강화와 지방의 중소병원 경쟁력은 맥을 같이할 수 있다. 코로나19 이후 신종 전염병에 대한 대응을 위해 의료의 공공성이 강화될 것으로 보인다. 고령인구의 증가로 인한 우리사회의 의료비용 증가에 대응하고 의료의 질을 높이기 위한 정밀의료의 필요성 증가와 개인건강기록PHR, Personal Health Record의 요구는 의료 서비스 산업에 큰 변화를 가져올 것이다.

코로나19 이후 산업별 전망을 대략적으로 살펴보았다. 각 산업의 전문성, 복잡성 및 그 경제적 규모를 고려할 때 이러한 간략한 전망은 전략적 사고를 위한 방향이며, 기민한 전략과 정책을 위한 접근이다. 이를 바탕으로 개별적인 전략과 정책의 상세화가 필요하며 전략계획과 정책계획을 수립해야 한다.

태풍 앞에서 쓰러질 것인가, 바람을 타고 날아오를 것인가

사회에 진입하지 못하는 청년층

경제활동과 관련해 마지막으로 알아봐야 할 것은 구인구직 시장에 관한 이야기다. 이 주제에 대해서는 적지 않은 고민이 있다. 결론부터 말해서 취업을 준비 중인 이들, 특히 아직 커리어를 시작하지 않은 젊은이들에게 힘이 될만한 말은 별로 꺼낼 수가 없을 것이다. 사실상 불가능에 가까운 조언이기 때문이다.

코로나19는 1998년 IMF 당시의 참담함 상황을 상기시킨다. IMF 이전에는 취업을 고민하는 청년이 많지 않았다. 대학을 졸업한 사람의 대부분은 복수의 기업에 합격했고, 그 중 좋은 곳을 골라서 갔다. 실업계 고등학교 졸업생도 입도선매식으로 졸업 이전에 취업을 했다. 실업계 학생의 재학 중 취업의 이면을 보면 적지 않은 부작용이 있었으나, 취업 자체를 고민하지 않았다.

그런데 IMF가 모든 상황을 바꾸었다. 합격 통지를 받았던 대학예비 졸업생은 입사 취소 소식을 들었다. 어떤 기업은 폐업을 해서, 어떤 기업은 긴축 경영으로 돌아서며, 신입사원 채용을 취소하게 된 것이다. 이미 입사를 한 1~2년의 초년생도 퇴직 통지를 받았다. 1997년 전체 실업률과 청년실업률이 각각 2.6%, 5.7%가 1998년 7.0%, 12.2%로 급등했다.

우려되는 2020년도 하반기 취업률 추이

2019년 12월의 실업률과 청년실업률은 3.8%, 8.9%였으며 2020년 4월은 각각 4.2%, 9.3%다.[1] 생각보다 실업률이 추이가 급등하지 않은 것으로 보인다. 그러나 하반기부터 코로나19로 경기침체가 본격화되면 실업률도 급등할 가능성이 크다. 그 중 청년층의 고통이 가장 클 수 있다. 청년층의 실업률 증가는 한국사회의 미래성장동력 저하를 의미한다.

청년의 미래가 우리의 경쟁력이다. 20대와 30대에 충분한 경력을 쌓지 못하면, 그 세대의 경쟁력이 낮아진다. 개인적으로 불행하며 사회에는 부담이 된다. 한 두 명의 천재가 사회전체를 먹여 살릴 수 있다는 것은 착각이다. 지식의 생태계와 문화의 생태계가 영웅과 천재를 만든다. 그 세대가 충분한 경험을 쌓지 못한다면, 그 세대는 혁신 생태계를 만들지 못한다. 그리고 그 이후의 세대에게도 적절한 경험과 지식 및 문화를 공유하지 못한다.

우리 사회는 아직 1998년 IMF를 기억하고 있다. 현재 신규취업을 노려야 하는 청년층은 아마도 교과서에서나 배웠을 20년 전 IMF 시절과 지금을 비교하며 사회 진출의 물꼬를 트기 위해 노력하고 있을 것이다. 이들을 위한 대안을 제시하기는 쉽지 않다. 그나마 고를 수 있는 선택지를 몇 가지 둘러보자.

최선은 취업, 차선은?

신규채용이 줄어드는 경우 택할 수 있는 진로는 창업, 진학 및 교육 등이 있을 것이다. 우선 취업이 가능하다면 취업을 하는 것이 좋다. 경력을 쌓는 것은 단순히 이력서에 한 줄을 추가시키기 위한 것이 아니다. 일하고 생각하는 방법, 좋은 동료, 부하직원 및 상사가 되는 방법을 배우기 위해서는 적절한 조직에서 경험을 쌓는 것이 필요하다. 취업 분야에 대해서라면 이 책의 본론에 등장한 '코로나19 이후의 자영업과 산업에 대한 전망'을 참고하기 바란다. 다만 취직을 하지 못했다고 해서 개인 카페 창업 등 자영업자의 대열에 뛰어드는 것에는 신중함에 신중함을 더해야 한다. 우리나라 자영업자 비율이 높은 데다가 하반기부터 폐업률이 증가할 것으로 전망되기 때문이다.

자영업이 위험하다고 말했지만, 어쨌든 창업을 하는 것은 취업난에 대한 하나의 대안이 될 수 있다. 창업의 대부분이 실패하나 건강한 실패는 미래를 위해 필요하다. 다만 본인의 자산으로 창업을 하는 것은 극도로 지양해야 한다. 외부의 펀딩을 받지 못했다는 것은 해당 서비스나 상품에 대한 객관적 평가가 매우 낮다는 것을 뜻하며 그만큼 실패할 확률이 높다. 정부의 벤처 지원 제도 등을 검토하는 것도 필요하다. 그렇다고 절망할 필요는 없다. 코로나19와 같은 위기는 이윤의 원천이 된다. '위험과 불확실성은 이득의 원천이다.'[2]

여러 명이 연합하여 최소의 비용으로 창업을 하는 것은 충분히 권장할 만하다. 이때 비용은 최소한으로 해야 한다. 현재의 추세로 보아 온라인 협업으로 진행하여 사무실 임대비용도 들이지 말아야 한다. 린 스타트업Lean Startup의 절차와 방법으로 가볍게 진행해야 하며, 시장의 반응을 지속적으로 모니터링하는 것이 필요하다.[3] 다시 강조하지만, 창업을 하는 것은 권장하나, 비용을 최소화해야 한다. 이러한 원칙은 코로나19 이전에도 적용되어야 하는 것인데, 코로나19는 이러한 원칙은 더욱 강조되어야 한다.

특성화고 졸업생와 고등학교를 졸업하고 취업을 준비하는 사람들의 경우에는 상대적으로 취업문제에 더 민감하게 될 가능성이 크다. 코로나19로 인한 디지털 전환의 가속화는 공업과 상업 분야의 일자리를 줄일 것인데, 코로나19 사태의 진행 중에도 관련 일자리라 줄어들 것으로 전망된다. 진학을 하거나, 창업을 하는 등의 새로운 길을 열어 갈 것이 아니라면, 일자리의 보수와 대우가 만족스럽지 못하더라도 취직을 하는 것을 추천한다. 경력을 쌓아야 다음 기회를 만들 수 있기 때문이다.

진학도 개인에 따라 좋은 대안

대학원에 진학하는 것은 개인에 따라 좋은 대안이 될 수 있다. 그런데 코로나19로 해외유학은 현실적으로 어려울 수 있다. 다만 영국의 캠브리지 대학이 2021년 여름까지 모든 과정을 온라인 강의로 옮기겠다고 발표했는데, 이는 세계의 유수 대학이 온라인 과정을 열 개연성이 있음을 의미한다. 대학원으로 가는 길이 보다 열려 있을 수도 있으나, 이는 2022년 이후의 이야기가 될 것이다.

2021년 국내의 대학원 경쟁률이 높아질 가능성이 크다. 특히 디지털과 관련한 전공의 경쟁률이 높을 것으로 판단된다. IT 계열과 인공지능 분야에 진학하는 것은 좋은 대안이긴 하나, 본인의 적성과 맞는 지를 보아야 한다. 그런데 해보지 않고 적성을 알 수 없으며, 끊임없는 노력은 적성을 키울 수 있다. 특성화고 졸업생도 취업이 어려우면 진학을 추천한다. 산업동향과 미래동향을 전망하고 진로를 결정하는 것은 당연하다. 학점은행제로 시각을 넓히는 것도 추천한다. 그리고 IT 계열에만 모두 몰려가면 이 또한 문제가 된다. 자신의 적성과 소신에 따라 전공을 선택하는 것이 진부하나 궁극적 해답이다.

정부 등의 무료 교육과정도 적극적으로 탐색하기를 권한다. 정부의 디지털 뉴딜은 상당수의 IT 개발자, 전문가를 요구한다. 이들 인력 수요에 대응하기 위해 불가피하게 정부에서는 관련 인력을 양산할 수밖에 없다. 정부가 재정을 지원하는 교육 과정을 수강하는 것은 좋은 대안이 될 것이다. 특히 사물통신과 관련된 공부를 할 것을 추천한다. 사물통신은 의료, 농업, 산업, 스마트 시티, 스마트 홈, SOC 등과 연계될 것으로 다양한 응용분야가 있기 때문이다.

회복탄력성을 점검하고 키우는 것도 중요한 대안

회복탄력성^{Resilience}이란 역경, 시련, 실패에 좌절하지 않고 이를 도약의 발판으로 하여 더 높이 뛰어오르는 마음의 탄력성을 의미한다.[4] 안타까우나 코로나19로 적지 않은 청년이 다양한 역경과 시련을 겪게 될 것이다. 이를 극복하고 새로운 도약의 기회로 삼는 마음의 근력이 필요하다.

각 세대가 겪는 역경과 고민이 있으므로, 사회에 진출하는 청년 층에게도 역경을 관리하고 극복하는 회복탄력성이 있을 것으로 믿는다. 다만 청년층의 경우 메타 인지 능력이 상대적으로 낮을 수 있다. 메타 인지 능력이란 나를 객관적으로 볼 수 있는 능력을 의미한다. 비판적 사고도 메타 인지 능력을 전제로 한다. 본인이 보유한 지식에 매몰되지 않기 위해서는 이 메타 인지가 필요하다. 회복탄력성 또한 같다. 본인의 회복탄력성을 미리 점검하고 확인하는 것이 필요하다. 이를 통해 회복탄력성을 키울 수 있다.

다행스럽게 회복탄력성을 점검할 수 있는 다양한 측정방법이 개발되어 있다. 그 신뢰성에는 비판의 여지가 있는 것으로 보이나, 대체로 측정하고 판단하기에는 나쁘지 않다. 인터넷에서 회복탄력성을 측정하는 설문지를 확인하고 점검하기를 바란다. 자신의 회복탄력성이 낮은 항목을 점검하고 일종의 마인드 체인지^{Mind Change}를 하도록 노력하기를 권한다.

갭이어^{Gap Year}를 가지는 것도 회복탄력성을 높이기 위한 방안이다. 갭이어란 '학업을 병행하거나 잠시 중단하고 봉사, 여행, 진로 탐색, 교육, 인턴, 창업 등의 다양한 활동을 직접 체험하고 이를 통해 향후 자신이 나아갈 방향을 설정하는 시간'을 의미한다. 유럽의 경우 고등학교 졸업 후 1년간의 갭이어를 가지는 경우가 많으나, 우리나라의 경우 갭이어를 가지는 학생이 많지 않다. '엎어진 김에 쉬어 간다'고 했다. 코로나19 사태로 인한 취업과 진학의 어려움을 인정하고, 자신과 대화를 나누는 시간을 가지는 것을 추천하고 싶다.

그리고 회복탄력성을 위해 그 무엇보다 새로운 지식을 배울 수 있는 학습 역량을 키우기 바란다. 디지털 사회는 지식사회를 의미하기도 한다. 지식사회에서의 새로운 것을 학습하는 역량은 20세기 말의 운전면허증과 같다. 코로나19 이후 디지털 전환의 가속화는 반드시는 아니지만 어느 정도 지식생산의 가속화를 의미하기도 한다. 지식생산의 가속화는 지식반감기의 단축을 의미한다. 지식반감기란 지식의 절반이 더 이상 유효하지 않게 되는 기간을 의미한다. 방사성물질의 반감기에서 지식반감기란 용어를 가져온 것이다. 20세기 초 공학 분야의 지식반감기는 40년을 넘었으나, 20세기 말 지식반감기는 10년 내외로 줄었다. 21세기의 디지털 전환은 지식반감기를 더욱 단축시킬 것이다. 디지털을 통해 지식의 생산과 유통 속도라 빨라지기 때문이다. 코로나19로 인한 디지털 전환의 가속화는 이를 더욱 빠르게 할 것이다. 학습 역량은 인터넷 검색 역량, 비판적 사고, 유연한 사고 등이 필요하다.

인내의 시기를 지나는 이들에게 가능한 사회적 지원은?

코로나19로 인한 새로운 질서는 정치, 경제 및 사회에 적지 않은 변화를 가져올 것이다. 코로나19 및 이후의 신종 감염병 등장으로 언택트는 문화가 될 가능성이 크다. 디지털 전환은 시간의 문제였으나 이의 가속은 우리 사회에 적지 않은 충격을 줄 것이다. 이들 미래 변화를 전망하고 상상하는 것이 필요하다.

새로운 상상을 위해서는 자연과학적 지식과 미래동인에 대한 학습을 전제로 한다. 자연과학적 지식이 필요한 이유는 자연과학적으로 가능한 것을 대상으로 상상의 지평을 넓혀야 하기 때문이다. 테슬라와 스페이스 X^{SpaceX}의 일론 머스크^{Elon Musk}는 물리학적 지식에 바탕을 두고 비즈니스 아이디어를 상상했다. 자연과학적 지식을 바탕으로 하지 않은 상상은 공허하게 될 가능성이 크다. 다만 이 자연과학적 불가능성을 이론 물리학자이며 미래학자인 미치오 카쿠^{Michio Kaku}는 여러 유형으로 나뉘었다는 것은 참고로 알아 둘 필요가 있다.[5]

미래동인을 알아보고 이해해야 한다. 샤오미의 회장인 레이쥔은 '돼지도 태풍의 길목에 서면 날 수 있다'고 했다.[6] 미래변화동인, 특히 코로나19로 인한 미래변화 동인을 전망하고 그 변화의 길목에 서는 것이 필요하다. 그런데 이러한 변화는 상당한 불확실성이 있다. 불확실성이란 지식의 부재를 의미하는 것이 아니라, 가능성의 시공간을 의미한다. 가능성의 시공간을 열기 위해서는 새로운 상상이 필요하다.

청년층의 고민에 답하기 위해 최대한 노력했으나 역시 쉬운 문제가 아니다. 그만큼 청년층이 인내해야 것이 적지 않기 때문이다. 지금 현재 기본소득에 대한 논의가 활발히 진행되고 있다. 최근의 기본소득에 대한 문제의식은 디지털 기술의 발달에 따른 기술실업의 가능성 때문에 나왔다. 언택트와 디지털 기술의 가속화는 서비스 산업에서의 일자리도 기술로 대체하게 할 것이다. 우리나라 온라인 유통기업의 물류창고에서의 코로나19 집단 감염사고로 인해, 앞으로 물류 관련 스마트 로봇의 개발과 도입을 적극적으로 하게 될 것이다.

이에 대한 가장 편안한 대안은 기본소득일 수 있다. 더구나 이번에 코로나19로 인한 재난지원금 혹은 재난 기본소득은 기본소득에 대한 논의를 폭발적으로 늘렸다. 그런데 기술 실업에 대한 대안이 기본소득만 있는 것은 아니다. 전국민고용보험제나 고용보장제 등도 코로나19 이후의 취업풍경의 전환으로 인한 대안이 될 수 있다. 이에 대해서는 다른 장에서 다루겠다.

2장

사회

오늘부터의
세상은
낯선 곳

언택트를 넘어
온택트로 향하는 라이프 스타일

접촉하지 않는 '언택트', 온라인으로 만나는 '온택트'

코로나19로 인한 사회적 거리두기는 우리에게 큰 도전 과제를 주었다. 사람을 만나지 않고 일상생활을 하는 방안을 찾는 것이었다. 우리는 매일 이동하고, 일하고, 배우고, 물건을 사고, 여가를 즐기고, 예배를 보고, 친구를 만나고…. 사람들과 다양한 교류를 하면서 살아간다. 그러나 코로나19는 우리에게 이런 교류를 중단하도록 강제하였다. 많은 변화가 있었다. 출근하지 않고 집에서 온라인으로 일하고, 공부하고, 쇼핑하고, 동영상 보고, 게임하고, 심지어는 예배까지. 여러 일상생활을 사람과 접촉하지 않고 하는 것이 가능하다는 것을 알게 되었다. 사람들과 접촉하지 않는 '언택트'의 시대가 성큼 다가온 것이다.

사실 언택트는 이번 코로나때 처음 등장한 개념은 아니다. 2017년 무렵에 대인 관계에서 오는 스트레스를 기피하는 1인 가구와 밀레니얼 세대의 특성 중 하나로 언택트라는 용어가 사용되기 시작하였다. 패스트푸드점에서 주문을 할 때 말보다는 키오스크Kiosk를 이용하고, 택배를 받을 때 배달원에게서 물건을 직접 받지 않고 문 앞에 두고 가는 등의 현상을 일컬었다. 그런데 코로나19 사태는 '언택트 시대'를 여는 트리거, 기폭제가 되었다. 일부 젊은 층과 여성들에게서 나타나던 현상을 코로나19가 일반적인 현상으로 만들었다. 언택트는 소비자 취향만의 변화가 아니다. 기술의 발달과 인건비 상승, 서비스직의 감정 노동을 줄이고자 하는 노력 등이 겹쳐진 결과라고 할 수 있다. 은행이나 증권사에 가지 않고도 본인인증과 신분증 사본 전송 과정을 거쳐 계좌를 새로 만들 수 있는 비대면 계좌개설은 기술과 제도의 변화에 따른 것이다. 비대면 서비스인 챗봇이나 AI인공지능 콜센터는 고객상담센터에 근무하시는 분들이 가장 힘들어하는 감정노동으로 마음이 상하거나 지치지 않는다.

따라서 코로나19가 끝나고 우리가 일상생활로 되돌아 갈 때 언택트는 사라지지 않을 것이다. 언택트는 향후 우리 삶의 트렌드로 자리 잡을 가능성이 크다. 그것을 가능하게 하는 문화와 동시에 기술적 흐름이 있기 때문이다. 코로나19는 분명 인류에게 대재앙이지만 한편으로는 기존의 규제나 관행 때문에 변화가 어려웠던 분야에서 디지털 전환과 혁신을 촉진하는 계기가 될 수도 있다. 즉, 언택트, 온택트 사회로의 전환은 근무, 교육, 의료, 쇼핑, 금융 등 전 분야에서 스마트 라이프로의 변화를 가져올 수 있다.

'온택트'라는 디지털 기술이 언택트로 일상생활이 가능하도록 만들어

주었기 때문이다. 사람들이 동일한 시간과 공간 속에 있어서 물리적인 접촉, 만남이 가능하다. 그러나 온라인에서는 시간과 공간을 분리하여 연결되고, 만나는^{소통하는} 것이 가능하다. 온라인으로 방구석에서 전 세계와 소통하는 '방구석 소통'의 시대가 열린 것이다. 의사소통^{Communication}하고, 일하고 Work, 여가를 즐기는^{Play} 방식이 비대면으로 바뀌는 문화가 형성되고 있다. 우리의 일상생활은 혼자서 가능한 활동, 같이 있어야 가능한 활동, 조직이나 단체의 결정이 있어야 가능한 활동으로 나눠볼 수 있다. 그리고 이런 범주에 따라 문화가 바뀌고 정착이 되는 과정이 다르다. 언택트 문화가 개인 차원, 조직 차원, 사회적 관계 차원에서 어떤 변화를 가져올지를 살펴 보도록 하겠다.

개인 차원의 소비는 언택트는 바로 정착 가능

개인 차원의 활동, 소비 및 여가 활동은 디지털 기술의 발달에 의해 코로나19 이전에도 꾸준히 증가하였다. 공급자와 소비자가 만나지 않고 소비를 할 수 있게 하는 언택트 소비의 가장 전형적인 예는 키오스크 같은 자동화기기를 통한 무인주문이다. 패스트푸드점이나 영화관 등에서 직원에게 직접 주문하는 대신 터치 몇 번으로 주문하는 것을 더 편하게 느끼고 있다. 특히 PC 기반에서 모바일 스마트폰을 이용한 전자상거래가 가능해지면서 급속히 언택트 소비가 증가했다. 1인 가구나 디지털 노마드족의 등장으로 호황을 맞던 배달음식 시장은 언택트로 '홈밥^{Home+밥}' 문화가 확산되면서 더욱 커질 것이다. 외출이 줄어듦에 따라 즉석밥이나 통조림 등 가공식품으로 식사를 하는 '홈밥족', 후식 커피와 디저트 등을 즐기는 '홈카페족', 술을 즐기는 '홈술족'도 급격히 늘어나고 있다.

배달앱을 통해 전화로 말을 주고 받지 않고 음식주문을 하고, 음식을 받는 것도 '언택트'해졌다. 대다수 배달앱에서 배달원과 마주치지 않고 문 앞에 음식을 두고 가는 방식으로 주문해줄 것을 권유하고 있고, 온라인 마트 배송이나 택배 배송까지 배달원을 만나지 않고 물건을 수령하는 소비자가 늘어나고 있다. "문 앞에 두고 가세요"라는 문고리 공략 마케팅은 세탁, 책 대여 등으로 확대되고 있다.

코로나19 기간에 실시된 한 조사에 따르면 온라인 쇼핑과 음식주문, 키오스크 이용 등 '언택트 소비'가 증가한 요인으로는 '코로나19 확산으로 외출을 줄여서' '시간, 장소에 구애 받지 않고 소비할 수 있어서' '결제가 편리해서' '직원 및 판매원과의 접촉이 부담스러워서' '대기하지 않고 구매 할 수 있어서' '키오스크로 주문 받는 가게가 늘어서'의 순으로 응답했다. 언택트 소비 이용자들은 전체 소비의 60% 수준을 언택트로 소비하고 있다. 가장 많이 하는 언택트 소비로는 '온라인 쇼핑', '모바일 선물하기' '매장 내 모바일 앱 원격 주문' '온라인 계좌 개설 등 금융권 비대면 거래' '세탁 서비스 등 비대면 배달 서비스' '주유소 셀프 주유' '키오스크 구매' '드라이브스루' 등 다양한 영역에서 다양한 방식으로 언택트 소비를 하고 있다.

전체 응답자의 10명 중 7명은 직원을 통하는 '컨택트 소비'보다 '언택트 소비'를 더 선호한다고 답했다. 특히 연령대별로 살펴보면, 20대의 선호 비율이 가장 높았고, 나이가 어릴수록 언택트 소비를 더 선호하는 것으로 나타났다. 다른 연령대도 그 차이가 크지 않아 30대, 40대, 50대 등도 60% 이상이 선호하고 있다. 언택트 소비는 시간이 지나면 지날수록 늘어날 것이다.

반면, '언택트 소비'보다 전통적이 오프라인 소비를 선호하는 사람들은 그 이유로 '물건을 직접 보고 구매하고 싶어서' '잘 모르는 부분에 대해 문의할 수 없어서' '직원에게 더 나은 제품을 추천 받을 수 있어서' '사람과의 소통을 좋아해서' 등을 선택했는데, 온라인에서 물건에 대한 정보를 더 많이 받을 수 있는 경험이 늘어나면, 언택트 소비로 넘어갈 것으로 보인다.

취미 생활, 운동, 오락도 언택트, 온택트로

취미와 오락, 여가 활동도 비대면 '방콕' 문화로 바뀌고 있다. 방에서 유튜브, 넷플릭스 등 동영상 시청과 게임을 즐기는 시간이 늘어났다. 헬스장이 코로나19로 문을 닫자 유튜브를 보며 집에서 운동하거나 다이어트, 요가, 명상 등을 즐기는 문화도 증가했다. 간단한 스트레칭부터 스쿼트, 버피 등 집에서 매트만 깔면 할 수 있는 운동을 가르쳐주는 홈트^{home+training: 홈트레이닝} 영상을 따라 운동을 한다. 집에서 할 수 있는 각종 취미 생활과 관련한 앱 이용자도 늘어났다.

공연도 언택트로 전환되어 성공적으로 개최되었다. 방탄소년단^{BTS}의 온라인 공연은 스트리밍을 통한 방구석 공연으로 진행됐으며, 총 24시간 동안 조회 수 5,059만 건을 기록했고 최대 동시 접속자 수는 224만 명을 넘어섰다. 심지어 블루투스 모드로 응원봉을 연결하면 영상의 오디오 신호에 따라 봉의 색깔이 달라지는 기술을 적용해, 전 세계 팬들이 마치 한곳에 모여 함께 응원하는 기분을 느낄 수 있도록 했다.

사회적 관계에서의 언택트는 천천히 진행될 듯

나 혼자 할 수 있는 것은 일 순간의 고려도 없이 언택트 소비와 문화로 넘어갈 것이다. 그러나 다른 사람과 같이 하는 활동은 쉽게 언택트로 넘어가기 어렵다. 내가 대인관계를 언택트로 전환하고 싶어도 상대방이 동의하지 않으면 어렵다. 대인관계를 끊는 것이 아니라면 사람들은 교류, 접촉을 통하여 소속되고 싶고, 인정받고 싶은 심리와 정신적 안정과 만족을 거부할 수 없다. 사회적 동물로서의 인간의 본성이 쉽게 사라지지 않기 때문이다. 친구와 가족, 연인이 여행을 가는 것을 온라인으로 전환하는 것은 쉽지 않다. 같이 해드셋을 끼고 VR가상현실로 박물관이나 미술관을 둘러 볼 수는 있어도 이것은 여행이라는 과정의 일부일 뿐이다. 코로나19로 해외나 먼 지역으로 여행 가는 수요는 줄겠지만, 사람들은 가까운 곳이라도 같이 여행을 가고자 하는 욕구를 대체하는 기술과 서비스는 쉽게 등장하기 어려울 것이다.

사교 모임, 회식, 술자리는 어떻게 될까? 코로나19 기간 동안 집에 있으면서 친구들과 직장 동료들과 온라인으로 서로 얼굴을 보면서 하는 랜선 회식, 랜선 술자리가 등장했다. 이는 우리 인간이 얼마나 소속감과 사교를 중시 하는가를 알려주는 반증이기도 하다. 업무적인 모임은 온라인 화상회의를 통해 가능하더라도 사교 모임은 쉽게 온라인으로 전환되지 않을 것으로 보인다. 그리고 이러한 사교 모임은 모임의 단위가 작기 때문에 덜 감염에 노출되기 때문이기도 하다.

경조사 문화는 어떻게 변할까? 불특정 다수가 모이는 행사를 피하고자 하는 심리는 계속될 것이다. 그런 측면에서 경조사에 얼굴도장 찍는 문화도 약해질 것이라고 본다. 한번 편한 것을 알면 바꾸기 힘들다. 온라인으로 경조사비를 보내는 것이 자연스러워질 것이다. 이것도 지나면 가까운 친척, 가까운 지인 위주의 경조사 문화가 자리 잡을 것으로 보인다.

조직 차원에서 가능한 일은 결단에 따라 다를 듯

재택근무, 화상회의, 온라인 교육, 온라인 예배 등 코로나19 기간 동안 많은 활동이 급속히 온라인으로 전환되었다. 사회적 거리두기라는 조치에 따라 기업체, 종교 기관, 협회, 단체 등이 결정을 하였기 때문이다. 내가 온라인 근무, 교육, 예배를 싫어하더라도 선택의 여지없이 따를 수 밖에 없었다. 많은 직장에서 특히 사무직은 재택근무, 원격근무, 화상회의를 순조롭게 진행하였다. 그만큼 우리의 일이 온택트가 가능한 일로 이미 전환이 되었기 때문이다. 그러나 코로나19의 위기 상황이 해소되자 다시 기업들은 정상적인 출근근무로 되돌아 갔다. 미국이나 유럽의 기업들은 연말까지 재택근무를 계속하고, 이후에도 원하는 직원들에게는 재택근무를 허용하겠다는 방침을 밝혔다.

재택근무는 장거리 출퇴근에 의한 시간 낭비와 피로 등을 줄일 수 있어 생산성 향상에도 효과적이다. 물론 재택근무에 맞는 인사제도, 평가제도, 개인의 적응 등이 필요하지만 대세는 이미 정해졌다고 볼 수 있다. 미국 등에서는 이미 높은 비용을 지불하며 도심에 회사 빌딩, 건물을 유지할 필요가 있는가 하는 의문이 증가하고 있다. 도심의 사무실 수요가 줄어들면 도심의 상권도 쇠퇴할 것이다. 아마 선진국에서 재택근무 기업들이 늘어나면 우리나라도 자연스럽게 재택근무가 뉴 노멀로 자리 잡을 것으로 보인다.

온라인 교육은 학교의 기능을 재정립하는 방향에서 온라인과 오프라인 교육이 결합된 모델이 정착될 것이다. 지식전달은 온라인으로 충분하다는 것을 알게 되었지만, 학교라는 공간을 통한 사회생활을 배우는 과정도 필요하다는 것을 알게 되었다. 재택근무와 교육에 대한 부분은 이 책에서 별도로 다루고 있으니 이 부분을 보시기 바란다. 협회나 단체의 학술대회, 교육 행사 등도 온라인으로 충분하다는 것을 알게 되었고, 오히려 오프라인보다 더 쉽게 수시로 열 수 있다는 것이 확인되었기 때문에 온라인 모임은 더 활발해 질 것이다.

집과 주거 문화의 변화

코로나19 이전에 재택근무, 온라인 학습 등으로 아빠, 엄마, 아이들이 한 집에서 이렇게 오래 같이 생활하는 경험은 없었을 것이다. 아이들 방학이어도 직장 다니는 아빠나 엄마가 낮에 같이 집에 있지는 않았었다. 가족과 무모, 자식 간에 같이 지내는 것은 가족의 재발견이 될 수 있다. 부모의 역할이 늘어날 것이다. 지금까지는 아이들 공부를 학원에 맡겼다면 이제는 부모가 직접 도와주는 등 교육 및 여러 측면에서 집과 가족의 역할이 커지는 것이다. 같이 있는 시간이 늘면서 부모와 자식, 부부간의 대화와 교류가 늘면서 가족애가 자랄 수 있다. 물론 부모와 자식 간, 부부 간의 애정과 동시에 다툼도 늘 수 있다. 가족과 같이 지내는 훈련이 필요할 것이고, 가족 카운셀링 수요도 증가할 것이다.

코로나19 이후에도 재택근무, 온라인 근무, 언택트 문화로 인하여 집에 머무르는 시간이 길어지면서 집의 중요성이 커질 것이다. '집=휴식공간'이라는 인식은 과거의 생각이 되었다. 집을 사무공간으로 활용하려는 '홈오피스족'도 늘어나고, 홈 트레이닝을 하는 이가 늘어나면서 집은 체육관 기능도 더해지고 있다. 이에 따른 1차적인 변화는 집에서의 활동 증가에 따라 집에서의 새로운 공간 수요가 발생하고 있다. 큰 테이블과 의자 등 집 가구에 대한 수요가 증가하였다. '스마트홈Smart Home: IoT, 디지털 디바이스와 집의 가전 등이 연결되어 스마트폰으로 조절할 수 있는 첨단 집'에 대한 수요 증가로 이어질 전망이다.

2차적인 변화는 멀리 가지 않고 자신이 거주하는 지역, 커뮤니티에서의 활동이 증가할 것이다. 아파트나 주거 단지의 '입지'보다는 특화공간이나 다채로운 커뮤니티, 특화 시스템, 주거 서비스 등 '상품' 쪽을 중요시하게 될 것이다. 로컬의 중요성이 커지고, 로컬의 재발견이 활성화 될 것이다.

대인과 대물 서비스를 제공하는 자영업의 미래는?

온택트 소비가 강화되면 자영업의 미래는 어떻게 될 것인가? 일^{서비스}의 대면 접촉 정도와 디지털 전환^{온택트} 가능성이라는 두 가지 측면에서 서비스업과 자영업은 변화를 겪을 것이다. 대면 접촉은 대인 노동$^{For people}$와 대물 노동$^{With people}$으로 갈린다. 많은 자영업이 미용, 여행, 접객업 등 대인 노동으로 되어 있는데, 이는 자동화와 온택트 전환이 어려운 분야이다. 사람의 손길과 같은 섬세한 노동이 가능한 로봇은 아직 나와있지 않고, 손님들이 로봇의 서비스를 원할 것인가는 아직 미지수이다. 물건을 제공하는 서비스는 급속히 언택트, 온택트로 전환될 것으로 보인다. 상점과 판매업, 식당업은 서비스 공간과 제품의 분리가 빨라질 것이다. 상점은 더 온라인 쇼핑으로 전환되고, 식당은 음식만 만들어 배달하는 것으로 전환되어 갈 것이다. 음식을 조리하는 로봇도 빠르게 확산될 것이다.

자영업은 본질적으로 소규모이며, 대인 접촉을 장점으로 하기 때문에 온라인으로 전환이 어려우나, 자영업도 오프라인 의존에서 온라인과 오프라인을 결합하는 모델로 전환하지 않으면 살아남기 어려울 것이다. 사람들이 일상적인 접촉은 줄지만 이를 보상하려는 특별한 이벤트는 증가할 수 있다. 서비스 공간의 특화가 필요하다. 불특정 다수가 모이는 클럽이 아니라 소수의 아는 사람이 예약해서 모이는 파티 공간 수요가 증가할수 있다. 희망적인 것은 재택근무가 늘어나면 집과 거주지를 중심으로 한 활동이 늘어나기 때문에 로컬과 커뮤니티에 대한 관심이 증가할 것이다. 로컬과 커뮤니티라는 영역에서 새로운 비즈니스를 찾아야 할 것이다.

신규 직원 채용을 위한 온라인 설명회와 화상 면접, AI 역량검사 등의 언택트 채용 방식은 지속적으로 확대될 것이다. 서류전형 후에 바로 대면 면접으로 가던 채용 절차 중간에 화상 면접이 도입 될 것이다. 사실 미국 등 지역이 넓은 나라에서는 화상 면접이 활발히 이용되었으나, 우리는 관행상 도입이 안되었는데, 코로나19 이후에는 정착될 것이다. 또한 오프라인에서 진행되는 대규모 인성검사를 온라인으로 대체하는 'AI역량검사'도 일반화 될 것이다. AI역량검사는 면접관의 편견과 편향을 배제하고 지원자 개개인이 지닌 '역량'이라는 본질에 충실한 채용평가를 한다는 평가를 받고 있다. 우수한 인재의 전형으로 여겼던 좋은 학벌, 스펙, 배경 등이 AI역량검사에서는 주요 요소로 작용하지 못하고 있다.

한편 코로나19 상황에서 가장 영향을 적게 받은 업종은 비대면이면서 디지털화가 가능한 분야였다. 즉, 재택, 원격근무가 가능한 직종이 취업 유망 직종으로 부상했다. 향후 재택, 온라인으로 소비하는 업종이 고성장 산업이 될 것이고, SW, 디지털 콘텐츠 관련 업이 성장할 것이다. 온라인 근무역량은 다른 측면의 역량을 요구하고 있다. 인재를 뽑을 때도 온라인 네트워킹 및 협업 능력을 중시하게 될 것이다. 혼자 일하기 때문에 개인 회복력, 홀로 일하는 심리적 안정 성향도 중요하다. 상사가 관찰하면서 업무 지시나 훈련이 어렵기 때문에 전체적인 이해력이 높고, 주도적으로 일하는 인재를 선호하게 될 것이다. 재택근무는 상사나 동료로부터 배우는 기회가 적기 때문에 자기 개발력을 더욱 요구하게 된다. 듣기, 호기심, 학습 민첩성이 또한 중요한 역량이 될 것이다.

온라인 예배는 교회의 영향력 감소로 이어질 것인가?

코로나19 기간 동안 교회의 온라인 예배로의 전환은 드라마틱했다고 할 수 있다. 정부의 권고가 있더라도 온라인 예배로의 전환이 쉽지 않을 것으로 보였는데 신천지교회가 코로나19 확산의 온상이 되면서 교회들이 자연스럽게 온라인 예배로 전환했다. 온라인 예배에 대한 반응은 엇갈리고 있다. 말씀과 기도라는 측면에서 온라인 예배가 충분하다고 보는 사람도 있지만, ^{통성} 기도와 예배 노래^{찬송} 등으로 구성된 예배라는 종교적 체험을 느끼기 어렵다는 의견으로 갈리고 있다. 분명히 기도는 혼자서 가능한 것이지만, 합창의 감흥은 혼자서는 불가능 하다. 그런 측면에서 종교적 체험에 대한 욕구는 계속 될 것으로 보인다.

교회가 직면한 가장 큰 도전은 코로나19 기간 동안 교회의 영향력이 감소했다는 데 있다. 중세 유럽에서 페스트로 인구의 3분의 1이 사망하였을 때, 사람들의 종교에 대한 인식이 바뀌게 되었다. 중세는 교황, 종교가 지배하던 시대였다. 당시에는 전염병이 적국에서 번지면 우리 하나님이 응징하는 거라 생각하고, 우리 지역에서 번지면 하나님이 화났으니 회개하고 기도해야 한다고 하였다. 그런데 유럽 전역에 걸친 전염병은 교황, 기도가 막아주지 못한다는 것을 알게 하였다. 종교의 권위가 떨어지고 이는 결국 중세의 몰락, 르네상스로 이어지게 된다.

한국의 종교, 교회는 기복 신앙의 성격이 강하다. 그런데 나를 지켜줄 것이라고 믿던 한 교회 집단이 오히려 전염병 전파의 진원지가 되었고, 전염병을 하나님이 지켜준다는 목회자, 교인들의 전근대적인 사고 방식이 드러났다. 또한 온라인 예배를 드리면서 종교 생활을 교회에 가지 않고 하는 것이 가능하다는 것도 알게 되었다. 앞으로 탈종교화까지는 아니더라도 탈교회화는 늘어날 것이다.

언택트에 따른 개인화의 부작용

언택트 기술이 소비 문화와 사회 전반에 자리 잡게 된 것은 단순히 '편리함' 때문만은 아니다. 청년층 사이에서는 전화를 받고 거는 것에 대한 공포를 느끼는 사람도 있다. 편리함이라는 효용을 넘어 대인 관계에 대한 어색함, 공포심, 회피하려는 심리적인 원인이 언택트를 확산시키고 있다. '타다'가 택시를 대체하는 좋은 서비스로 평가 받는 이유 중 하나가 택시 기사와의 '원치 않는 대화'와 안전의 문제를 해결했다는 점이었다. 특히 젊은 여성들은 택시 기사의 친절한 인사나 대화보다는 대화 자체를 하지 않았으면 하는 언택트에 가까운 요구가 있었다. 현대사회에서 모르는 이를 만난다는 것은 스트레스로 여겨지고 있으며, 다양한 이유로 개인의 안전 문제로 여겨지며 언택트의 요구가 커지고 있는 것이다.

한편 언택트 문화는 더불어 개인화와 분산화를 가속시키는 요인으로 작용하고 있다. 코로나19로 등교를 못하는 동안 학생들은 '친구들과 만나서 노는 시간이 없고, 친구들과 마음껏 어울리지 못해 불만'이라는 스트레스 지수도 높게 나왔다. 어린아이들이 보호자 지도 없이 홀로 컴퓨터와 스마트폰만 만지는 시간이 늘어나 사회성을 기르지 못 할 까봐 걱정도 커지고 있다. 더 우려되는 상황은 개인화, 분산화라는 고립되어 있는 상황에서 오는 우울감이다. 코로나19로 일상생활에 지장이 생기면서 느끼는 우울감이나 무기력증 등 심리적 이상 증세를 일컫는 '코로나 블루Blue'라는 신조어가 등장했다. 우울함과 불안감을 느끼는 정신적 영향은 청소년, 장년층은 물론 노년층에서도 나타나고 있다. 경로당, 복지관 등 노인 복지시설 운영이 중단되면서 우울감, 외로움을 호소하는 독거노인이 늘었다. 인간관계의 단절 및 생활 변화로 인한 스트레스 해소를 위해 온라인 심리 검사와 비대면 전화 상담, 비밀 게시 글 상담 등 사람들의 마음을 위로하는 서비스 수요가 증가할 것이다.

저출산 심화와 부모와 따로 사는 핵가족화에 개인화 시대가 더해지면 가족 해체에 이은 장기적인 관점에서의 사회 공동체 개념이 무너질 가능성에 대한 우려도 커지고 있다. 사회공동체에 적응하지 못해 사회 부적응자로 이어질 경우 우리 사회가 각종 범죄에 노출될 수도 있다. 사회공동체에 잘 융합될 수 있는 개인화 시대를 준비해야 한다. 개별화된 개인, 분산된 개인이 사회공동체와 융합되려면 사회가 차별없이 다양한 개인의 개성과 능력을 상호 존중하고 이를 바탕으로 개개인이 열심히 노력하면 공동체는 발전하는 문화를 만들어야 한다.

필요한 컨택과 한국인의 '집단' 문화

사람은 사회적 동물이다. 안전도 혼자 있을 때 보장되는 것이 아니라 신뢰할 만한 누군가와 함께 있을 때 보장된다. 혼자 생활 하는 이들은 오히려 사회적으로 고립되어 안전에 대한 불안을 느낄 수 밖에 없다. 우리는 여전히 컨택과 교류의 경험을 요구한다. 경험은 오감을 이용한 활동으로 여가활동과 온라인과 오프라인을 넘나드는 각종 문화 활동은 필요하다. 지역과 국경의 봉쇄, 사회적 거리두기를 시행하면서 전 세계에서 다양한 현상이 나타났다. 아파트 발코니에 나와서 노래하며 응원하기, 온라인으로 모이기 등 다양한 연대 활동을 보여주었다. 즉 인간의 사회적 교류, 연대 활동은 오프라인이 아니더라도 다양한 형태로 나타날 것이다.

한국인의 집단 문화는 어떻게 될까? 한국의 집단 문화는 장단점이 있다. 단점은, 똑 같은 옷을 모두가 입는 패션 추종은 바뀌어야 할 것이다. 장점은, 월드컵 경기, 촛불, 코로나19에서의 온 국민의 협조 등과 같이 연대의식과 행동이 좋은 결과로 이어지는 것이다. 이번 코로나19를 겪으면서 우리도 선진국이라는 국민적 자존감이 커졌다. 이는 개인의 자존감으로 이어져서 개인의 생각, 개성의 강화로 나타날 것이다. 패션 따라 하기는 사라질 것이다.

연대의식의 증가를 잘 살려 나가야 한다. 질병은 결국 사회 취약계층에 타격을 더 주었다. 방역은 하나가 무너지면 다 무너진다는 것을 느꼈다. 각자도생이 아닌, 사회가 같이 잘 살아야 한다는 것을 느끼는 집단 문화로 자리 잡기 위해서는 더 자신의 주변과 이웃을 돌아보는 노력이 필요하다.

언택트를 콘택트처럼 만드는 기술들

언택트로 사람 간의 물리적 접촉은 최소화되지만 비대면 · 비접촉 방식의 온택은 더욱 증가할 것이다. SNS, 스마트폰 그리고 5G와 같은 IT 기술을 기반으로 전자상거래, 배송, 재택근무, 화상회의, 원격의료, 게임 및 미디어 등 새로운 소비 트렌드가 증가하고 있다. 앞으로는 초고속, 초저지연, 초연결의 특성을 가진 5G로 인해 AR/VR, 동영상 등 대용량 콘텐츠가 온택의 실감성을 높여줄 것이다. 언택트를 콘택트처럼 만드는 기술들은 더 발전할 것이다.

5G 기반의 VR/AR 곧 실감 서비스는 PC/모바일 보다 언택트를 콘택트처럼 만들 수 있는 기술이다. 아직은 다수의 사람들이 동시에 접속해서 가볍게 쓸 수 있는 HMD가 없고, 해상도도 한정적이었지만 2020년부터 출시 예정인 글래스 타입의 고해상도 VR HMD가 나오면 원격 공간에서 같은 공간에 있는 것처럼 훨씬 더 실감성을 느끼게 될 것이다.

XR^{Extended Reality}은 시각, 오디오, 신체 제스처, 얼굴 신호 등 다양한 정보를 의사소통에 활용하는 기술이다. XR은 비대면 상황에서 신체소유감^{Body Ownership}을 느낄 수 있도록 하여 사용자의 몰입과 경험 효과를 이끈다. XR로 한곳에서 다양한 사회활동에 참여 할 수 있어, 비대면 상황에서도 대면효과를 창출할 수 있다. XR을 이용한 원격회의, 컨퍼런스, 환자 모니터링, 모델 하우스, 전시관 서비스 이용이 급증하고 있다. 가상공간에서 시공간을 초월한 실감나는 스포츠 경기가 진행되고 있고, XR을 통해 지구상의 모든 곳을 방문 가능하다.

기본소득 vs 고용보장, 당신의 선택은?

급한 불을 끄기 위한 재난 기본소득

코로나19는 사회적 거리두기와 도시의 락다운을 가져왔다. 상가는 문을 닫아야 했고, 공장은 멈춰야 했으며, 실업률은 급격히 올랐다. 2020년 하반기에 이러한 현상은 더욱 심화될 것으로 전망된다. 코로나19가 2021년에도 그 맹위를 유지하면 경제 침체는 더욱 심화될 것으로 보인다.

각국 정부는 단기 처방으로 재난지원금을 지급했다. 우리나라도 예외는 아니었다. 지자체와 중앙정부가 각각 재난지원금 혹은 재난기본소득을 지급했는데, 화폐유통속도를 높일 수 있도록 재난지원금의 사용처를 제한하는 방향이었다. 일부 지자체는 지역화폐의 형태로 재난지원금을 지급했다. 지역상인에게 서비스와 상품을 구매할 수 있도록 한 것이다. 화폐유통

122

속도란 화폐의 주인이 바뀌는 횟수를 의미한다. 화폐유통속도가 높으면 높을수록 소득 유발효과가 높다.

재난 기본소득은 기본소득에 대한 논의에 불을 붙였다. 여기에 더해 정부에서는 전국민고용보험제를 주장하고, 일부 학자는 고용보장제를 주장했다. 유토피아의 저자인 토마스 무어는 기본소득의 전신인 최저소득을 주장했다.[1] 미국의 37대 대통령인 리처드 닉슨은 공화당 출신 대통령으로 한때 기본소득을 주장하기도 했다.[2] 기본소득에 대한 주장은 진보와 보수를 가리지 않는다.

정부는 전국민고용보험제에 대한 논의에 착수했다. 긱 노동자 및 자영업자 등 전통적 노동법 보호의 사각지대에 있는 사람들에게 제도적 보호방안을 제공하기 위한 것이다. 독일의 노동 4.0 백서에서 이에 대한 문제의식이 명시적으로 제기되었다. 전국민고용보험제에 대해서도 재정조달의 문제가 지적되고 있다. 자영업자의 소득파악도 문제가 된다. 긱 노동자의 경우 부담금액보다 과도한 보호를 받을 가능성이 지적되기도 한다. 긱 노동의 특성상 실업 상태가 수시로 발생할 수 있기 때문이다.

소득이 아니라 고용을 보장한다면?

한편 고용보장제Job Guarantee는 국민이 정부에 일자리를 요청하면 최소한의 일자리를 제공하는 제도다. 즉, 고용보장제는 활동적 노인을 포함한 성인에게 일정한 보수가 지급되는 일자리가 보장될 수 있도록 사회-정치-

경제 시스템을 마련해야 하며, 개인에게 기본일자리를 그 사회에 요구할 수 있는 권리를 보장하는 체제를 말한다. 고용보장제는 전국민고용보장제, 기본일자리[Basic Job]제라고 하기도 한다. 건국대의 최배근 교수는 전국민고용보장제를 주장하고 있으며, 기본일자리제는 기본소득의 이름을 원용한 것으로 필자인 윤기영[3] 과 홍석만[4] 이 주장하고 있다.

헌법이 보장하는 '근로의 권리'

우리나라 헌법 32조 1항은 근로의 권리를 규정하고 있는데, 이 규정은 선언적 규정으로 정부가 완전고용을 위해 노력해야 한다고 해석하는 것이 일반적이다. 고용보장제는 근로의 권리를 국민 개개인의 구체적 권리로 승화하고, 이를 실천하기 위해 관련제도를 정비하자는 것이다. 구체적 권리란 국가에게 일정한 행위를 할 수 있도록 하는 개인의 청구권이 있다는 의미다.

일자리 보장의 개념이 새로운 것은 아니다. 일자리 보장[Job Guarantee]은 신 케인지언 학파에서 주창된 것으로 1980년대부터 등장했다. 2018년 미국에서는 연방 일자리 보장 개발법[The Federal Jobs Guarantee Development Act]이 발의되었다.[5] 2019년 민주당 대선 경선 후보로 출마한 버니 샌더스[Bernie Sanders] [6]는 대선 경선 후보인 키어스트 질리브랜드[Kirsten Gillibrand]와 콜리 부커[Coly Booker]와 함께 일자리 보장을 공약으로 제시했다. 최소 주 15시간의 일자리를 노동을 원하는 사람에게 보장하겠다는 것이다.

참고로 당시 대선 후보였던 앤드류 양Andrew Yang은 기본 소득제를 주장했다. 그는 매월 미국인 전부에게 1,000달러를 기본소득으로 지급하는 것을 공약으로 내걸었다. 기본소득의 필요성을 주창하는 테슬라 회장인 일론 머스크Elon Musk는 공개적으로 앤드류 양 후보를 지지했다.

이들의 주장은 일자리가 줄어드는 추세에 근간한다. 1차산업에서 4차산업까지 전통적 일자리는 줄어들고 있으며, 줄어든 일자리만큼 새로운 일자리가 늘어나지 않은 것이라는 전제다. 각 산업별 일자리 전망을 아래에 상술했다.

1차·2차 산업의 일자리 감소

우리나라에서 농업, 어업 등의 1차산업의 종사자 수는 4% 정도 유지되고 있으나, 이는 농어촌에 대한 정부지원과 농어촌 사회가 유지되고 있기 때문이다. 디지털 농업의 발달은 1차산업의 종사자 수가 미국 수준의 2% 미만으로 줄어들 가능성이 크다.

제조업 등의 2차산업의 종사자 비율이 증가할 가능성도 크지 않다. 제조업 강국인 우리나라의 제조업 종사자 수는 지속적으로 감소하고 있는데, 이는 로봇밀집도가 올라가고 비용경쟁력 확보를 위한 공장의 오프 쇼어링 때문이다. 노동자 일만명당 로봇 대수를 의미하는 로봇밀집도는 우리나라가 2018년 기준 774대로 세계 2위를 차지했다. 제조업 강국인 독일과 일본은 각각 3위와 4위로 우리의 절반에도 못 미치는 338대 327대다. 1위는 싱가포르로 831대였다.[7]

우리나라의 로봇밀도는 2017년 이전 상당 기간 1위를 차지했다. 비용 효율성을 제고하고 품질을 높이기 위한 접근이었는데, 로봇밀도에 대해서는 그 기준에 대한 비판적 시각이 있으나, 제조업 일자리 감소와 강한 상관관계를 가진다. 로봇밀도가 높을 수록 그 일자리 수가 줄어든다는 의미다.

코로나19로 일정부분 리쇼어링이 진행될 것으로 전망된다. 세계질서의 다극화 진행에 따라 자생적 산업생태계도 일정 수준 형성될 것으로 판단된다. 그렇다고 유의미한 수준까지 일자리가 늘어날 것으로 판단하는 것은 성급할 수 있다. 스마트 팩토리 기술의 발달로 일자리가 제조업 리쇼어링만큼 증가하지 않을 것이기 때문이다.

3차·4차 산업의 일자리 감소

서비스 산업인 3차산업에서도 극적인 일자리 증가를 기대하기 어려울 것이다. 인지노동의 자동화는 서비스업의 일자리 증가를 정체시키거나 줄일 수 있다. 언택트와 디지털 전환의 가속화는 서비스업, 자영업의 일자리를 감소시킬 가능성이 크다. 인공지능과 스마트 로봇은 인지노동^{Cognitive} ^{Work} 일자리의 일정 부분을 대체할 것으로, 서비스업과 사무직 일자리 등을 대체하게 될 것이다.

인지노동의 대표적인 사례가 운수노동이다. 아직 먼 이야기이나 무인 자동차 기술의 발전은 운전과 관련된 일자리를 빠르게 사라지게 할 것이다. 택시, 버스, 트럭 등의 운수업 일자리는 약 100만 개로 이들 일자리는 차츰 사라질 것이다. 신종감염병의 위험을 최소화하기 위해 서비스 업에 스마트 로봇이 적극적으로 도입될 것이다. 그간 스마트 로봇의 도입과 일자리 문제를 연관시켜 부정적이었던 여론은 신종감염병을 더욱 공포스럽게 여겨, 스마트 로봇의 도입을 반길 수 있다.

디지털 전환의 진행에 따라 지식산업에서 일자리가 늘어날 가능성이 크다. 지식산업은 전통적 3차산업에서 그 고유성과 비중으로 인해 독립한 것으로 4차산업 이라고도 한다. 지식산업, 즉 4차산업은 연구개발, 교육, IT, 콘텐츠, 컨설팅 등의 지적 노동을 의미한다. 그런데 인공지능의 발달은 지식생산성을 높인다. 인공지능이 독립적으로 지식을 생산하는 것은 어려울 것이나, 인간 지식노동자를 도와 지식생산성을 높일 것이다. 지식생산성이 높아진다 함은 지식반감기가 짧아지는 것을 의미하며, 이는 다시 지식노동자의 직업적 안정성을 낮추는 결과를 가져온다.

1인당 월 50만 원 지급 시 필요 예산은 연간 300조

1차산업에서 4차산업까지 일자리가 줄어들고 직업적 안정성이 줄어들게 되면 사회적 안정성이 문제가 된다. 이는 현재상태가 지속되는 경우 Business As Usual 실현될 미래에 해당하는데, 그 속도가 상대적으로 빠르지 않을 것으로 보았다. 그런데 코로나19가 이 상황을 바꾸었다. 디지털 전환의 가속화와 언택트는 우리 사회가 이러한 변화에 적응할 수 있는 시간을 줄였다. 따라서 인류사회와 한국사회는 전환적 정책이 필요하며, 그 전환적 정책으로 고용보장제 등이 주장되고 있는 것이다. 한국사회에서 앞서거니 뒤서거니 진보와 보수를 막론하고 고용보장, 전국민고용보험 및 기본소득제가 논의되는 것은 시대정신으로 보아야 한다.

이들 일자리 감소에 대응하여 여러 제도가 언급되고 있으나, 이들 대안의 문제점은 재정문제다. 기본소득의 경우 모든 국민에게 인당 월 50만 원을 지급하면 300조의 예산이 든다. 2020년 정부 예산이 513조 5,000억 원으로 기본소득은 감당하기 어렵다. 전국민고용보험제도와 일자리 보장제도는 양립 불가능한 제도가 아니며, 일자리 보장의 장점으로 인플레이션에 대응도 있다는 것을 감안하면 상당히 현실적인 제도다.

기본소득제도는 자칫 현제 정치 경제 시스템의 문제를 묵인하고 사회 최하위계층에게 생존만 보장하는 제도가 될 수 있다. 독일이 노동 4.0 백서에서 기본소득제를 반대한 이유가 여기에 있다. 인간의 소비에 부응할 정도의 충분한 생산성을 갖추지 못한 현재의 기술 수준으로 기본소득제를 위한 환경이 충분히 성숙되어 있지 않다.

또한 노동과 인간의 관계에 대해서도 조명해 봐야 한다. 노동은 단순히 생계를 위한 수단에 머물지 않는다. 삶의 의미를 찾고, 자아실현을 하며 타인과의 관계 맺음은 노동과 일자리를 통해서다. 노동이 반드시 일자리를 전제로 하는 것은 아니나, 일자리는 인간에게 유의미한 노동거리를 제공한다. 따라서 기본소득제는 디지털 기술, 나노물질기술, 생명공학기술과 우주기술이 충분히 성숙하고 인간의 현실주의적 국제정치가 지금보다는 완화될 22세기의 제도[8]지 21세기의 제도는 아니다. 필자는 21세기의 제도는 일자리보장제를 기본으로 전국민고용보험제가 보완되어야 한다고 주장한다.

일자리보장을 위해서는 양질의 일자리를 만들어야 한다. 이를 위한 방안으로 기존 일자리 나누기, 사회적 부가가치가 있는 새로운 일자리 창출 및 단순 일자리 보장 등을 들 수 있다.

제러미 리프킨Jeremy Rifkin은 그의 책《노동의 종말》에서 일자리 나누기를 제안했다. 일자리 나누기는 기업의 임금부담을 크게 늘리지 않거나 혹은 현재 상태로 유지하면서 기존 일자리를 나누는 것을 의미한다. 기존 일자리를 나누는 현실적 제도는 주당 근로시간의 단축이다. 현재 주당 근로시간 52시간을 40시간 혹은 그 이하로 줄이고 그만큼 일자리를 늘려야 한다. 이러한 일자리 나누기는 근로자의 임금저하로 나타난다. 임금저하에도 불구하고 삶의 질을 유지할 수 있는 제도적 장치가 필요하다. 우리나라 노동자의 지출의 중요한 요소로 주거비용, 2세 양육비용, 출퇴근 비용이 있는데 이러한 비용을 줄이도록 해야 한다.

일자리 나누기가 기존 정규직의 임금저하를 야기하므로, 사회적 대합의가 필요하다. 노동조합까지 포함하여 일자리 나누기와 관련한 일종의 협의체를 구성해야 한다. 이때 넬슨 만델라의 '용서와 대화해'를 이끌어낸 몽플레 프로젝트의 방법론을 원용할 수 있다. 몽플레 프로젝트는 아담 카헤인의 변혁적 시나리오 방법론을 사용했다.[9] 남아프리카 공화국의 정책에 따라 남아프리카 공화국의 미래를 점검하고, 흑인 정권의 정책대안을 선택했다.

우리나라의 다양한 노동조합 대표, 노동조합에 속하지 않은 노동관계자, 기업가 대표, 정부관계자 등이 모여서 일자리 나누기와 관련한 한국사회의 미래를 점검하고, 사회적 대합의를 도출해야 한다. 이는 단기간에 끝날 일은 아니다. 상당히 장기간에 걸쳐 진행되어야 할 것으로 2기 이상의 대통령에 걸쳐야 할 것이다. 단기적 일자리 나누기를 위해서 주당 근무시간을 52시간 이하로 줄이도록 해야 한다.

'어떤' 일자리를 만들 것인가

다음으로, 사회적 부가가치가 있는 일자리 창출을 해야 한다. 우리사회에 필요한, 생산해야 할 가치가 많다. 즉, 우리가 개발해야 하는 일자리가 많다는 의미다. 대표적으로 신생아에서부터 초등학교까지의 육아 국가책임제가 사례가 될 것이다. 여성에게 육아를 전담시키게 되면 여성의 사회적 욕구를 좌절하게 하는 결과가 된다. 이는 결과적으로 출산율을 낮추게 된다. 우리나라의 출산율은 1 미만이다. 인구가 유지될 수 있는 합계 출산율은 2.1이다. 한국인구 약 5,000만 명이 유지되기 위해서는 한 명의 여성이 평생 2.1명을 낳아야 한다는 의미다.

출산율 1.0 미만은 재앙적 결과를 가져온다. 출산율을 높이기 위해서라도 육아를 개인에게 맡겨서는 안된다. 육아 국가책임제를 시행하는 경우 많은 일자리가 만들어질 것이다. 또한 여성의 사회적 참여를 높여서 우리나라의 GDP를 늘리는 결과를 가져온다. 여성의 사회적 참여도와 GDP는 강한 양의 상관관계를 가진다. 이는 세수의 증가를 가져와 육아 국가 책임제로 인한 재정 부담을 완화시킬 것이다.

이외에도 사회적 부가가치가 높은 일이 적지 않다. 일시적 일자리이나 디지털 뉴딜, 그린 뉴딜 및 휴먼 뉴딜로 인해 만들어지는 일자리도 이에 해당한다. 사회적 부가가치가 높은 일자리를 개발하기 위해 다양한 창업과 창직, 정책 실험 등이 과감하게 시도되어야 한다. 다만 그 비용을 줄이기 위해 디자인 씽킹과 린 스타트업 등의 방법에 기반해야 한다. 실패비용을 최소화하고 실제 시장의 반응에 기민하게 대응하기 위한 것이다.

일자리 나누기와 사회적 부가가치가 있는 일자리 창출로도 보호되지 않은 사람이 일자리를 요청하는 경우 정부는 최저임금의 단순일자리를 제공해야 한다. 단순 일자리는 새로운 일자리를 얻기 위한 교육참여 등이 될 수 있다. 일정 횟수 이상의 교육참여로도 경쟁력이 없다고 판단되는 사람의 경우 사회적 안정망에 의해 보호 받을 수 있도록 해야 한다.

위에서 언급한 일자리 보장 체계는 일종의 경제 시스템으로 비용효율성, 혁신, 지속가능성 및 공정성이 보장되어야 한다. 이들 대안은 사회-정치-경제 시스템의 기본적인 요건을 만족해야 한다. 기본적인 요건으로 정보시스템의 비용효율성, 지속적 혁신, 자연환경에 있어서의 지속가능성, 공정성을 들 수 있다.

일자리보장은 합리적 자원의 배분의 원칙에서 벗어나면 안된다. 합리적 자원의 배분이란 비용효율성을 의미한다. 일자리 보장을 통해 만들어지는 일자리, 생산되는 재화와 서비스의 양과 분배 등이 합리적이며 비용효율적으로 진행되어야 함을 의미한다.

일자리 보장제도도 지속적 혁신을 유지하거나 강화시켜야 한다. 지속적 혁신의 속도가 떨어진다면 그 시스템은 다른 시스템과의 경쟁에서 패배할 수 밖에 없다. 조선이 중기 이후의 혁신속도의 저하를 넘어서 후퇴로 인해 식민지를 경험했던 것이 대표적 사례다. 이븐 할둔Ibn Khaldun이《역사서설》에서 보여준 중세시대의 중동지역의 종교적 매몰이 그들의 혁신속도를 저하시켜, 유럽 제국에게 역사의 주도권을 넘겨주었다. 일자리 보장제도가 좋다 하더라도, 다른 제도를 택하고 있는 경쟁국가에 비해 지속적 헌신을 저하시키게 되면, 일자리 보장제도가 유지될 수 없다.

일자리 보장제도는 자연환경과 공존해야 한다. 일자리 보장제도가 기후변화를 가속화하는 경우 지속가능하지 않다. 화석연료를 더 태워서 일자리를 만들어내면 안된다. 일자리 보장제도가 화석연료를 덜 태우고 플라스틱을 덜 사용하는 방향으로 고민되고 고안되어야 한다. 기후변화 등은 현재까지 외부불비용으로 처리되어, 그 비용을 인류가 지불하지 않거나, 혹은 남태평양제도의 거주민 등이 지불했다. 그런데 기후변화가 내부비용화되고 있어 이를 무시할 수 있는 상황이 아니다. 일자리 보장을 위한 일자리 나누기 및 사회적 부가가치가 높은 일자리 만들기는 오히려 지속가능한 일자리를 만들 수 있을 것으로 기대된다.

'不均(불균)'한 사회와 '不安(불안)'한 사회

마지막으로 공정성이 유지되어야 한다. 인류의 역사를 보면 극단적 불평등은 항상 비극적인 폭력적 혁명을 가져왔다.《팩트풀니스》가 21세기 들어 극빈층의 숫자가 줄었음을 밝히고 있는데, 불평등 지수도 사회적 안정성에 있어서 매우 중요하다. 논어의 계씨季氏 편에 '不患寡而患不均 不患貧

而患不安^{불환과이환불균 불환빈이환불안}'이라 쓰여 있다. 주자는 과^寡와 빈^貧을 바꾸어 '不患貧而患不均 不患寡而患不安^{불환빈이환불균 불환과이환불안}'으로 써야 한다고 했다. 백성이 가난한 것이 걱정이 아니라 평등하지 못한 것을 걱정해야 하며, 백성이 적은 것을 걱정해야 할 것이 아니라 안정되지 못한 것을 걱정한다는 의미다. 공정하지 못한 사회는 '不均^{불균}'한 사회이며 '不安^{불안}'한 사회다. 그 사회가 오래 갈 것을 기대하기는 어렵다.

일자리 보장제도의 방안으로 제시되었던 일자리 만들기의 네 가지 요건을 개략적으로 점검한 결과 표 〈사회-정치-경제 시스템의 요건과 기본일자리 정책 대안〉을 얻었다.

사회-정치-경제 시스템의 요건과 기본일자리 정책 대안

구 분	비용효율성	지속적 혁신	지속 가능성	공정성
일자리 나누기	○	○		○
사회적 부가가치가 있는 일자리 창출	○	○	○	○
단순 일자리 보장				○

일자리 보장제도는 다음과 같은 근본적이고 실질적인 장점을 지닌다.

1. 청년의 미래 경쟁력 확보

적절하고 충분한 일자리를 경험하지 않는다면 미래 경쟁력을 확보하지 못한다. '자리가 사람을 만든다'는 속담은 경험이 역량과 인격을 형성한다는 의미다. 청년층 실업은 일자리를 통해 필요한 경험을 얻을 수 있는 기회를 청년 세대에서 박탈한다는 의미이며, 이는 미래에 우리나라의 국가경쟁력을 낮출 위험이 된다. 소수의 엘리트가 국가경쟁력을 결정할 것이라는 것은 환상에 불과하다. 혁신의 과정은 진화론에서의 돌연변이와 적자생존을 닮았다. 자연설계만큼은 아니나 혁신도 무수한 시행착오를 통해 진화한다. 청년에게 양질의 일자리를 보장하는 것이 미래성장동력을 유지하는 근본이다.

2. 지식사회에서의 한국의 경쟁력 유지

한국사회는 산업사회에서 지식사회로 이행해야 하고, 이행하고 있다. 4차산업혁명과 디지털 전환은 이를 가속화할 것이다. 지식사회는 지식산업의 비중이 절대적일 것으로 보인다. 지식 생산을 위한 연구개발, 문화 콘텐츠의 생산을 위해서는 노동에서 새로운 패러다임의 전환이 필요하다. 지식산업에서 전통적인 노동법이 적용되기 어렵다. 기본일자리는 노동법의 공백에 대응할 수 있다.

3. 소득보장과 유효수요 확보

21세기의 경제성장둔화는 공급의 부족에서 유발된 것이 아니라 유효수요의 부족에 있다. 국제적으로는 개발도상국의 경우 수요는 있으나 이를 만족시킬 수 있는 소득이 없다. 국가적 차원에서도 양극화의 진행에 따라 유효수요가 줄어들고 있다. 사회의 고령화도 유효수요를 줄이는 이유가 된다. 기본일자리는 일정 수준의 소득을 보장함에 따라 유효수요를 확보하게 할 수 있다. 우리나라와 같이 수출의존도가 높은 국가의 경우 4차산업혁명으로 인한 매스 커스터마이제이션Mass Customization, 대량 고객 맞춤과 생산시설의 현지화에 대응하기 위해 내수시장을 늘려야 한다. 기본일자리는 소득보장과 유효수요 확보를 위한 핵심 정책의 하나로 판단된다.

4. 인플레이션에 대한 통제

고정 일자리 보장 임금은 인플레이션을 통제할 수 있는 수단이 된다. 현대 화폐이론의 대표적 지지자인 윌리엄 프랜시스 미첼^{William Francis Mitchell} 교수는 인플레이션일 발생하는 경우, 정부는 강력한 재무와 통화 정책을 시행하게 될 것이고, 이는 전체 고용대비 일자리 보장 고용 비율^{BER, Buffer Employment Ratio}을 높여, 노동자가 인플레이션이 발생하는 영역에서 일자리 보장 영역으로 이전하게 되어, 결과적으로 인플레이션을 통제할 것이라고 주장한다.

21세기 일자리의 미래는 단순히 일자리의 미래에 그치지 않는다. 특정 개인의 생존과 인생에서의 성공에 그치지 않는다. 일자리의 미래, 일자리 보장은 한국사회의 지속성과 안정과 관련이 있다. 이에 대한 대안의 탐색은 열린 상상력과 합리적인 긍정적 비판에 바탕을 두어야 한다. 위에서 제시한 가장 합리적일 것 같은 일자리 나누기 조차 다양한 현재의 이해관계의 충돌로 쉽지 않은 것이 현실이다.

그런데 남아프리카 공화국의 만델라가 이끈 용서와 대화해는 사회적 상상력으로 인해 가능했다. 인류의 역사와 물리적 경험을 바탕으로 한 개연성 있는 미래^{Plausible Futures}라는 심리적 제약을 넘어선 새로운 대안을 찾아야 한다. 가장 합리적으로 보이는 것 같은 미래상을 극복하고 새로운 대안을 만들어야 한다. 기본일자리에 대한 상상과 정책 수립과 전략 수립은 도전적인 일이다.

우리가 미래에 대해 고민을 하는 이유는 미래의 대안을 탐색하는 데 있다. 미래의 대안을 탐색하기 위해서는 가능한 미래를 전망하고 바람직한 미래를 만들기 위해 사회적 상상력을 발휘해야 한다. 근대적 미래학이 허버트 조지 웰스Herbert George Wells와 쥘 베른Jules Verne의 과학적 상상력에 의해 열렸다면, 21세기의 미래학과 한국사회의 미래는 사회적 상상력에 의해 확장되어야 한다. 일자리 보장과 관련하여 지금 우리에게 필요한 것은 사회적 상상력이다. 그 다음으로 우리에게 필요한 것은 사회적 상상력을 바탕으로 한 사회적 대화다. 코로나19로 인해 사회적 대화가 시급해지고 절박해졌다.

재택근무로 얻는
행복의 가치는 1인당 월 150만 원

예고 없이 실시된 사회적 실험

코로나19는 이전에 우리가 경험하지 못했던 많은 것을 경험하게 했다. 사회적 거리두기란 것이 우리의 일상생활을 얼마나 많이 바꿀 수 있다는 것을 보여주었다. '집콕족'으로 살기 위하여 온라인 쇼핑, TV와 동영상 시청, 게임 등 온라인으로 할 수 있는 많은 것들의 수요가 증가했다. 그 중에서도 새로운 경험은 집에서 일하고 공부하는 재택^{원격} 근무와 온라인 수업이었을 것이다.

특히 재택근무는 큰 사회적 실험이었다. 전 세계의 모든 직장인들이 출근을 하지 않고 집에서 일을 할 수 있는가에 대한 실험이었다. 온라인 커뮤니티나 SNS에는 재택근무에 따른 다양한 애로 사항에서부터 적극적인 장점까지 많은 의견들이 올라왔다. 출퇴근 시간이 절약되어 개인적인 시간이 늘어나고 방해 받지 않고 집중할 수 있어서 좋은 반면에 혼자 일하는 외로움, 의사소통의 어려움, 불명확한 업무 지시, 일과 삶의 균형의 붕괴, 근무시간 이외의 근무 지시, 일하지 않는다고 의심하지 않을까 하는 자기검열에서 오는 스트레스, 가족과 자녀의 업무 방해 등의 부정적 효과를 토로하고 있다.

준비 없이 급격하게 실행할 수밖에 없었던 몇 주 간의 재택근무 경험이었기 때문에 부정적인 측면도 많았겠지만 실험의 결과는 성공적이었다고 할 수 있다. 재택근무는 우리에게 '이미 와 있는 미래'를 실제로 경험하게 해주었다. 전 세계 곳곳에서 '매일 수천 명이 방문하던 미디어 회사 건물에 지난 8주 동안 수십 명밖에 방문하지 않았지만, 미디어 서비스는 계속'되는 일이 곳곳에서 일어났다. 매일 1시간 넘게 출퇴근을 하지 않고 집에서 일해도 충분한 것 아닌가 하는 경험을 공유하게 되었다. 기업의 입장에서도 많은 비용을 들여서 건물과 사무실을 유지할 필요성을 재고하고 있다.

재택근무는 이미 오랜 역사를 가지고 있다

한국에서는 낯선 재택근무 방식이지만_{코로나19 이전 한국의 실시율을 0.1%도} _{안되었다}, 이미 오랜 역사를 가지고 있다. 재택근무^{telework} 또는 원격근무 ^{remote work}라는 개념이 최초로 등장한 것은 1975년이다. 1970년대에 미국 LA로 출근하던 로켓 과학자 잭 닐스Jack Nilles는 러시아워로 길에서 시간과 비용을 낭비하는 출퇴근을 하지 않아도 되는 방법이 없을까를 생각했다.

긴 차량 통근은 교통 정체와 환경 오염을 일으키고, 낭비적인 주거지의 교외 확산을 야기하며, 비효율적이다2016년 기준으로 한국 직장인의 통근시간은 평균 40분(편도)이다. 이는 OECD 평균 통근시간 23분의 약 두 배에 달한다.. 국립과학재단NSF의 지원을 받아 닐스는 LA의 한 보험회사가 재택근무'telecommuting'이라는 용어를 사용를 시행하는 것이 가능할지 알아보는 연구를 진행했다. 닐스는 재택근무 시행이 가능하다는 결론을 내렸고, 그 회사는 재택근무를 시도하였다.

그러나 이 제도는 시행되자마자 폐기됐다. 경영자들은 재택근무하는 직원들을 전과 같은 방식으로 통제할 수 없었기 때문이었다. 닐스가 우려했던 대로 상사는 직원을 통제할 수 없을 것이고 직원들은 사무실 생활에서 오는 사회적 분위기를 잃을 것이라는 문제를 극복하지 못했다니킬 서발, 2015.

재택근무의 개념을 더욱 발전시킨 선구자는 앨빈 토플러Alvin Toffler였다. 토플러는《제3의 물결》1982년에서 "지식 근로자들이 전자 오두막Electronic cottage, 자기 집에서 통신 장비를 마련해 일하는 생활 양식에서 일하게 된다. 퍼스널 컴퓨터와 영상장치, 통신장비 등을 이용해 새 유형의 네트워크를 만들 수 있다"고 전망하였다. 닐스가 출퇴근의 문제에 주목했다면 토플러는 '일하는 방식'의 변화, 네트워크로 연결된 컴퓨터로 일하는 시대가 되면 사무실이 아닌 재택근무가 가능해질 것으로 보았다.

1990년대에 접어들며 ICT 기술이 발달하면서 재택근무와 원격근무를 검토하고 도입하는 기업들이 나타나게 된다. 일반적으로 원격근무제재택근무란 조직의 근무자들이 적어도 주 1회 이상 집, 위성사무실, 원격근무센터 등 기존의 사무실 중심 근무현장 이외의 장소에서 정보통신장비를 사용하여 일하는 대안 근무를 의미한다.

기업이 재택근무를 도입하는 동기는 조직 구성원에게 일과 삶의 균형 유지, 일-가정 충실화에 도움을 주어 우수 인력 유치와 유지^{이직 의지 감소}, 직무 성과 및 생산성 향상, 사기 진작, 직무 만족도 증가, 자율성 증가, 조직 몰입, 무단결근 감소, 스트레스 감소 등의 긍정적 효과를 얻는 데 있었다. 재택근무의 효과는 수많은 연구들을 통하여 입증되고 있으나, 많은 기업들은 개인이 느끼는 재택근무의 효능이 조직과 기업의 성과로 이어지는 관계가 불명확하고, 혁신과 창의성을 증진시키지는 못한다는 비판이 계속 제기되었다. 가장 큰 장벽은 관행이었다. 사무실에 출근하여 같이 모여 근무하는 관행과 변화에 따른 불확실성 때문에 재택근무로 넘어가는 데는 주저했었다.

얼마나 많은 기업이 재택근무를 실시했는가

코로나19에 의해 강제된 재택근무는 지금까지의 관행과 우려를 일순간에 날려버렸다. 전 세계 직장인의 절반 정도가 재택근무를 경험하였다. 한국의 경우 코로나19 이전에는 재택근무의 비중이 매우 적었으며^{0.1% 미만으로 추정}, 가장 높은 재택근무 비율을 보여주는 네덜란드도 13.7%에 불과하였다.

그러나 직업 알선 사이트들의 조사에 의하면 코로나19 기간 동안 대략적으로 60% 정도가 재택근무를 경험했고, 대기업이 중소기업보다 재택근무 비율이 높았던 것으로 조사됐다. 재택근무에 대한 만족도도 68%로 높았고, 71% 정도가 계속해서 재택근무를 할 수 있었으면 좋겠다고 응답했다. 재택근무는 ICT 기업이 활발하게 채택하였으며 기간도 길었던 것으로 추정되나, 전반적으로 1개월 이내였다.

미국의 경우 코로나19 이전에는 원격/재택근무 비중이 3.2% 였으나, 코로나19 기간 중 63% 정도가 재택근무를 하고 있고^{4월 말 Gallup 조사}, 직원의 80% 이상이 재택근무를 했다는 응답률도 68%^{MIT 조사}에 달했다. 또 다른 조사에 따르면 직원의 25% 이상이 전일 재택근무, 부분 재택근무 직원은 30%에 달하는 것으로 보고되고 있다^{Global Workplace Analytics, 2020}. 영국 등 유럽의 국가들도 50% 이상이 재택근무를 하고 있는 것으로 보고되고 있다. 한 조사에 따르면 미국 인력의 56%가 원격 작업과 호환되는 작업을 보유하고 있고, 직원의 43%가 적어도 일부 시간 동안 집에서 일한 경험이 있기 때문에, 코로나19 상황에서 재택근무가 가능한 대부분의 일은 재택근무로 전환되었다고 볼 수 있다.

미국의 경우 세 달 넘게 재택근무가 지속되고 있는 가운데^{일부 미국 기업들은 회사 복귀를 준비하고 있고, 일부 기업들은 연말까지 재택근무가 계속될 것으로 보고 있음}, 전 세계에 사무실과 직원을 두고 있는 페이스북^{직원 4만 8,000명}, 트위터^{직원 4,000명} 등의 디지털 기업들은 원하는 직원들은 '영구적인' 재택근무를 할 수 있도록 하겠다는 방침을 밝히고 있다.

이미 우리 일은 재택근무가 가능한 일로 바뀌고 있었다

갑작스런 재택근무 전환에도 불구하고 각 기업들이 큰 어려움이 없이 재택근무를 실시할 수 있었던 이유는 무엇일까? 이미 우리들이 일하는 방식이 재택근무가 가능한 방식으로 바뀌고 있기 때문이다. 일, 일하는 방식의 변화를 보기 위해서는 일의 결과물^{생산물}, 일하는 도구, 일하는 조직, 일하는 사람, 일하는 공간 등에서 어떤 변화가 일어나고 있는지를 봐야 한다. 산업시대와 디지털 시대로 구분해서 검토해 보기로 하자.

산업시대의 범용기술^{생산 및 경제 활동의 기반이 되는 기술}은 엔진이었고, 디지털 시대는 컴퓨터^{인터넷}으로 변하였다. 산업시대에는 동일한 기계가 여러 대 모여 있는 공장에서 엔진으로 동력을 얻는 기계를 작동하여 유형의 제품을 생산하는 육체 노동자들이 대규모의 수직적인 기업 조직에 속해서 동시에 일하는 경제활동 방식이 주를 이루었다. 이 시대의 재택근무란 공장 생산과 관련된 서류 작업을 집에 가서 하는 것이었다고 할 수 있다. 재택근무는 공장제 근무의 종속된 형태에서 벗어날 수 없었다.

디지털 시대에는 일하는 방식에 근본적인 변화가 일어났다. 범용기술은 컴퓨터^{인터넷, 모바일}로 변하였다. 기계 또는 도구에 엔진과 동시에 컴퓨터^{IoT}가 들어가는 것이 일반화되었다. 일의 형태는 컴퓨터라는 도구를 이용하여 무형의 콘텐츠^{알고리즘}을 만드는 정신 노동으로 바뀌었고, 직원들은 소규모의 수평적 조직^{팀이라고 할 수 있다}으로 구성되어 사무실이라는 공간^{실제는 가상의 공간}에서 서로 다른 연관된 업무를 비동시적으로 일하는 방식으로 바뀌었다.

노트북 하나면 어떤 정보든지 입수 가능하고, 어떤 업무 프로세스도 접근할 수 있고, 통합적으로 업무를 처리할 수 있게 되었다. 이는 디지털 시대의 일을 공간적 귀속성, 시간적 귀속성을 완화시키고 유연화시키고 있다. 한마디로 일의 디지털 전환이라고 할 수 있다. 일의 디지털 전환은 일하는 도구의 디지털화 단계에서 일 자체의 디지털화로 넘어가고 있다. 일의 결과물, 일 자체가 디지털이 되고 있다.

초기 단계의 업무 전산화는 일^{사무}의 일부분을 컴퓨터로 처리하는 수준이었다. 그러나 지금은 업무 자체가 디지털화되는 단계로 나아가고 있다. 회사 조직이 클라우드 플랫폼 위에서 움직이고 모든 업무가 디지털 도구에 의하여 처리되고, 협업과 업무의 연계도 디지털에 의해 이뤄지고, 결과물도 디지털로 나오는 업무 형태가 등장한 것이다. 이제 일은 사무실을 떠나서 언제 어디서나 노트북만 있으면 할 수 있는 시대가 되었다.

재택근무에 앞장서고 있는 기업들은 디지털 기업들이고, 100% 재택/원격근무를 하는 기업들도 늘어나고 있었다. 오토매틱 CEO는 "사람마다 집중 잘 되는 시간, 휴식 취하는 시간이 다르다. 언제, 어디서 일하느냐보다 똑똑하게 일하는 것이 중요한 시대"라고 재택근무 도입의 이유를 밝히고 있다. 이는 표준 근무시간^{흔히 9 to 6라고 부르는 것}의 경계가 붕괴되는 결과도 가져오고 있다.

결국 디지털 전환이 근무의 유연성을 높이고 공간^{사무실}에 대한 종속성을 완화^{해방}시키고, 집이나 어느 공간에서도 네트워크로 연결된 노트북만 있으면 업무를 볼 수 있는 환경이 되면서 재택근무, 원격근무가 기본적인 업무 형태로 자리잡아 가고 있다. 한편 디지털 시대의 업무 방식의 변화는 프리랜서, 긱 노동, 플랫폼 노동 등 독립적인 노동자 또는 1인 기업인의 증가로 이어지고 있다. 기업의 입장에서도 이번 코로나19와 같은 천재지변의 상황이 발생하더라도 업무가 단절없이 지속적으로 처리될 수 있는 인프라의 조성이라는 측면에서도 원격근무는 기업의 중요한 위기관리 역량으로 요구되고 있다.

노동을 위한 이동, 출퇴근

재택근무가 일상화되면 당연히 출퇴근으로 시간과 돈을 낭비하고, 건강을 해치지 않아도 된다. 직장인들의 전국 평균 출근시간은 34.2분, 퇴근시간은 11분 더 길어 45.1분이다. 전체 출퇴근 시간은 79.3분에 달한다. 지역별로는 서울 96.4분, 인천 92.0분, 경기 91.7분, 대구 88.1분 순으로 길다. 가장 짧은 지역은 전라남도로 66.6분이다^{국가교통 DB, 2019.6.30}. 2019년 국토교통부에서 교통카드 사용 자료를 토대로 분석한 통계에 따르면, 수도권^{서울, 경기, 인천지역}에서 대중교통을 이용해 통근하는 사람은 무려 하루 평균 719만 명에 달한다.

매일 출퇴근을 반복하고 있다 보니 우리가 얼마나 긴 시간을 출퇴근으로 낭비하는지 모를 수 있다. 2016년 조사에 따르면 한국인의 통근 시간은 40분으로 일본 38분보다 더 길었고, 대부분의 유럽 국가들은 20분대 초반이고, 핀란드 16분, 뉴질랜드 15분으로 가장 짧은 것으로 나타났다. 우리나라가 대부분의 OECD 국가들보다 두 배 더 긴 통근 시간을 보이고 있다^{DB}

출퇴근이 사라지면서 우리가 얻을 수 있는 가치는 엄청나다. 직장인이 1시간 통근으로 상실하는 행복의 경제적 가치는 한 달에 94만 원에 달한다고 한다한국교통연구원. '수도권 통근시간과 행복 상실 가치분석'. 2013년. 매일 출퇴근하는 1시간 30분의 가치는 월 150만 원이 넘는다. 출퇴근 하지 않는 것만으로도 우리는 추가적으로 월 150만 원의 가치를 얻을 수 있다. 매일 1시간 30분씩 우리는 책을 보거나, 자기 개발, 취미 및 여가활동, 운동을 할 수 있고, 가족자녀와 배우자과 같이 더 많은 시간을 보낼 수 있다.

미국의 한 의학저널에 따르면, 24km 이상 통근하는 사람들은 비만일 확률이 높고, 15km 이상 통근하는 사람들은 고혈압에 걸릴 가능성이 높은 것으로 나타났다. 미국 브라운 대학의 연구 결과에 따르면 출근 시간이 10분 늘어날 때마다 운동할 시간은 0.257분, 음식을 준비할 시간은 0.387분, 수면은 2.205분이 줄어든다고 한다. 하버드대 로버트 퍼트넘Robert David Putnam 교수는 통근하는 데 10분이 더 걸릴 때마다 통근자의 사회적 관계가 10% 감소한다고 했다. 스웨덴에서 이뤄진 조사 결과를 보면, 출근에 40분 이상 걸리는 사람은 통근하지 않는 사람보다 이혼율이 40% 더 높은 것으로 나타났다. 결국 출퇴근이 사라지면 직장과 개인 모두의 만족도가 높아지고, 스트레스가 감소하여 신체 및 정신 건강이 좋아지고, 가정 생활까지 행복해 질 수 있다.

장거리 출퇴근은 시간과 에너지만 낭비하는 것만이 아니라, 교통체증, 사고, 온실가스 배출, 환경 오염이라는 사회적인 비용도 유발하고 잇다. 특히, 전체 온실가스 배출량 중에서 에너지가 차지하는 비중이 87.1%로 가장 높고, 에너지부문에서 교통이 차지하는 비중은 13.6%에 달하고, 교통 중에서 도로의 자동차가 배출하는 비중은 95.5%에 달한다. 즉, 자동차가 교통에서 배출하는 온실가스의 대부분을 배출하고 있는 것이다. 온실가스는 지구 온난화는 물론 미세먼지를 발생시켜 건강을 위협하고 있다^{국가교통DB, 통계로 본 교통-2017 교통 주요 이슈에 관한 인사이트, 2018년}.

주거가 아닌 사무 공간에서도 발생할 '도심 공동화'

코로나19 기간 동안 빌딩의 사무실은 텅 비었으나 기업은 유지되는 경험을 하면서 기업들은 사무실에 대한 생각을 재고하고 있다. 영국계 글로벌 금융 서비스 기업 바클리스^{Barclays} CEO는 "7,000명의 사람을 한 빌딩에 넣는다는 생각은 과거의 것이 됐다"고 말했다. 모건 스탠리^{Morgan Stanley} 사장은 "은행들은 훨씬 더 적은 건물^{부동산}을 소유하게 될 것이다"라고 했으며 일각에서는 "고가의 사무실에 3,500만 파운드를 투자하는 대신 사람에 투자하겠다"거나 심지어 "현재 전 세계에 있는 모든 사무실이 필요하지 않을 수도 있다"는 주장까지 나오고 있다. PwC 조사에 따르면, CFO^{최고재무책임자}의 4분의 1은 이미 부동산 감축을 고려하고 있었으며, 회사가 새 건물을 찾는 활동이 절반으로 줄어들었다.

기업들은 오래 전부터 공동 업무 공간, 고정 자리 없는 사무실 등으로 임대료를 절약하려고 노력해왔다. 오피스 공유 서비스 기업, 즉 위워크^{WeWork} 같은 곳은 기업들에게 유연한 공간을 제공해주면서 급성장하였다.

사실 가장 확실한 임대료 등 사무공간 비용 절감 방법은 재택근무였다. 직원이 일의 50%를 재택근무 하면 회사는 직원당 연간 약 11,000달러를 절약할 수 있고, 직원도 교통비 등의 절약으로 연간 2,500~4,000달러를 절약할 수 있다.

그동안 기업들은 사무실 근무 관행과 변화에 따른 불확실성 때문에 재택근무로 넘어가는 데는 주저했었다. 그러나 코로나19로 급속하게 재택근무로 전환하면서 '매일 수천 명이 방문하던 미디어 회사 건물에 지난 8주 동안 수십 명 밖에 방문하지 않았지만, 미디어 서비스는 계속'되는 것을 경험하면서 사무실 유지에 대해서 다시 생각하게 된 것이다.

또한 미국 정부의 사무실내 감염 예방 조치는 현재와 같은 상태의 건물 유지를 어렵게 하고 있다. 만약 고층 빌딩의 엘리베이터에 두 명씩만 타도록 하면, 출근 시간만 몇 시간이 걸리게 된다. 사무실 내에서 직원 간 6ft 거리 규칙이 적용되면 대부분의 사무실이 직원을 현재 보다 약 4분의 1만 수용할 수밖에 없다. 결국 기업들은 재택근무를 유지할 수밖에 없게 됨으로써 상업용 부동산 가치가 30% 떨어질 것이라는 전망도 나오고 있다.

사람들이 대도시의 사무실에 출근하지 않기 시작하면, 도심의 상권도 침체되는 연쇄 현상이 예상된다. 도심의 상권, 식당과 술집, 식료품점들은 지하철이나 버스, 기차 등으로 출근하는 사람들에 전적으로 의존하고 있다. 시카고대학교 베커프리드먼 연구소는 원격근무가 일상화되면, 도심 지역에서 봉쇄 조치로 사라진 일자리의 약 42%가 영구히 사라진 것으로 전망하고 있다. 한국 기업들도 재택근무 확대와 분산 사무실 정책을 추진하 있다. SK텔레콤은 서울 도심 본사로 출근하는 대신 서울 전역과 인근 도시의 분산 사무실로 출근 할 수 있도록 하여, 전 직원의 출근 시간을 20분 이내로 줄이는 방안을 추진하고 있다. 많은 IT 대기업들이 이미 노트북 하나만을 들고 고정 데스크 없이 근무하는 이동식 데스크 정책을 추진해왔기 때문에 쉽게 분산 사무실 정책으로 전환 가능하다.

도심 지역을 벗어나 주거지 인근^{수도권 인근 및 외곽의 위성도시}의 분산 사무실과 재택근무가 확대되면, 도심으로 몰리는 출퇴근과 교통량이 감소하게 되고 도심의 상권이 침체되기 때문에 결국 서울^{수도권} 도심의 부동산과 집값도 떨어질 것으로 보인다. 이미 도심의 교통 요지에 오피스 건물을 임대하여 공유 오피스로 제공하던 위워크는 임대 수요의 감소를 겪고 있다. 재택근무와 분산 사무실의 확대는 기존 어떤 부동산 대책보다 더 근본적인 수도권 도심의 부동산 가격 하락을 가져올 것이다.

반면에 멀리 직장으로 출퇴근하던 기존의 위성 도시^{베드 타운}은 주민들의 일상 활동^{업무와 소비 등}이 거주지 중심으로 바뀌면서 지역이 활성화되고 자족 기능에 대한 수요가 늘어날 것이다. 본격적으로 로컬의 시대가 열리는 것이다. 직장인들의 주거지 커뮤니티, 도시에 대한 관심이 늘어나면서 기존의 위성도시는 자족 기능이 커지면서 더 활기찬 도시가 될 것이다.

거주지, 로컬이 중요한 시대가 온다

사무실은 업무의 공간 이외에 의사소통, 창조, 회의, 숙고 및 사교를 위한 공간이었기 때문에 한동안은 지속될 것으로 보인다. 집중된 개별 업무의 공간은 집이 될 것이고 사무실은 회의, 브레인스토밍, 워크숍, 문화 및 교육 허브 등 집단적인 교류 및 상호작용을 위한 다양한 용도의 공간으로 변화될 것으로 전망된다. 사무실은 회사의 중추적 역할을 하는 공간으로 남아 있겠지만, 규모는 대폭 축소될 것이다. 워크숍과 소셜의 공간으로서 교외 지역으로 이전하는 사무실^{빌딩}도 늘어날 것으로 전망된다. 대규모 회사들은 직원들이 주로 거주하는 주거 단지 인근에 분산 사무실을 운영하게 될 것이다.

재택근무, 원격근무는 직장인들이 출퇴근하거나 도심에 모여들게 할 이유를 없게 만들고 있다. 오히려 도심의 많은 인구가 전염병에 위험한 요인으로 작용하면서 도시 외곽으로 이주하는 흐름이 나타날 것이다. 언제 어디서나 원격으로 일하는 것이 가능한데 번잡한 도심에 있을 필요성이 줄어들기 때문이다. 주거지가 일터인^{직주일체} 시대가 열린 것이다.

재택근무가 늘어날수록 점점 더 거주지, 커뮤니티가 중요해지고, 로컬에 사람들이 몰리고 로컬이 일상의 중요 지역으로 등장할 것으로 보인다. 회사^{사무실}가 일상의 주요 공간이었을 때는 회사가 있는 도심지가 중요하였으나, 재택근무가 일상이 되면 거주지 중심으로 일상 활동이 늘어나고 커뮤니티가 활성화될 것으로 전망된다. 새로운 사람을 만나고, 사회 생활의 경험을 배우고, 주민들과 함께 지역의 발전을 모색하고, 문화와 여가 활동을 줄기는 공간으로서 커뮤니티가 재조명 받게 될 것이다. 생활, 학습 및 업무 와 같은 모든 종류의 기능을 결합하고 혼합한 비즈니스 커뮤니티의 등장도 예상된다. 이는 산업사회, 회사인간의 시대에서 해방되어 비로서 인간이 시민^{커뮤니티의 주민}으로 재탄생할 것이다.

공교육의 미래는 개인화에 있다

온라인 교육으로 인프라 전환에는 성공

코로나19로 초등학교에서부터 대학교까지 온라인으로 개학을 하고 학교가 아닌 집에서 모든 학생이 수업을 받는 사상 초유의 일이 벌어졌다. 전국 초·중·고등학생 540만명이 '온라인 개학'으로 새 학년을 시작하게 되면서 일순간에 온라인 교육의 시대가 열린 것이다.

전 세계적으로는 15억 명의 학생이 등교하지 못하고 일부는 온라인 등으로 수업을 하였다. 수업의 방식은 다양했다. 온라인 화상 회의 프로그램인 '줌Zoom' '구글 미트Google Meet'를 이용한 실시간 쌍방향 수업, 컴퓨터와 TV를 통한 동영상 강의 및 콘텐츠 활용 수업, '구글 클래스룸' '패들릿' '네이버 밴드'로 학생들의 과제를 관리하는 등 다양한 방식이 사용되었다.

급작스런 온라인 교육으로의 전환에는 여러 가지 난관이 있었다. 첫째는 노트북과 태블릿 PC 등 스마트기기 마련이 어려운 학생들을 위해 온라인 학습기기를 지원하고, 교무실에 와이파이를 설치하는 등의 인프라 구비였다. 둘째는 교사들이 온라인 강의 및 학습 콘텐츠를 만들 수 있도록 카메라 및 동영상 제작 도구를 지원하고 사용법을 익히는 것이었다. 셋째는 온라인으로 학생들의 수업 참여를 관리하고 수업 효과를 측정하는 것이었다. 한국은 정보통신IT 강국답게 스마트기기 보급률과 정보통신 인프라가 구비되어 있고, 역량 있는 교사들의 헌신적인 노력으로 수업결손이라는 상황을 피하고 온라인으로 수업을 이어가는 성과를 보였다.

코로나19 이전에도 EBS나 사교육으로 인강인터넷 강의를 들었던 경험이 있어서 많은 학생들은 무난히 온라인 수업을 받은 뒤 과제를 하고 다시 온라인으로 제출하는 등 온라인 학습의 가능성을 경험하였다. 실시간 쌍방향 수업라이브클래스은 다양한 온라인 수업방식 중 수강생 참여가 가장 높은 방식이었다. 수동적으로 수업을 듣는 온라인 녹화 강좌보다 실시간으로 강사와 수강생이 화상을 통해 대화를 주고받으며 수업을 진행해 학생들이 선호하였다. 화상회의 프로그램 줌이나 구글 미트를 이용한 다대다 채팅 방식의 쌍방향 수업은 교사의 얼굴뿐만 아니라 같은 반 친구들의 얼굴까지 모두 볼 수 있어 학생들의 수업 참여가 높아 만족스러운 결과를 보여주었다.

여러 학생이 동시에 채팅창에 수업내용과 관련된 의견을 올리거나 즉석에서 질문과 답변을 교사와 학생들이 서로 주고받으며 서로의 이해도와 관심사를 수시로 확인하는 쌍방향 수업은 온라인에서만 가능한 장점이라는 것이 드러났다. 단순한 지식전달 기능은 대체 가능하다는 것이 증명됐다. 개인 교사가 제작하는 교육용 콘텐츠보다 훨씬 뛰어난 자료가 많기 때문에, 지식전달은 기존의 다양한 콘텐츠를 활용하는 교사들이 늘었다. 온라인 학습과 오프라인 학습을 상황과 학생 능력에 따라 적절히 혼합하는 블렌디드 러닝blended learning 이 가장 좋은 방안으로 자리잡아 갈 것이다.

온라인 교육, 더 심화될 수 있는 교육 격차 문제를 재확인

그러나 온라인 수업은 동시에 여러 문제를 제기했다. 온라인 개학이 가정환경이나 소득수준에 따른 교육격차를 재확인시켜주었다. 온라인 학습환경 구비컴퓨터, 인터넷, 카메라, 마이크 등 셋업가 집부모에 맡겨짐으로써 부모의 도움을 못 받는 경우, 부모가 컴퓨터 능력이 없는 경우 학습 환경 구축이 어렵고, 컴퓨터 조작 실수나 에러에 대한 대처가 어려워 수업이 중단 되는 문제가 제기되었다. 맞벌이 가정은 부모가 옆에서 아이들이 온라인 수업에 제대로 참여하고 있는지, 학습에 집중하고 있는지, 출결은 제대로 하고 있는지를 점검하는 것이 어려웠다.

학교의 돌봄 기능이 집부모에 맡겨짐으로써 돌봄 여력이 되는 가정이냐 아니냐에 따라 또 다른 격차가 생기게 되었다. 학교나 교사의 역량에 따라 온라인 수업의 양극화가 일어날 수밖에 없다는 문제도 제기되었다. 원격교육을 선도하는 인프라가 갖춰진 학교에 다니는 학생들과 그렇지 못한 학생들 간 격차가 벌어지지 않도록 하는 과제가 제기되었다. 더 나은 교육기회와 환경에서 상대적으로 밀려 있던 학생들이 더 뒤로 밀려나지 않도록 하기 위해서는 온라인 수업을 할 수 있는 여건을 최대한으로 마련하고, 맞벌이 가정의 돌봄 공백을 최소화하는 것이 급선무다.

학생들의 자기주도적 학습관리 능력의 차이도 이슈가 되었다. 일방향인 온라인 클래스의 경우 학생들이 모니터에 수업물을 띄워만 놓은 채 게임을 하거나 딴청을 피우는 경우도 적지 않았다. 교사가 학생을 직접 대면하지 못하는 여건에서 쌍방향 소통을 시도하더라도, 학생들의 자기주도적 학습관리 능력에는 격차가 생길 수밖에 없기 때문이다.

또한 인강은 자기가 원하는 강사와 과목을 골라서 원하는 시간에 듣는 방식인데, 공교육 온라인 수업은 전국의 학생들이 정해진 시간 동안 정해진 과목을 강제적으로 들었기 때문에 학생들의 특성을 반영하지 못하는 문제가 발생했다. 일방향 원격수업은 애초부터 어린 학생들이 집중하기 힘든 구조여서 결국 온라인 수업에 잘 적응하는 학생과 아닌 학생들 간 학습격차가 뚜렷하게 벌어졌다.

온라인 교육, 교사와 학생의 역할을 재확인하다

온라인 수업에 잘 적응하는 학생과 아닌 학생들 간 학습격차는 학습 동기의 부족, 기초 학력의 미달 등 여러 이유가 있지만, 온라인으로 교사의 적극적인 관여와 지도가 어려운 문제도 있다. 학습 동기가 부족한 학생들이 학교 수업시간 중에 문제 행동을 하면 교사가 지적도 하고, 따로 불러서 이야기도 할 수 있으나, 온라인으로는 이런 것이 어려웠다. 취약계층, 저소득층 자녀뿐 아니라 유치원생과 초등 저학년, 학습 동기 부족자와 기초학력 미달자 등 학습 취약자들에게는 오프라인 현장에서 하는 교사와의 대면학습이 훨씬 효과적이라는 지적이 나왔다. 교사와 학교의 역할이 단순한 지식 전달에 있지 않다는 것이 다시금 확인되었다.

학생들을 대상으로 한 '생활지도' 문제도 제기됐다. 학생들이 학교에 가지 못하고 집에서 온라인으로 수업을 받게 됨으로써 학교라는 공적 영역에서의 돌봄이 공백이 생겼다. 가정에서 보살핌을 받지 못했던 학생들이 그나마 학교라는 공간에서 관리가 되고 있었는데, 돌봄이 가정으로 넘어간다면 가정 환경에 따라 탈선이나 비행의 개연성이 더 커질 수 있다는 문제가 생겼다.

온라인과 오프라인이 결합한 방식의 수업이 자리 잡게 되면 지식 전달은 온라인 중심으로 이뤄지고, 교사는 학습 동기 부족자와 기초 학력 미달자의 멘토로 학습에 대한 동기부여의 역할이 커지게 될 것이다. 학교는 선생님과 친구들을 만나 소통하고 인성과 협력성을 키우는 역할이 더 커질 것이다.

스마트 기기 잘 다룬다고, 디지털 활용 능력이 뛰어나진 않아

스마트폰 보급률이 세계 최고이며 10대 학생 대부분이 스마트폰을 가지고 있지만, 온라인 개학 기간 동안 학생들의 디지털 활용 능력은 뒤쳐진다는 것이 문제로 드러났다. 아이들은 스마트폰으로 반복적으로 사용하는 몇 가지 기능에서는 뛰어난 능력을 보여주었으나, 새로운 기능에 대한 설명을 이해하고 실행하는 데는 서툴다는 것이 드러난 것이다.

우리는 5G 네트워크를 가장 먼저 도입하고 세계 최고의 스마트폰을 생산하는 나라지만, 경제협력개발기구^{OECD} 국제학생평가프로그램^{PISA} 평가에서는 코로나19 이전에 학교에서 컴퓨터를 활용하는 비율은 최하위권이었다. 학생의 학습 디지털기기 활용 빈도는 30개국 중 29위, 디지털기기 활용 역량에 대한 인식은 32개국 중 31위로 최하위였다.

학생들의 전반적인 디지털 문해력이 떨어졌다. 개인의 기본적인 읽기 능력, 맥락 이해력, 사고력은 디지털 시대의 필수 능력이라고 할 수 있다. 그러나 학생들은 직관적인 인터페이스의 스마트 기기는 잘 다루면서, 특히 영상과 이미지에는 친숙하지만 문장 및 설명서를 이해하는 능력은 뒤쳐진다는 것이 드러났다.

이는 학교 현장에서 온라인을 활용한 교육이 부족한데도 원인이 있다. 학교에서 학습을 하는데 스마트 기기, 컴퓨터를 활용하지 않고 있기 때문에 학생들은 스마트 기기의 다양한 활용 능력을 키우지 못하고 있다고 할 수 있다. 사교육 시장, 민간에서 개발한 다양한 교육용 프로그램이 학교현장, 공교육에서 활용될 필요가 있다.

AI(인공지능) 기반의 맞춤형 개인 학습 필요

앞에서 제기된 여러 문제들은 그동안 한국의 공교육이 온라인과 오프라인이 결합된 교육 모델을 개발하는데 뒤처졌다는 것을 보여주는 것이라고 할 수 있다. 한국의 교육 현장은 전통적인 방식, 교사가 일방적으로 지식을 전달하고 이를 학생들이 얼마나 이해하고 습득하고 있는지를 확인하는 시험 위주, 암기 위주의 교육을 답습하고 있었다. 온라인 교육 프로그램을 활용한 개인 맞춤형 학습으로 지식 전달에 드는 시간을 절약하고, 학생들이 그룹을 이뤄 문제를 발굴하고 해결하는 프로젝트 방식의 수업, 개별적인 학생들에 대한 멘토링, 학생들의 디지털 역량 강화 등 교육의 방식과 내용을 풍부하게 할 수 있는 기회를 온라인 교육이 제공해주고 있다.

학생들이 교실에 모여 교사 강의를 듣는 수업 방식은 21세기 아이들을 19세기 공장형 방식으로 가르치는 것이라고 비판 받아왔다. 대량생산형 수업 방식은 21세기 인재를 키워낼 수 없다. 온라인과 오프라인이 결합된 교육 모델을 발전시켜야 한다. 단순히 온라인으로 강의 동영상을 시청하게 하는 방식, 온라인 화상회의 시스템으로 쌍방향 수업을 하는 방식은 교실의 수업 방식을 온라인으로 옮겨놓은 것 이상이 아니다. 이는 교사가 교실에서 많은 학생에게 똑같은 내용을 전달하는 강의는 수학을 잘하는 학생에게는 재미가 없고 수학을 못 하는 학생에게는 어려운 문제를 벗어날 수 없다.

학생 개개인이 능력과 필요에 따라 최적의 학습 기회를 온라인과 오프라인으로 제공하는 방향으로 발전해야 한다. 학생의 학습 및 문제풀이 데이터를 축적하고 분석하여 개인 맞춤형으로 학습할 수 있도록 해주는 인공지능[AI] 학습 플랫폼이 필요하다. 어떤 과학에 소질이 있고 기초가 있는 학생에게는 난이도를 빠르게 높여가며 어려운 문제나 다른 유형의 응용 문제를 풀 수 있도록 하고, 학습 능력이 떨어지는 학생에게는 기초 이해력을 높이는 문제를 반복적으로 풀게 하거나 난이도를 서서히 높여가면서 자신감을 갖도록 하는 방식으로 학습을 가이드할 수 있다. 학생들은 모두 본인의 개별 학습데이터를 기반으로 최적 학습 경로를 제시 받고, 교사의 도움을 받아 원하는 목표를 달성할 수 있는 최적의 학습 경로를 디자인 할 수 있게 된다. 즉, 모든 학생들이 자신만을 위한 AI 조교를 가지게 되는 것이다.

학생 주도형으로 교실 수업 방식을 전환해야

지금까지 교육 개혁을 위하여 정부 주도의 자유학기제, 일부 교육청 주도의 혁신학교 등 여러 실험이 계속되었다. 그러나 디지털 기술을 적극 활용하는 것은 소극적이었다. 앞에서 살펴본 봐와 같이 디지털 기술을 활용하면 교사의 충원 없이 개별 학생 맞춤형 학습이 가능해진다. 기본적인 지식의 전달과 학습이 개인 맞춤형 인공지능 학습 시스템으로 이뤄지면, 교사는 강의 중심에서 벗어나 더욱 학생들의 다양한 능력을 개발하는 데 더 시간을 쏟을 수 있다.

거꾸로 학습^{플립 러닝, Flipped Learning}이라는 학습 방식이 전면적으로 도입돼야 한다. 지식을 배우는 학습은 동영상 등으로 수업 전에 개별적으로 배우고, 교실에서는 배운 지식을 이용한 다양한 과제를 팀 단위로 수행하는 수업 방식이다. 수업시간에 주제를 정하고 이를 이해하기 위해 강의를 진행하던 기존 방식에서, 디지털 디바이스를 활용해 사전에 주제와 설명을 미리 학습한 후, 본 수업에서는 그 주제에 대해 의견을 제시하거나 이를 가지고 토론하는 등, 가르침의 방식을 뒤집은Flipped 것이다.

거꾸로 학습이 효과적이라는 것은 많은 연구에서 밝혀졌다. 그러나 많은 교사들이 생소한 방식이라고 도입을 주저하였다. 이를 지원할 수 있는 온라인 콘텐츠도 부족했다. 그러나 이번 코로나19 동안 모든 학생들이 거꾸로 학습의 1단계를 경험했다. 온라인으로 충분히 지식을 습득하는 것이 가능하다는 것을 경험했다. 앞으로 VR가상현실, AR증강현실 기술을 이용한 온라인 콘텐츠가 보급되면 체험학습 기반의 시청각 교육이 물리적, 금전적 한계를 일소할 수 있는 대안으로 각광받게 될 것이다.

이미 미국에서는 구글Google에서 제공하는 가상현실 현장학습 시범 프로그램인 '익스피디션 파이오니어 프로그램Expeditions Pioneer Program'을 수업시간에 활용하고 있다. 학생과 교사들은 저렴하게 이용할 수 있는 HMDHead Mounted Display를 착용하고, 호주의 유명 산호초 지역과 프랑스 베르사유 궁전을 돌아볼 수 있다. 실제 장소에 방문하는 것만큼은 아니지만 현실적으로 다른 지역, 다른 나라로 여행을 가는데 필요한 비용과 시간을 절약하면서 간접적으로나마 경험학습Experiential Learning의 효과를 극대화할 수 있다.

이와 같이 학생들은 디지털 기술을 활용한 개별적인 학습으로 더 잘, 더 많은 지식을 습득하고 경험하는 것이 가능해졌다. 이제 교사는 학생들이 프로젝트팀을 만들어 현실과 관련된 문제들을 배운 지식을 활용해 해결하는 과제를 하도록 하고, 어려운 문제를 같이 해결하는 멘토 등 새로운 역할을 해야 한다. 이는 학생의 자유토론, 활동을 늘려 자신의 생각, 자기주도성을 키워주는 방식이다. 교실을 교사의 일방적인 지식전달에서 학생들의 자유와 협력구조로 바꾸는 것이다. 학생들이 자신의 생각을 찾아가도록 해야 한다. 주도성을 회복하고 융합적 사고가 가능해진 학생들에게 프로젝트 학습을 시도하면 예상치 못한 결과를 만들어낸다.

학생들의 참여가 늘면 학생들의 다양한 특성이 드러난다. 서로 다른 능력을 가진 것을 확인하는 것이다. 공부 잘하는 학생은 전에는 학점으로 다른 학생들의, 친구의 등급을 매기던 태도가 바뀌어 나와 다른 능력, 재능을 가진 것을 확인하면서 서로를 존중하게 된다. 우수한 성적의 학생들이 성적에 대한 과도한 집착보다 협력의 가치를 이해하고 받아들이게 된다.

이제 지식의 암기를 넘어 지식의 활용 능력, 문제를 발굴하고 해결하는 21세기에 필요한 능력을 배우는 학습 방식으로의 전환이 필요하다. 교육의 방향을 교사 중심에서 학생 주도로 전환함으로써 공교육의 위기상황에서 미래 인재를 위한 교육으로 전환해야 한다.

미래 인재교육으로 교육 개혁 필요

코로나19는 인터넷에서 모바일, 인공지능으로 진화하는 '디지털 전환'을 가속하고 있다. 2016년 세계경제포럼에서는 '4차 산업혁명'으로 경제, 사회, 문화, 환경에 이르기까지 전방위적인 혁신이 불가피하다는 것을 선언했다. 변화에 대한 대처에서 가장 중요한 것은 교육이다. 기술의 변화에 유연하게 대처할 수 있는 인재를 길러내는 것이 곧, 성장과 혁신, 사회의 발전을 이끄는 핵심 기반이기 때문이다.

세계경제포럼에서 발표한 교육 비전 보고서에 따르면, 21세기 디지털 경제에서 학생들에게 요구되는 중요한 기술 16가지를 기초 학문, 역량, 성격적 특성이라는 세 개의 카테고리로 분류했다. 특히, 역량과 성격적 특성을 발달시킬 수 있는 사회정서학습Social Emotional Learning, SEL의 중요성을 유난히 강조했는데, 이는 미래의 노동시장에서 필요한 인재상과 무관하지 않다.

이미 단순반복적인 육체노동, 매뉴얼 학습을 통한 인지적 기술을 요구하는 직업의 수는 감소하고 인간에게는 틀에 얽매이지 않는 창의적, 분석적 역할을 요구하거나, 고도의 사회성에 기반한 대인관계 위주의 정서적 역할이 주어진다. 현재 초등학교에 재학 중인 어린이의 65%는 지금 존재하지 않는 직업에 종사하게 될 것이라는 예측도 설득력을 얻는다. 미래교육의 핵심적 목표 역량은 4C 즉 소통, 협력, 창의성, 비판적 사고 Communication, Collaboration, Creativity, Critical Thinking로 바뀌어야 한다.

또한 학교라는 제도 안에서 진행되는 커리큘럼만으로는 미래 사회에서 인간에게 기대하는 고도화된 역량과 인성을 기를 수 없다는 사실은 자명하다. 디지털 시대에 어울리는 인재를 기르기 위한 교육은 학교를 벗어나 다양한 곳에서 다양한 방법으로 이뤄져야 한다. 이는 네트워크 기술의 도움을 받아 이른바 '집단지성'의 힘을 내실화하는 것이다.

집단지성, 즉 지식공유의 세계적 흐름으로 온라인 공개수업MOOCs:

Massive Open Online Courses을 통해 세계 유명 석학들의 수준 높은 강의를 일반 대중이 들을 수 있게 되었다. 2012년, 미국 스탠포드 대학교의 세바스찬 스런Sebastian Thrun 교수가 세운 유다시티Udacity를 필두로 에드엑스edX와 코세라Coursera 등의 MOOCs 시스템이 등장하면서 하버드, MIT, 스탠포드 대학 등 전 세계 유명대학들의 경쟁력 있는 강좌들을 무료로 들을 수 있다. 한국의 경우에도 K-MOOC를 통해 유수 대학들의 강좌들을 개방하고 공유하고 있다. 학제와 전공의 벽을 넘어, 기존 오프라인 중심의 교육을 온라인과 결합된 평생교육의 시대가 열리고 있다. 높았던 학문의 벽은 이제 디지털 기술에 허물어져 세상과 뒤섞이고 있다.

학교를 창조와 생산의 장으로 변신시키는 노력도 필요하다. '메이커 스페이스' 캠페인은 아이디어 기반의 실제품을 만들어 가는 과정에서 학생들 스스로 솔루션을 구상할 수 있는 힘을 키우고, 이를 시각적으로 확인할 수 있게 한다. 앞으로도 학제에 편성된 커리큘럼에서는 접하기 힘든, 실용적이면서도 높은 수준의 콘텐츠와 참여/생산 위주의 학습 트렌드가 전 세계적으로 더욱 촘촘히 공유될 것이다. 이는 전통적 의미에서의 스쿨링Schooling을 재편하고, 학교 밖의 다양한 경력의 사람들이 교육 콘텐츠 생산자로 등장하게 되는 촉매제로 작용할 것이다.

우리가 디지털 교육 산업 주도해야

한국의 온라인 개학은 세계의 주목을 받았다. 수준 높은 인터넷 인프라

덕분에 무난히 온라인개학을 진행할 수 있었다. 물론 디지털 콘텐츠의 부족, 학습용 소프트웨어의 부족, 에듀테그 산업의 취약 등이 드러났다. 그러나 경험 속에서 새로운 시도도 일어 났으며, 교사들이 빠르게 온라인 학습 역량을 보여주었다.

유럽을 중심으로 선진국들은 미래적 시각에서 디지털 교육을 하나의 중요한 서비스 산업으로 육성하고 있다. 우리가 교육을 산업적 관점에서 보는 것을 터부시하고 있는 반면 선진국들은 4차 산업혁명이 가져올 융합의 관점에서 교육을 미래의 중요한 서비스 수출산업으로 육성하고 있다. 아프리카도 40~50년 후의 발전된 아프리카를 위해 교육중심의 'Agenda 2063' 미래 전략 프로젝트를 추진하고 있다. 디지털 교육 산업은 몇몇 선진 국가들만의 관심사가 아닌 전 세계가 중요시하는 미래산업으로 자리매김하고 있다.

인터넷, 클라우드, 빅데이터, 모바일 등 고도화된 정보통신기술ICT을 교육현장에 적용하려는 디지털 교육혁명은 이미 거세게 불고 있다. 시장에는 하루가 멀다 하고 디지털 교육을 지원할 수 있는 첨단기능의 인프라나 디바이스들이 더욱 낮은 비용으로, 빠르게 보급되고 있다. 문제는 콘텐츠다. 아무리 첨단 인프라나 디바이스를 갖춘다 할지라도 활용할 수 있는 콘텐츠가 없다면 인프라와 디바이스는 무용지물이 되고 만다. 전 세계가 양질의 디지털 교육 콘텐츠를 확보하기 위해 부단한 노력을 기울일 수밖에 없는 것이다.

한국의 음악K-팝, 영화, 게임 등 문화 산업의 경쟁력은 세계적인 수준이다. 이미 국내에는 민간 교육기업 주도로 양질의 디지털 콘텐츠를 제작할 수 있는 기술력과 이를 보급할 수 있는 시장이 형성돼 있다. 종이 교과서와 교실에만 갇힌 교육을 탈피해 온라인과 오프라인이 결합된 교육 모델, 맞춤 학습 시스템, 다양한 교육 콘텐츠 개발에 뛰어들어야 한다.

지식의 유통기한은
어디까지 짧아질 것인가

전국 대학이 '사이버대학'으로 변하다

코로나19로 급속히 온라인으로 전환된 대학 교육은 어떻게 될 것인가? 코로나19는 1%도 되지 않았던 온라인 강의 비중을 거의 100%로 끌어올렸다. 어떤 강력한 총장이나 대학 당국도 못했던 일을 해냈다. 일반 대학의 온라인 수업이 전체 수업의 20%를 초과할 수 없다는 교육부 규제는 사문화되었다. 한시적으로 규제를 풀었으나, 시대에 뒤쳐진 규제라서 사라질 것이다.

대학생들은 온라인 강의를 들으면서 곁가지는 건너뛰고 핵심 내용을 집중적으로 시청할 수 있으며, 지방 학생들은 하숙비 또한 아낄 수 있는 긍정적인 면을 경험하였다. 그러나 갑작스런 온라인 수업으로의 전환으로 여러 문제점과 불만도 동시에 터져 나왔다. 교수들은 혼자서 강의 동영상을 촬영하고 강의 PPT를 온라인 콘텐츠로 제작하여 올리거나 기존 영상을 보여주면서 수업을 진행했다. 기존 학교 강의 수강사이트에 있던 동영상·녹취 파일을 청취하는 수업이 대부분이었다. 실시간 원격 강의, 대체 과제물 제출 등도 부분적으로 이루어졌다. 전반적인 대학생들의 강의 만족도는 상당히 낮았다. 온라인 강의 수준은 사이버대학과 비교해 확연히 떨어진다는 평가도 나왔다. 사이버대학은 사전제작을 통해 수업물 완성도가 높기 때문이다.

결국 대학의 온라인 강의가 장기화되면서 학생들의 등록금 반환 요구도 터져 나왔다. 온라인으로 수업을 하는 사이버대학보다 비싼 등록금을 내고 온라인 강의만 들으니 등록금 인하나 환불을 요구하였다. 대학의 교육이 지식 전달만은 아닌데, 온라인 강의는 지식 전달 중심으로 이뤄지면서 대학생들의 불만이 커진 것이다. 대학의 역할에 대한 재정립과 미래 대학의 방향을 새롭게 모색해야 한다.

대학의 위기인가, 교육의 위기인가?

고등학교 졸업생보다 대학 정원이 더 많은 위기가 다가오고 있다. 2000년까지도 75만 명이었던 한 해 고교 졸업생이 2023년에는 40만 명으로 줄어든다. 2000년 이후 불과 25년 만에 입학 자원이 반토막 나면서 문 닫는 대학이 속출할 것이라는 전망도 나온다.

대학 정원보다 더 심각한 문제는 대학이 미래 사회에 필요한 교육을 제대로 하지 못하고 있다는 비판이다. 대학에서 배운 것이 사회에 나가 별 도움이 안 된다는 비판은 이미 오래 전부터 있었다. 그래도 대학을 졸업하면 상대적으로 좋은 직장, 높은 임금을 받을 수 있어서 높은 등록금을 내고 대학에 진학하는 수요가 꾸준히 증가해왔다. 그러나 이제 많은 나라들에서 대학 졸업자라고 해서 더 이상 높은 임금이 보장되지 않는 정체 현상이 나타나고 있다. 그런데도 대학들은 높은 등록금을 요구하며 건물을 올리는 외적-양적 성장의 관성을 벗어나지 못하고 있다.

산업시대의 대학의 역할은 학생들에게 형식지를 주입하고 훈련시켜 전문가로 만들어 사회로 내보내는 것이었다. 그러나 디지털 기술이 발전하면서 언제 어디서나 검색할 수 있는 형식지와 같은 지식을 많이 갖는 것은 더 이상 무의미해졌다. 대학이 상아탑 안에서 지성인과 지식인을 길러내는 곳이며 진리 탐구의 전당이라는 엘리트주의도 유효 기간이 지났다. 이런 역할은 지식대중의 증가와 함께 시대적 소임을 다했다고 본다. 누구나 쉽게 지식과 정보를 접할 수 있는 시대다. 민주시민을 길러내는 교육은 고등학교 과정에서 이루어져야 할 것이다.

현실적 이해를 떠나 순수하게 학문을 지향하고 진리를 탐구하는 곳이 대학이라는 이상도 보편적으로 적용되기 어렵다. 대학은 높은 임금과 사회적 지위를 미끼로 대학 진학률을 높여왔고, 높은 등록금을 당연시 하면서 성장을 추구하는 집단이 된지 오래다.

대학의 고비용 구조 이미 균열

코로나19 이후의 온라인 교육의 확대는 고비용의 대학 구조에 균열을 내고 있다. 하버드, 스탠포드, MIT 등 세계 최고의 대학 강의를 MOOC에서 무료로 들을 수 있다. 등록금보다 저렴한 비용을 내면 학점도 준다. 여전히 좋은 대학의 졸업장이 주는 프리미엄이 남아 있지만, 지식 습득과 최고 강의를 듣는데 비싼 등록금을 내지 않아도 되는 환경이 확대되고 있다. 그런데 높은 등록금을 내고 교수의 온라인 강의만 듣는 대학 수업은 지속될 수 없다. MOOC 강의가 각국의 언어로 번역되어 제공되면 국내의 많은 대학들이 유수의 글로벌 대학들의 하청 대학이 될 수 있다.

현재 제기되고 있는 대학 위기의 핵심은 주로 다가오는 미래 사회, 이른바 4차 산업혁명, 뉴 노멀 시대에 필요한 인재를 교육하고 있는가에 대한 의구심에서 시작된다. AI 등 자동화, 지능화 기술의 발달로 많은 직업이 사라지고 새로운 직업이 생길 것으로 전망된다. 대학에서 배우고 익힌 지식과 기술이 대학 졸업과 동시에 사라져가는 것을 눈앞에서 지켜봐야 할 수도 있다.

오히려 필요한 것은 것은 대학에서 배운 것이 아니라 빠른 변화에 적응하고 그 변화 속에서 새로운 것을 찾아내 새로운 무언가로 만들어 내는 능력이다. 말하자면 디지털 리터러시를 넘어 개념 디자인, 데이터 리터러시와 휴먼 리터러시 같은 것들이다.

이런 능력을 갖춘 졸업생을 배출하기 위해 대학에 요구되는 교육 방식은 강당에서 진행되는 일방적 강의 방식과 그에 따른 대량생산 시스템이 아니다. MOOC와 인공지능 기반의 개인 맞춤형adaptive learning 학습 같은 첨단 학습법이 대안이다. 테스트 받기 위한 학습에서 배우는 법을 배우는 학습으로, 많은 정보를 얕게 배우는 것에서 핵심적인 것들을 체험 등을 통해 깊이 배우는 학습으로, 자기 분야만 배우는 방식에서 연관 분야의 융합적 학습으로 학습 방식이 변하고 있다. 교수의 역할도 가르치는 역할에서 배움의 환경을 디자인해주는 역할로의 변화를 요구하고 있다.

그러나 시대적 변화가 대학에 어떤 역할을 요구하고 있는지, 대학은 그 역할을 감당할 수 있는 적합한 기구인지에 대한 고민은 부족하다. MOOC와 인공지능 기반의 개인 맞춤형 학습은 교육의 표준화를 의미한다. 시스템을 갖추면 누구나 일정 정도 수준의 교육 효과를 얻을 수 있다는 것이며, 이는 차별적인 요소들이 사라진다는 것을 의미한다. 즉 명문대 강의실에 앉아있든지, 시골집 컴퓨터 앞에 앉아 있든지 누구나 동등한 효과를 얻을 수 있게 된다. 결국 지식의 전달이라는 측면에서 대학의 교육 기능은 중요성이 감소하게 된다.

점점 짧아지는 지식반감기

한편에선 새로운 지식이 등장하고 활용되는 시간이 짧아지면서 지식의 수명도 짧아지고 있다. 생산되는 지식의 양이 지수적으로 증가하면서, 특정 지식의 효용성이 떨어지고 무용성이 증가하는 반감기 또한 짧아지고 있다. 공학 분야의 지식 반감기는 1930년대 35년이었으나, 1960년대에는 10년으로 단축되었다. 지금은 비교도 되지 않게 단축되고 있을 것이다. 따라서 대학이 축적되고 정립된 지식을 체계화하여 전달하는 순간부터 지식의 효용성은 감소하고 있다고 할 수 있다.

대학 교수는 더 이상 지식 전달자가 아니라 대학생들이 현실의 문제를 해결할 수 있는 능력, 새로운 지식을 생산하고 혁신을 이끌 수 있는 능력을 키워주는 역할로 바뀌어야 한다. 학생들이 온라인으로 학과 교수 또는 외국 유명 대학 강의를 시청하고 지식을 습득한 다음 그것을 바탕으로 수업 시간에 다양한 토론을 하는 방식이 필요하다. 교수는 문제 제기하는 데 도움을 주고 토론 등 시간이 많이 드는 업무는 대학원생들이 도우면 된다.

대학과 교수의 역할 변화

교수는 또한 학생들에게 다양한 학습 경험을 디자인해 주는 코디네이터가 되어야 한다. 교수는 수업을 지역 사회와 기업이 당면한 문제를 해결하는 프로젝트 중심으로 구성할 수 있다. 새로운 지식 개척의 선두에 나서고 있는 기업과 대학이 혼재하는 모델, 대학의 새로운 아이디어가 현장에서 바로 실험되는 모델, 지식 개척의 기능이 더 현실과 산업현장으로 옮겨가는 모델이 중요해지고 있다.

이를 통해 학생들은 생각하는 힘, 즉 지식의 근육을 키울 수 있다. 학생들이 문제를 발굴하고, 문제를 새롭게 정의하고, 자신만의 문제해결 능력을 키우고 창의적인 아이디어를 낼 수 있는 능력이 미래의 인재 조건이다. 빅데이터와 AI 시대에는 엄청난 데이터를 읽고 분석하고 활용하는 역량Data

Literacy, 컴퓨터 사고력과 공학 원리에 관한 이해Technological Literacy, 인문학적 이해와 디자인 역량Human Literacy의 3L이 요구되고 있다. 여기에 창의력Creativity, 비판적 사고력Critical Thinking, 협력Collaboration, 소통Communication 역량을 의미하는 4C를 갖춘 인재를 키우는 교육을 해야 한다.

학생을 찾아가는 대학

교수와 학생, 강의실과 연구실, 대학과 기업으로 분리되어 있는 현재의 대학이 지식생태계에서 어떤 역할의 변화를 요구 받고 있는지에 대한 근원적인 검토가 필요하다. 지식의 반감기가 길었을 때에는 현재와 같은 대학의 구조가 유효성이 있었으나 디지털 시대가 되면서 지식의 반감기도 빨라지면서 현재의 대학 구조는 도전을 받고 있다.

원하기만 하면 언제 어디서나 대학의 강의를 비롯하여 각 분야의 전문가들의 강의를 들을 수 있는 시대에 지식의 전달, 학습이라는 측면에서 더 이상 대학 강의실은 유용한 공간이 아니다. 새로운 지식의 개척 또한 캠퍼스 안의 연구실로는 적응할 수 없다. 산업 현장, 생활 현장과의 긴밀한 관계가 더욱 요구되고 있다.

대학은 새로운 지식을 개척하고 세상과 호흡하는 연구와 실천 공간으로 다시 태어나야 한다. 그 방식으로서 대학은 현재의 공간을 해체하고 지식 생태계의 일원으로 들어가야 한다. 기업들의 지식 연구소들과 공간을 공유하는 도시 속의 새로운 캠퍼스에 대학이 일원으로 참여해야 한다. 기

172

업들도 독자적인 연구를 하던 시대는 지났다. 관련 분야의 협력을 통하여 새로운 솔루션을 만들어내는 지식 생태계, 산업 생태계 속에서 대학은 기업-연구소와 협력하면서 새로운 지식을 개척하는 역할을 담당해야 할 것이다.

평생 학습자들을 위해 대학은 기업과 교육과정을 공동 디자인하거나, 학생이 자기 수요에 맞추어 모듈화된 교육과정을 듣고 다양한 '마이크로 디그리Micro Degree'를 받을 수 있게 해야 한다. 또 대학으로 학생이 찾아오는 게 아니라 대학이 학생이 있는 곳으로 찾아가기 위해 여러 나라와 지역, 도시에 캠퍼스를 설치하여 글로벌 대학으로 진화해야 한다.

미래 대학은 지역 사회와 산업계에 뿌리 내려야 한다

네덜란드의 림버그Limburg 주가 주도하는 브라이트랜드Brightlands는 열린 혁신 커뮤니티Open Innovation Community로 지식이 교차하는 곳에서 혁신이 일어나도록 하는 새로운 캠퍼스 모델을 제시하고 있다. 건강과 지속가능성을 결합한 산업 분야를 개척하기 위하여 과학, 비즈니스와 교육을 결합한 네 개의 캠퍼스로 구성되어 있다. 캠퍼스에는 대학만이 아니라 기업과 연구소가 시설을 조성할 수 있다. 이들이 참여하여 협력이 일어나는 공간이라면 어디든 캠퍼스가 되는 세상이다. 브라이트랜드 캠퍼스는 과학자, 기업가, 학생들에게 연구와 혁신, 성장을 지원하는 최첨단 시설을 제공하고 있다. 시정부, 대학, 산업계가 협력하여 새로운 산업을 개척하는 시산학의 혁신생태계 모델이라고 할 수 있다.

대학은 지역혁신의 일원으로, 지역혁신을 위한 새로운 지식 개척자로 참여해야 한다. 강의실에서 교육하는 것에서 뛰쳐나와 지역의 기업과 같이 연구하고, 학생들을 교육하고, 새로운 산업을 일으키는 역할을 해야 한다. 지역의 대학들이 새로운 산업 혁신을 목표로 협력하고 역할을 분담하고 전문화도 해야 한다. 이것이 4차 산업혁명 시대에 맞는 대학의 교육 기능이면서 지식개척과 지역 혁신 모델이라고 할 수 있다.

의료산업의 고객층은
0세부터 100세까지

인류는 아직 질병을 정복하지 못했다

코로나19는 여전히 취약한 인류의 의료 시스템을 강타했다. 가축을 길들여 사육하면서 동물을 숙주로 삼았던 균들이 사람에게 옮겨지면서 인류는 집단적인 질병, 전염병의 발생이라는 고통을 겪었으나 문명을 일으키고, 도시를 건설하고, 의술을 발달시키면서 많은 질병을 극복했다. 특히 상하수도 위생 시설과 항생제의 발명은 우리에게 평균 수명의 증가라는 축복을 가져다 주었다.

한때 천연두와 흑사병이 인류의 생존까지 위협하는 수준으로 사망자가 발생하는 수난을 겪었지만, 치료제와 백신의 개발로 인류의 생존을 위협했던 대부분의 질병을 극복했다. 1차 세계대전 중인 1918년에 발생하여

4,000만~5,000만 명을 사망에 이르게 한 스페인 독감 이후 인류는 더 이상 전염병에 의해 집단적인 사망을 겪지 않았다.

불치병인 암을 정복하고 생명연장을 위한 의술을 발달시키고 있는 인류에게 전염병은 과거의 유산이 되어가는 듯 했다. 그러나 코로나19는 발생한지 6개월만에 전 세계에서 800만 명이 넘는 사람들을 감염시키고, 40만 명이 넘는 사망자를 발생시켰다. 미세한 바이러스에 여전히 인류가 취약하다는 것을 보여주었다.

인류는 어떻게 질병과 싸워왔는가

질병은 문명의 산물이다. 우리가 고통을 받고 있는 대부분의 질병은 문명의 등장과 함께하였고, 문명의 변화와 함께 질병도 흥망성쇠를 같이하고 있다. 문명이 시작되게 된 기반은 농업이다. 농업 문명은 사람들의 일상을 바꾸고, 나아가 우리 몸의 변화와 질병까지 바꾸었다. 사람들이 집단적으로 정착하고, 주식이 육류에서 곡물로 바뀌고, 식량을 얻는 활동^{노동}이 사냥에서 경작으로 바뀌면서 인류의 삶에 많은 변화가 일어났다. 생산량의 증대로 인구가 늘어나고 문자가 발명된 시기이기도 하다.

그러나 인류의 발전을 이끌었던 농업문명은 동시에 가축을 길들여 사육하게 되면서 집단적인 질병, 전염병의 발생이라는 새로운 고통도 안겨주었다. 먼 지역과의 무역과 전쟁이 증가하고, 도시와 도시 간의 도로가 연결되면서 질병도 빠르게 다른 지역으로 번져나갔다. 천연두와 흑사병 등 전염병에 의한 인구의 급속한 감소는 국가의 몰락을 가져오기도 했다.

거주지의 형태 변화, 즉 도시의 등장은 질병과 밀접한 관계를 가지고 있다. 도시는 잉여 농산물을 기반으로 하면서, 국가라는 체계적인 사회를 유지하고 관리하는 지배층과 전문가 집단의 등장을 촉진하였다. 의학과 의술이 탄생한 것도 이 시기였다. 의술이 초기에는 주술의 형태를 띠었지만, 경험적으로 관찰하여 적용한다는 과학적 측면이 발전하면서 의학이 등장하게 된다. 그러나 당시 질병 극복에 혁혁한 기여를 한 것은 도시 환경의 개선이었다.

고대 그리스인들은 질병에 대한 미신을 처음으로 깨뜨렸다. 건강과 질병은 자연적인 원인에 달려 있으며, 특정한 신체적 조건, 사회적 환경이나 인간의 행동과 관련이 있다고 보았다. 그리스 문화의 유산을 물려받은 로마는 하수 시스템과 목욕탕 같은 위생시설뿐 아니라 병원과 같은 의료시설을 만들어내면서 도시 위생시설의 건설자로 역사에 훌륭한 업적을 남겼다. 더러운 도시라는 나쁜 평판을 받던 로마는 수도 시설을 정비하고 공중 보건에 대한 개념을 만들었다. 모든 성당이 있는 마을에 병원이 건설되었고, 이는 로마가 번성하는 기반이 되었다.

산업문명과 도시, 인류에게 새로운 질병을 가져다 주다

산업혁명이 현재의 사회를 만들었다고 할 수 있다. 증기기관이라는 새로운 동력은 대규모의 공장과 공장 노동자라는 새로운 계급을 등장시켰다.

노동자들은 농촌을 떠나 도시로 대거 모여들면서 도시가 대중들의 주거지역으로 변해갔다. 공장 단지 근처 및 근교 도시에 대규모 거주지가 형성되었다. 다닥다닥 붙은 집들에 골목마다 쓰레기가 넘쳐나고, 노동자들은 오염된 공기와 공장의 유해한 물질에 쉽게 노출되었다.

고된 노동과 최악의 조건에서 고통 받으며 무절제한 생활을 하던 노동자와 하층민들의 당시 평균 기대수명이 20세에 이르지 못하였다. 노동계급의 기대수명은 상류층 보다 20세 이상 짧았으며, 수렵채집 시기나 초기 농경시기의 기대수명 이하로 떨어졌다. 인류의 퇴보라는 우려의 목소리가 높아갔다.

도시는 전염병 발생과 확산의 온상지가 되었지만, 항생제와 같은 특별한 치료 방법이 개발되기 전이었기 때문에 속수무책이었다. 다행히 19세기 이후에는 생활환경 개선, 생활수준 향상과 사회체계 안정이 사망률 감소에 크게 기여했다. 도시 하수 처리와 식품 보관과 같은 위생 조치, 물 공급 향상 덕분이었다. 근대적인 의료보건 정책은 바로 도시 위생과 환경 정책이었다고 할 수 있다. 환자들에 대한 진찰 기술이 발달하고 위생학이 탄생하였다.

전 세계 인구의 50%가 도시에 살고 있는 지금, 도시는 우리에게 새로운 질병을 안겨주었다. 감염병과 전염병을 극복하였지만, 도시 생활환경에 대한 유전자 부적응 현상은 만성질환이 기하급수적으로 늘어나는 데 큰 역할을 하였다. 바뀐 식생활뿐만이 아니라 운동부족, 환경의 변화에 따른 것이라고 할 수 있다. 도로와 교통량 증가로 인한 대기오염, 걸어 다닐 수 있는 보행환경의 부족, 휴식과 경관을 위한 녹지의 감소, 빌딩으로 인한 공기 흐름의 정체와 열섬 효과 등 도시 환경은 건강에 부정적인 영향을 미치고 있다.

친밀감을 바탕으로 한 공동체 문화는 사라지며 우울증이 크게 증가하고 있다. 주거, 교육, 일과 같은 사회적 관계를 건강한 관계로 만드는 계획과 함께 친밀한 사회적 관계망 속에서 건강에 대한 돌봄을 받을 수 있는지역사회 의료체계의 필요성이 커지고 있다.

이제 질병에 대한 새로운 접근법이 필요하다

인간은 오래전부터 질병의 원인을 찾고자 하였다. 히포크라테스는 질병을 신이 내린 형벌이 아니라 환경적인 요인이나 식사 및 생활습관 때문에 발생하거나 부모로부터 유전되어 발생한다고 주장했다. 동양의 음양오행설은 질병의 발생 이유를 조화로운 인체의 질서가 깨짐으로써 발생하는 것으로 이해했다. 나아가 인간과 질병에 대한 관찰, 인간의 몸을 들여다보기 위한 해부학은 의학 지식의 발전을 가져왔다. 그러나 의학의 실질적인 발전은 한동안 정체되었다.

18세기 이후 근대의학이 탄생하면서 질병은 히포크라테스나 중국 의학에서 주장했던 것처럼 조화와 균형이 깨져서 생기는 문제가 아니라 인체를 구성하는 각 장기의 병리적 과정에서 나온 결과라는 인식이 확고하게 자리를 잡게 되었다. 특정 기관에서 비정상적인 현상이 생겨 정상적인 구조와 기능을 방해하게 되면 질병이 발생한다는 기계론적인 개념의 '생의학적 모형'이 만들어지고, 세균의 발견으로 병인론이 현대 의학의 기틀이 되었다. 이후 세균을 죽이는 페니실린 등이 등장하면서 감염성 질환은 공포의 질환에서 치료할 수 있는 질병으로 바뀌었다.

수렵채집 시기의 평균수명은 20~25세였으나, 지금은 70~80세로 늘어났다. 몇 천년 사이에 발생한 일이다. 노화와 노쇠에 따른 새로운 질병이 우리를 괴롭히고 있다. 심장질환과 같은 만성질환 사망률이 증가하였고, 앞으로는 알츠하이머병, 치매와 우울증이 인류가 겪는 질병 부담 순위에서 수위를 차지할 전망이다. 이와 같은 질병들은 단일 원인에 의해 생기는 질병이 아니라 복잡한 원인들이 영향을 주며 일으키는 다면적 질병이다. 치료가 쉽지 않고, 환경적 요인과 생활습관의 영향을 많이 받고 있다. 사회적 환경과 문명의 변화 속에서 질병을 이해해야 한다.

결국 미래의 의료는 일상적인 신체 모니터링을 기반으로 한 복합적인 치료와 예방이 기본이 될 전망이다. 의복, 시계 등 착용 모니터링 장치에서부터 화장실의 생체 시료 분석 장치 등에서 수집한 건강정보를 의료 플랫폼에 전송하여 인공지능으로 분석하게 될 것이다. AI의 분석 도움을 받아 의사들은 환자들을 일상적으로 관리하는 의료 시스템이 필요하다.

코로나19, 의료와 디지털 기술의 결합을 촉진시키다

코로나19는 한편 인류가 새롭게 질병을 다루는 방법을 알려주었다. 이는 IT 기술을 활용한 한국의 방역 성공 모델에서 찾을 수 있다. 의료 기술과 디지털 기술의 결합인 진단키트 개발은 그 상징이라고 할 수 있다. 한 업체는 개발 착수에서 출시까지 12개월 걸리던 것을 3주로 단축했다. 인공지능 기반의 빅데이터 시스템이 있었기 때문에 가능했다.

20년간 각종 유전자 진단시약들을 개발해온 노하우와 데이터를 바탕으로 인공지능 알고리즘으로 진단시약을 설계하였다. 기존 방법으로 100명의 전문가가 3개월 걸릴 일을 인공지능과 슈퍼컴퓨터급의 컴퓨터로 3시간 만에 해결할 수 있었다. 다양한 질병에 대한 신속한 진단 기술 개발은 앞으로 의료가 나아갈 방향이다.

두 번째는 전국민의 95%가 스마트폰을 사용하고 있는 상황에서 스마트폰은 환자의 일상생활을 이해하고 환자를 관리하는 데 중요한 도구가 될 수 있다. 코로나19 경증 환자를 격리시켜 생활 및 치료를 지원하는 생활치료센터Community Treatment Center, CTC는 병원은 아니지만 상주 의료인력이 배치돼 입소자의 건강 상태를 수시로 점검하는 데 스마트폰이 활용되었다. 또한 AI 음성비서 기술을 이용하여 자가 격리자에게 하루 2회 자동으로 전화를 걸어 발열과 호흡기 증상 등을 확인한 것은 스마트폰이 환자 관리에 중요한 도구가 될 수 있다는 것을 보여주었다.

이와 같은 AI 등 디지털 파워는 의료 시스템이 붕괴되지 않고 안정적으로 환자를 관리, 치료할 수 있도록 하는 데 기여하였다. 최근에는 AI가 신약 개발 플랫폼 기술과 유전체 분석 기술을 활용해 코로나19 치료제 후보물질을 찾는데 기여하고 있다. 의료에 더 많은 디지털 기술이 도입되고 활용되어야 한다.

원격 진료는 의료와 디지털 기술 결합의 시작이라고 할 수 있다. 그 동안 원격의료를 조금도 허용하지 않던 한국 정부는 2020년 2월 말에 한시적으로 이를 허용했다. 환자가 의료기관을 직접 방문하지 않아도 전화 상담과 처방을 받을 수 있게 했다. 이미 오래 전부터 원격의료를 허용했던 미국에서는 원격진료에 대한 의사들의 인식 전환이 나타났다. 대면 진료가 아니면 정확한 진단을 내리기 어렵다며 내심 꺼리던 의사들도 원격진료를 경험하게 되었다. 영국도 전체 진료 중 원격의료 비중은 1%에 불과하였으나 지난 3월에는 수천 곳의 병원이 원격진료를 시행하였다. 10년 걸릴 변화가 1주일 만에 일어났다고 할 수 있다. 원격진료는 시작일 수 있다. 더 중요한 것은 디지털 기술을 기반으로 개인 맞춤형으로 의료 시스템을 새롭게 구축하는 것이다.

개인 맞춤형 의료

환자 중심의 의료는 개인의 질병 관련 요인들을 모두 고려해 질병 예방과 치료를 하는 '개인 맞춤형 의료'라는 특징을 가진다. 특히 전염병 유행 시기에는 증상이나 질병을 모니터링함으로써 지역 사회 차원의 질병 관리가 가능할 수 있다. 태아부터 노화의 단계까지 성장과 변화에 따른 생애 주기를 중심 개념으로 하여 의학적 관리가 이루어져야 한다.

가치 기반 시스템이란 병원이나 의사 등 의료 공급자에게 환자의 건강 결과를 바탕으로 비용을 지불하는 의료 체계를 말한다. 여기서 가치는 건강 결과의 개선이나 비용 절감에 의해 증가될 수 있다. 가치 기반 시스템은 제공된 의료서비스의 양에 따라 비용을 지불하는 행위별수가제나 인두제와는 다르다. 이러한 가치 기반 시스템은 질병 중심 의료에서 환자 중심 의료로의 전환을 꾀할 수 있는 매우 중요한 개념이자 방법이다.

정밀 의료란 유전 조건, 환경, 생활습관 등 개인차를 고려하여 질병의 치료와 예방을 개인에게 맞추는 새로운 패러다임의 헬스케어다. 치료 성적은 극대화하고 부작용은 최소화하는 것이 정밀 의료의 목적이다. 미래에는 의료 서비스가 환자가 거주하는 지역사회에서 시행되는 시스템으로 점차 변화할 것이다. 의사는 환자를 직접 대면하지 않고도 의료 플랫폼을 통해 전달되는 정보로 환자의 건강을 확인하고 진단할 수 있게 되는 것이다.

디지털 기반, 미래 의료의 방향

현대 의학의 발전은 또한 인간의 평균 수명이 늘어나는 데 기여했다. 인간 수명의 연장은 공동체 사회에 새로운 문제를 제기하고 있다. 고령화된 사회의 지속가능성의 위기이다. 의료비와 부양비의 부담만이 아니라 노령 인구가 건강 상태를 유지하면서 연령에 적합한 사회적 기능을 할 수 있도록 사회 시스템이 개선되지 못할 경우 미래 사회는 활력이 떨어지고 죽음을 기다리는 쇠퇴한 사회가 될 수 있다.

인간의 미래는 의료 기술이 결정할 것으로 예상된다. 심장 박동기의 삽입과 같은 신체 기능의 증강에서부터 배아세포의 유전자 편집과 같이 신체 자체를 변화시키는 기술까지 인간의 몸을 변화시키는 기술을 갖게 되었다.

유전자 편집이나 재생 의료 등으로 인간은 자연상태에서 벗어나 새로운 능력, 더 뛰어난 능력의 신체를 가질 수 있는 가능성이 열리고 있다.

기계와 유기체의 경계가 없어진 혼합체, 사이보그나 인체의 한계를 넘는 새로운 인간, 즉 포스트휴먼의 탄생에 대한 기대와 우려가 있다. 미래의 의학기술은 인간을 지금까지 가보지 못한 새로운 영역으로 이끌고 있다. 강화된 사람과 강화되지 않은 사람들로 나뉘는 사회로 이어질 수 있다. 미래 의료를 우리가 어떻게 발전시키고 받아들일 것인가에 대한 사회적 합의가 요구되고 있다.

미래 의료는 인류의 동질성을 훼손하는 방향으로 작용하여 회복하기 어려운 갈등을 초래하는 것을 막고, 사람들의 건강을 보편적으로 증진시키는 전략 즉, 건강 격차를 새로운 의료기술을 이용하여 줄이는 전략을 택할 필요가 있다. 이는 병원 중심의 의료에서 지역사회 중심의 의료로 전환시키고, 수준 높은 의료를 제공함으로써 모든 사람이 건강을 기본권으로 누릴 수 있게 하는 방안이다.

한편 초고령화되는 미래사회를 대비하기 위해서는 지금과 같은 도시 구조를 바꾸어야 한다. 노인들의 일상적인 신체활동을 증진시키는 도시 구조, 의료와 돌봄이 공동체의 중심이 되는 새로운 공동체 주거 형태로의 전환이 필요하다. 공동주거 안에서 노인들이 필요할 때 일하고, 또 하고 싶은 일을 하면서 생산하고 소비하는 구조는 노인뿐 아니라 모든 사회구성원들에게 이득이 될 것이다.

미래의 사회시스템은 도시의 구조와 서비스 그리고 이를 계획하는 과정에 있어서 주민의 건강을 증진시키고 질병을 예방하는 것이 중심이 되는 방향으로 설계되고 만들어져야 한다. 전염병의 발생과 전파를 개인의 책임으로 돌릴 수 없다. 이제는 도시 계획 속에 전염병의 문제를 해결할 수 있는 방안이 포함되어야 한다.

플랫폼 기반 미래의료 시스템

환자가 병원으로 찾아가 진료를 받는 것이 아니라, 의료 서비스를 환자가 거주하는 지역사회에 펼쳐지는 시스템으로 변화시켜 가야 한다. 웨어러블 모바일 헬스 기기와 바이오 센서 기기를 통해 환자로부터 그리고 집 안에서 환자와 관련된 거의 대부분의 건강 정보들이 수집되고 의료 플랫폼에 저장될 것이다.

의사들은 환자를 대면하지 않고도 의료 플랫폼에 의해 전달되는 정보를 통해 환자의 건강을 확인하고 진단할 수 있게 된다. 주거지의 담당의사와 주치의는 환자의 유전자 정보, 생활환경 정보, 처방 기록, 생체 모니터링 등을 등에 대한 인공지능 분석을 바탕으로 개인 맞춤형 의료가 가능해지게 된다. 주치의는 담당환자를 일상적으로 모니터링 하면서 건강관리를 조언하고, 예방 조치를 하고, 환자를 대면하고, 약을 처방하고, 전문병원으로 이송시키며 거주지 기반의 플랫폼 의료의 중심 역할을 하게 될 것이다.

플랫폼 의료서비스가 제대로 이루어지기 위해서는 지역사회 담당의를 중심으로 이루어지는 임상정보와 전문병원 및 최상급 병원의 모든 데이터를 서로 연결하기 위한 의료기관 간 정보의 교환이 필요하다. 지역사회에서 책임의료를 시행하게 되면, 담당의사의 역할은 질병 관리자의 역할을 넘어 건강 증진과 질병 예방에 더욱 초점을 두는 역할로 바뀌게 된다.

집에서 우리가 사용하는 가구나 설비와 기기 등이 스마트하게 변하여 현재의 기능 외에 의학적인 검사와 건강 모니터링을 할 수 있는 장치가 될 수 있다. 결국 건강관리에 필요한 의료정보가 집을 중심으로 만들어지고 따라서 집이 미래 의료의 중심으로 변하게 될 것이다.

K-방역의 성공을
애써 무시하는 선진국들

인공지능 안면인식과 체온감지 시스템의 등장

우한시에서 코로나19라는 새로운 감염성 질병이 발생하였을 때 우한시 정부는 적극적인 조치보다는 정보를 통제함으로써 초기 대응시간을 허비하였다. 결국 전염병의 급속한 확산이 시작되었을 때 중국 정부가 취한 조치는 1,000만 명의 우한시민들이 집에 머무르도록 하고 도시 밖으로 나가지 못하게 하는 봉쇄조치^{lockdown}였다. 봉쇄는 전염병이 사람 간의 전파를 차단하고 타 지역으로 확산되는 것을 막는 가장 오래된 방법이면서도 가장 강력한 조치다. 우한시가 속한 후베이성^{인구 약 6,000만 명}까지 봉쇄 후 중국 정부가 취한 두 번째 조치는 중국 전역에서 감염 의심자, 유증상자가 돌아다니는 것을 막기 위한 조치로 열이 있는 사람들을 찾아내는 방법이었다.

대만 어드밴텍의 AI 정찰로봇은 중국 주요 공항과 쇼핑몰 현장에 설치되어 마스크 착용 여부나 체온^{발열}을 확인해 이상이 있으면 경고하였다. 더적극적인 감시 시스템은 중국 바이두^{Baidu}가 개발한 컴퓨터 시력과 적외선센서 카메라를 장착한 AI 시스템이었다. 이 AI 시스템은 사람들이 많이 다니는 공공장소 곳곳에 설치되어 체온을 원거리에서 측정하고 체온이 높은사람의 신원을 확인하는 작업을 하였다. 중국이 수배자들을 잡기 위해 개발한 AI 안면인식 기술에 체온감지 기능이 결합되어 감염 의심자를 찾아내는데 활용되었다. 안면인식 기술이란 인공지능을 기반으로 한 생체인식 기술 중 하나로 카메라로 찍은 사진, 동영상 속의 얼굴의 특징적인 모습을 인식해 데이터베이스에 저장하고 이를 비교해 신원 식별을 가능하게 하는 기술을 말한다. 이스라엘 정부도 감염될 가능성이 있는사람들을 식별하고 격리시키기 위해 보안기관이 사이버 모니터링할 수 있도록 승인하였다^{kisdi, 2020}.

문제1. 프라이버시 침해

무차별적으로 통행인을 감시하는 것은 개인의 프라이버시 문제를 불러일으켰다. 안면인식 기술은 지문인식 기술과 같이 허가 받은 사람만이 건물을 출입하거나 기기를 사용할 수 있도록 인증하는 것이기 때문에 문제가되지 않으나, 공공장소에서 무작위로 지나가는 사람들의 안면을 인식하여기록하는 것은 중대한 개인정보보호, 프라이버시 침해의 이슈가 있다.

정부 보안 부서나 경찰 등은 안면인식 기술이 범죄 수사와 예방에 도움이 된다고 주장하고 있으나, 시민들은 개인의 프라이버시 문제로 반대하고 있다. 인면인식 시스템이 공공장소 곳곳에 설치되면 모든 사람들의 하루 동선을 파악할 수 있기 때문이다. 누가 어떤 곳을 들렀는지, 누구를 만났는지 등을 파악하는 것이 가능하다.

그래서 많은 국가에서 허용 여부에 대한 논란이 일고 있으며, 미국의 일부 주에서는 공식적으로 경찰 등 공공기관에서 안면인식 기술을 사용하는 것을 금지하고 있다. 미국 오레곤과 뉴햄프셔는 경찰이 바디 카메라를 이용한 안면인식을 이용하는 것을 금지했고 캘리포니아주 및 매사추세츠주의 일부 도시들은 시 공무원들이 법 집행 등을 위해 안면인식 기술을 사용하는 것을 금지하고 있다.

캘리포니아주 샌프란시스코 시의회 격인 감독위원회는 2019년 5월 경찰과 교통국 등 법 집행기관이 안면인식 기술을 사용해 범죄 수사를 하지 못하도록 막는 조례를 대도시 처음으로 통과시켰다. 유럽연합EU은 시민의 사생활을 보호하고자 안면인식 기술 사용을 엄격히 제한하는 규제안을 검토하고 있으며, 영국에서는 경찰의 안면인식 기술 사용이 인권침해라는 주장이 일며 금지 소송이 제기되었다.

문제2. 잘못된 인식으로 인한 오판

안면인식 기술의 또 하나의 문제점은 잘못 인식할 수 있다는 것이다. 엉뚱한 사람을 지목하거나 해당 인물을 아니라고 판단하는 경우가 발생하고 있다. 죄 없는 사람이 범인으로 몰릴 수도 있다. 기술을 과도하게 신뢰하였을 경우 예상치 못한 문제가 발생할 수 있다는 문제를 넘어 기술에 대한 인간의 종속을 가져올 수 있다.

결국 미국과 유럽 지역에서는 안면인식 기술에 대한 부정적인 여론으로 인하여 코로나19 국면에서 이 기술이 적극적으로 사용되지 못하였다. 직접 개인에 대한 감시에서 한발 물러나 사람들이 밀집하는 것을 막기 위한 사회적 거리두기 상태를 감지하는 용도로 사용되었다. 영국 옥스포드 시에서는 AI 기반 컴퓨터 비전 카메라 시스템으로 공공장소를 스캔하여 시민들이 정부의 사회적 거리두기 규범을 준수하는지 감시하였다. 미국의 컴퓨터 비전 스타트업은 카메라 이미지를 사용하여 사회적 거리두기 규범이 침해되는지를 감지하고, 침해 시 바로 경고를 보내는 시스템을 정부 기관에 제공하였다.

빅데이터 기반 바이러스 확산 감지 및 예측 시스템

바이러스의 확산을 감지하고 예측하는 데에도 인공지능 빅데이터 시스템이 이용되고 있다. 캐나다의 빅데이터 분석업체인 '블루닷BlueDot'은 우한에서 바이러스 확산이 보고되고 전인 2019년 12월 31일에 전염병이 확산할 것이라는 보고서를 발간하여 코로나19 확산을 미리 예측하였다. 에볼라 바이러스[2014년], 브라질 지카 바이러스[2016년]의 확산도 예측한 바 있는 블루닷은 AI를 활용하여 65개국 뉴스와 전 세계 항공 티켓팅 데이터, 동식물 질병 데이터 등을 수집하고 분석하여 코로나19가 우한에서 방콕, 서울, 대만 등으로 확산될 것으로 예측한 것이다.

전염병 위험지역으로부터의 입국자를 관리하는 데 빅데이터 플랫폼이 사용되고 있다. 전염병 발병지역, 노출 현황 등 각종 데이터를 AI로 분석해 방문지역의 전염병 위험 정도에 관한 정보를 제공하는 한편, 전 세계 외국인 로밍 데이터를 기반으로 전염병 확산 국가로 방문하고 입국하는 경우, 국가관리기관에 통보해 방문자를 관리, 입국 차단할 수 있도록 하고 있다.

한국이 빠르게 이런 시스템을 도입할 수 있었던 것은 코로나19 발생 이전에 KT가 아프리카 케냐와 협력해 '글로벌 감염병 확산방지 플랫폼Global Epidemic Prevention Platform'을 2019년 12월에 구축했기 때문이었다. 이 플랫폼은 사용자가 감염 위험 지역에 갔을 때 전염병 위험 정도를 알람 메시지로 통보할 수 있다.

감염병 취약 집단을 파악하거나 사회적 위험요소를 파악하는 데도 빅데이터 인공지능 시스템이 활용되고 있다. 전염병 예측에는 IBM이 개발하고 'Eclipse' 재단에서 무료 배포중인 '시공간 감염확산 모델러The Spatiotemporal Epidemiological Modeler'와 유럽연합에서 주로 활용하는 '글로벌 감염확산 이동 모델 프로젝트Global Epidemic and Mobility project'가 이용되고 있다.

최근에는 미국의 임상 AI 전문업체인 'Jvion'이 바이러스 감염 시 심각해질 수 있는 집단과 요인을 식별할 수 있는 'COVID Community Vulnerability Map'을 무료로 출시하였다. 노약자 및 만성 질환자 주거지역, 장거리 통근, 대학 기숙사와 같은 밀집 주거지역 거주, 공개행사 참석 및 직접 쇼핑 등 사회적 위험 요소를 찾아 지도에 표시해주고 있다. 이와 같은 빅데이터 시스템은 직접적으로 개인정보를 다루고 있지 않기 때문에 프라이버스 문제에서 자유롭고 전염병 확산을 사전에 대응할 수 있도록 해주고 있다.

한국의 K-방역, 균형점을 찾으려는 노력

한국이 방역에 성공할 수 있었던 것은 3T 전략을 일관되게 추진했기 때문이다. 진단^{Test}, 역학조사^{Trace}, 환자관리^{Treat}라는 개개인을 관리하는 정교한 시스템이 작동했다. 감염이 번지는 네트워크에서 감염자라는 점^{Node}이 다른 점으로 연결되어 확산되는 선^{Link}이 형성되지 않도록 하는 전략이었다. 감염자가 누구인지 모른 상태에서 예방 조치는 사람들의 접촉을 차단하고 다른 지역으로 나가는 것을 막는 봉쇄 조치다. 봉쇄는 의심자를 조기에 발견하고 관리하는 방식이나 기술이 없던 시대에 적합한 방식이었지만, 지금과 같이 진단 기술이 발달하고 사람의 동선을 관리할 수 있는 시대에 적합한 방법이 아니라고 할 수 있다.

한국은 코로나19 감염 환자가 국내에 유입되기 이전에 코로나19 진단키트 개발에 착수하여, 대량으로 진단키트를 양산하고 의심자를 검사할 수 있는 시스템을 갖추었다. 문제는 족집게 방식으로 누구를 검사하여 추적할 것인가 하는 문제였다.

한국은 중국 우한에서의 발병 초기부터 국경 봉쇄라는 극단적인 조치를 피하고 의심자, 확진자를 타겟팅하여 관리하는 방식을 취하였다. 즉, 확진자가 발생하면 역으로 확진자의 동선과 방문 장소를 파악하여 사람들에게 알리고 코로나맵, 코로나100m 등의 앱, 확진자와 접촉하여 감염 가능성이 있는 사람들로 인한 추가 감염을 막기 위한 진단을 실시하는 등의 조치를 취하였다. 확진자의 감염 경로를 파악하기 위하여 질병관리본부는 신용카드 회사, 통신사업자, 경찰 등의 협조를 받아 확진자의 신용카드 기록, CCTV, 모바일 위치 정보, 대중교통 카드 기록, 해외여행력 정보 등을 수집하여 분석하였다.

초기에는 역학조사관이 확진자 등의 위치정보를 보건복지부장관이 경찰청에 요청하면 경찰청이 18개 지방경찰청과 관할경찰서를 경유해 개별 통신사에 재요청하는 과정 등을 거치며 최대 24시간이 소요되었다. 그러나 정부의 '신종 코로나바이러스 감염증 코로나19 역학조사 지원 시스템'은 28개 관련 기관과 실시간으로 정보를 교환함으로써 10분 이내에 확진자의 동선을 입체적으로 파악하고, 확진자들 동선에 대한 시공간분석을 통해 전염경로 및 전염 핫스팟 지역을 찾아 낼 수 있었다.

확진자 경로 정보는 감염 경로를 파악하는 역학조사의 정확성을 높이고, 부차적으로 시민들의 알 권리를 충족시켜 불명확한 정보에 의한 과도한 불안을 해소시키는 효과도 있었지만, 개인정보를 과도하게 침해할 수 있다는 논란을 불러왔다. 정부는 역학조사 지원 시스템이 확진자 전원에 대한 정보를 다루는 것은 아니고 역학조사관이 필요하다고 판단되는 환자를 대상으로 활용되고 있으며, 확진자 면담 시 개인정보를 사용한 사실을 통보하고 있다. 또한 정부는 지원시스템은 감염병 위기대응 단계를 고려해 한시적으로 운영되며, 코로나19 상황이 종료되는 즉시 개인정보는 파기할 예정이라고 선을 그었다.

2015년 메르스 사태 때^{확진자 186명, 사망자 38명} 이전 정부가 감염경로를 제대로 공개하지 않아 감염을 확산시켰다는 비난을 받은 적이 있었기 때문에, 문재인 정부는 코로나19 발생 초기부터 확진자의 동선을 비롯하여 질병의 확산 양상 및 대응 관련 정보를 세세하게 공개하는 투명성의 원칙을 천명하였다. 이는 〈감염병의 예방 및 관리에 관한 법률〉 '제34조의 2'에서 '주의 이상의 위기경보 발령 시 감염병 환자의 이동경로, 이동수단, 진료의료기관 및 접촉자 현황 등 국민이 감염병 예방을 위해 알아야 하는 정보를 공개'하도록 규정하고 있는 조치를 따른 것이기도 하다. 〈개인정보 보호법〉도 '제58조 1항 3호'에서 '공중위생 등 공공의 안전과 안녕을 위해 긴급히 필요한 경우' 개인정보를 '일시적으로' 처리할 수 있도록 허용하고 개인정보보호법의 적용을 배제하고 있다.

그런데 이러한 확진자의 동선정보 공개 과정에서 개인의 인권이 침해된다는 문제가 발생하였다. 코로나19 확진자의 실명은 공개하지 않았지만, 각 지자체가 경쟁적으로 확진자 신상과 동선을 지나치게 세세히 공개함에 따라 개인의 신상이 노출되고, 확진자에 대한 근거 없는 비난과 추측, 혐오발언 등이 양산되었다. 코로나19에 감염되는 것보다 동선이 공개되어 신상이 털리는 것이 더 무섭다는 이야기가 나올 정도였다.

국가인권위원회도 필요 이상의 사생활 정보가 구체적으로 공개되며 인권침해 사례가 나타나고 있으니 자제해야 한다는 성명을 발표했다. 중앙방

역대책본부도 시급히 정보공개 안내문을 마련해 확진자와 접촉자가 있을 때만 방문장소와 이동수단을 공개하도록 하고, 확진자의 거주지 주소나 직장명 등 개인 특정 정보를 공개하지 않도록 기준을 마련했다. 신속하게 감염병의 효과적인 대응과 사생활 보호 간 균형점을 모색하는 노력을 보여주었다.

개인의 정보보호만을 강조하다 시기를 놓친 서구 국가들

이와 같은 확진자 추적Trace 시스템은 봉쇄 조치를 취하지 않고도 확진자를 타겟팅하여 추가 감염을 차단하는 효과를 발휘하였지만, 서구 국가들에서는 개인정보 침해라는 논란을 불러일으켰다. 프랑스의 한 변호사가 작성한 〈코로나바이러스와 동선 추적: 개인의 자유를 희생시키지 말자〉라는 제목의 기고문이 2020년 4월 6일 프랑스 경제지 〈레제코Les Echos〉에 실렸다. 기고문은 "한국은 감시와 밀고에 있어서 세계 두 번째 국가이며 개인의 자유를 희생시키고 있다"고 비난했다. 아마 첫 번째 감시국가는 광범위한 감시 체계를 가동한 중국을 의미했을 것이다. 그리고 프랑스 정부가 감염자의 동선을 추적하는 한국의 방식을 검토하는 것에 반대한다는 주장을 펼쳤다.

개인정보 보호법을 세계에서 처음으로 제정한 독일도 초기부터 확진자를 추적하기 위한 개인정보의 수집과 활용이 이슈가 되었다. 한국의 질병관리본부격인 로베르트코흐 연구소RKI가 통신서비스 회사로부터 확진자와 접촉자의 위치정보를 받도록 하는 조항을 만들어 감염 사슬을 추적하기 위한 방안을 마련하였으나 '사생활 침해'라는 소셜미디어에서의 비판이 거세지자 정치권의 반대로 무산되었다.

대신 정부가 만든 애플리케이션을 시민들이 자발적으로 스마트폰에 설치하여 같은 애플리케이션을 설치한 시민과 접촉할 경우 블루투스를 통해 서로의 아이디 정보가 RKI의 서버로 보내지고, 아이디 당사자가 코로나19 확진을 받을 경우 RKI가 감염자의 접촉자에게 경고 메시지를 보내는 방식을 도입하기로 했다. 이것은 모든 개인이 자발적으로 애플리케이션을 설치해야 하고, 신속하게 감염 경로를 파악하여 대응하기 어렵고, 개인의 동의가 없을 경우 결국 완벽한 추적이 불가능하다는 문제점을 갖고 있다.

결국 독일은 개인정보를 수집하여 확진자의 감염 경로를 추적하는 한국식 방역을 받아들이지 못했다. 개인의 자유와 인권^{정보인권, 개인정보}를 더 우선시한 유럽의 대부분의 국가들은 개별적 대응방식이 아닌 모든 사람의 이동의 자유를 제한하는 조치를 취했다.

프랑스는 3월 17일 필수적 사유를 제외한 이동과 여행을 전면 금지하고, 식료품점과 약국 외의 상점 영업도 중단시켰다. 프랑스 내부에서도 "한국의 방식을 사생활 침해로 치부한 프랑스가 뒤늦게 기본권인 통행의 자유까지 제한하면서도 바이러스 확산을 막지 못했다"는 비판이 제기되었다.

유럽연합 개인정보보호 이사회^{EDPB} 의장은 3월 16일 '코로나19 상황에서의 개인정보 처리에 대한 의장 성명서'에서 코로나19 대응 시에도 정보주체의 개인정보 보호를 보장해야 한다고 주장했다. 성명서는 '유럽 개인정보 보호 규정^{GDPR}'에 따르면 신종 코로나바이러스 대응에 필요한 경우 정보주체의 동의 없이도 개인정보를 처리할 수 있다고 하면서도, 그 처리에 있어 필요성·적절성·비례성을 준수해야 하며, 사법적 구제를 받을 권리 등 적절한 보호조치가 마련돼야 한다고 했다.

그러나 여전히 비상 상황에서 신속하게 개인정보를 파악하여 확진자의 감염 경로를 추적하는 적극적 행정을 위해서는 개인정보의 일시적 유보가 필요하다는 입장은 아니다. 미국의 경우 각 주는 다른 방식으로 코로나19 확진자 관련 정보를 공개하고 있으며, 대체로 최소 정보 제공 원칙을 유지하고 있다. 그러나 효과적인 감염병 대응을 위해 적극적으로 확진자의 동선을 추적·공개해야 한다는 주장이 제기되었다.

유럽 등 서구 국가들의 경우 개인의 자유를 우선시하면서, 거의 모든 사람들이 모바일 기기를 가지고 있는 상황에서의 효과적인 대응 방안을 찾지 못하여 전염병의 광범위한 확산을 막지 못했다고 할 수 있다. 이전에는 초기 감염원을 실시간으로 파악하고 추적, 차단하는 것이 불가능하였지만, 지금은 실시간으로 초기 감염원을 밝히고^{Test}, 추적하여^{Trace} 바이러스의 확산 속도보다 더 빠르게 대응하는 것이 가능해졌다고 할 수 있다. 이러한 기술 환경의 변화를 도외시하고 일상적인 상황에서의 개인정보와 사생활

보호, 개인의 자유를 주장하는 것은 시대에 뒤떨어진 행동이었다고 할 수 있다.

일시적 감시가 일상적 감시로 변할 가능성

문제는 이러한 확진자 동선 추적 시스템은 국가 권력이 개개인의 모든 정보를 한 곳에 모아 감시하는 것이 가능한 시대가 되었다는 것을 보여주는 것이다. 중국이 CCTV와 인공지능 안면인식 기술 등을 활용하여 결국 전 국민을 감시하는 디지털 감시^{빅 브라더} 국가가 되고 있다는 국제적인 비난은 타당해 보인다.

국제 인권 기구들은 비상사태를 맞아 만들어진 감시권력은 공중 보건 보호를 위한 최소한의 수단으로 사용되어야 하며, 비상사태가 종결된 후에는 공중보건 목적으로 수집된 개인정보는 목적 달성 이후 바로 폐기돼야 하고, 감시권력은 일상적인 기구로 남아있지 않도록 해야 한다고 권고하고 있다.

한국 정부도 지원시스템은 감염병 위기대응 단계를 고려해 한시적으로 운영되며, 코로나19 상황이 종료되는 즉시 개인정보는 파기할 예정이라고 이 시스템이 가진 위험성에 대한 논란을 불식시키고자 했다. 그러나 이 역학조사 지원시스템은 정부의 스마트시티 데이터허브 기술을 바탕으로 개발된 것으로 우리는 언제든지 빅브라더가 등장할 수 있는 기술적 기반이 조성된 사회에 살고 있다.

결국 투명하고 민주적인 국가만이 전염병이라는 비상상황에서 이러한 감시시스템을 가동해야 하고, 그렇지 않은 독재국가에서는 결국 모든 시스템이 독재 권력을 위해 시민들을 감시하는 시스템으로 악용될 수 있다는 것을 보여주고 있다. 코로나19는 우리 인류에게 디지털 기술이 개인의 일상을 파악할 수 있는 무서운 기술이 되었기 때문에 기술을 통제하는 성숙한 시민의식, 투명하고 민주적인 정부가 더 중요한 시대가 되었다는 것을 일깨워 주고 있다.

3장

기회

보려고 하는 사람에게만 보이는 것

우리는 왜
검은 코끼리를 놓쳤는가

반복적으로 제기되어온 경고

신종 코로나19는 디스토피아적 상상력을 현실로 가져왔다. 신종 플루는 2009년과 2010년 전 세계적으로 유행하여 전 세계적으로 15만에서 57만을 죽였다. 2011년 영화배우 맷 데이먼이 출연한 영화 〈컨테이젼Contagion〉은 2002년과 2003년 SARS중증급성호흡기증후군에서 영감을 받았다. 2012년에는 아이폰 기반의 전략 시뮬레이션 게임 〈전염병 주식회사〉가 출시되어 세계적 인기를 얻었다. 2013년 우리나라에서 영화 〈감기〉가 개봉되었다.

2015년 마이크로소프트의 회장이었던 빌 게이츠Bill Gates는 신종 감염병으로 전 세계적에서 수천만 명이 죽을 수 있다고 강렬한 경고를 던졌다.[1] 그리고 2019년 신종 코로나가 발발하면서, 전 세계 도시는 봉쇄되고, 경제성장

세계적 감염병 등장 추이 [3]

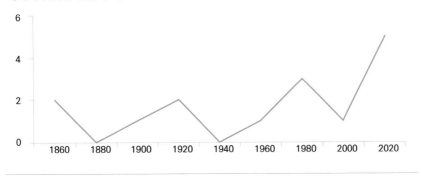

률은 1930년 대공황 이래 최악의 경제를 보여줄 것으로 전망되고 있다. 혹자는 2020년의 경제성장률이 대공황보다 더 낮을 가능성이 있다고 보기도 한다.

신종 감염병에 대한 경고는 반복적으로 제기되었으나, 이를 진지하게 받아들인 정책결정자는 많지 않았다. 중국에서 신종 코로나가 발발하자, 대부분의 국가에서는 지역 전염병 수준에 머무를 것으로 낙관했다. 1월 말 중국은 신종 코로나 확진자의 수가 9,000명이 넘는다고 발표했다. 같은 날 미국의 상무부 장관인 윌버 로스Wilbur Ross는 "신종 코로나가 미국 일자리 만들 기회"라고 했다. [2]

로스의 발언 이후 4개월여가 지난 5월 25일 현재 미국의 신종 코로나 확진자는 170여만 명이며 사망자 수는 10만 명에 가까운 9만 8,000명을 넘었다. 인간 정치인이 대개 그 시각은 짧고, 현실주의적이다. 평소의 경우 지독한 근시와 현실주의는 충분히 경쟁력이 있으나, 코로나19와 같은 변화의 상황에서는 지독하게 바보스러운 것으로 보인다.

신종 코로나는 일어날 가능성은 낮으나, 발생하면 충격이 거대한 돌발 변수^{Wild Card}의 한 사례일까? 21세기 들어 빈발하는 신종 전염병의 등장 추이를 보면 이제 신종 전염병은 일종의 트렌드가 되었다. 19세기 중반부터 20년 단위로 세계적 전염병 등장 추이를 분석하면, 등장 빈도가 늘어나는 것을 확인할 수 있다.

도표 〈세계적 감염병 등장 추이〉의 가로 축은 1840년부터 20년의 기간을 단위로 한 시간 축이다. 2020은 2001년부터 2020년까지의 기간을 의미한다. 세로 축은 세계적 전염병의 등장 빈도를 의미한다. 2001년부터 2020년까지 5개의 세계적 전염병이 등장했다. 볼거리, 신종 플루, 메르스, 지카 바이러스 및 신종 코로나이며, 사스^{SARS}는 포함되어 있지 않다.

전염병의 등장 주기가 가파르게 상승하는 것을 보면, 신종 전염병의 등장을 돌발변수나 블랙스완으로 보는 것은 맞지 않다. 블랙스완이란 발생 가능성이 매우 낮으나, 발생하면 그 영향이 매우 큰 것을 의미한다. 2007년과 2008년의 글로벌 금융위기가 대표적인 사례. 블랙 엘리펀트, 즉 검은 코끼리는 발생할 것이 틀림없으나 우리가 무시하고 있는 것을 의미한다. 전문가가 경고를 반복적으로 하나, 정부의 정책결정권자와 기업의 최고경영자가 이를 외면하고 있는 상태를 블랙 엘리펀트, 즉, 검은 코끼리라고 한다.[4] 검은 코끼리란 방안에 코끼리가 들어와 있으나, 그 코끼리를 외면하거나 혹은 인식하지 못하는 것을 의미한다.

우리는 어째서 거대한 코끼리를 보지 못했는가

2008년과 2009년의 신종 플루에서 경험하였듯이, 신종 전염병의 등장은

우리의 인지 체계와 블랙 스완, 블랙 엘리판트, 블랙 젤리피쉬

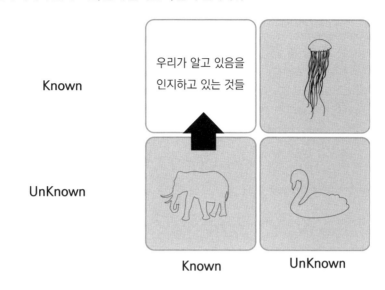

충분히 예견 가능했다. 사스, 메르스 등은 모두 코로나 바이러스로 인한 질병이었다. 우리는 새로운 전염병의 등장을 애써 무시했다. 코로나19, 코로나19의 변종, 코로나의 변종 및 새로운 감염병 모두 검은 코끼리다.

검은 코끼리란 우리가 알고 있음을 인지하지 못하는 언노운 노운즈 Unknown Knowns[5]에 해당한다. 미국, 스페인, 이탈리아, 독일 및 일본 등의 정치 지도자는 방안에 들어온 검은 코끼리를 보지 못했거나 외면했다. 한국사회가 신종 코로나에 현재까지 성공한 원인은 다양하나, 신종 감염병의 발발 가능성을 충분히 인식하였다는 것이다. 적어도 한국사회에서 신종감염병은 검은 코끼리가 아니라, 흰 코끼리였다.

21세기 들어 WHO에 팬데믹으로 규정된 전염병은 2008년에 멕시코에서 첫 환자가 발견된 신종 플루 H1N1와 2019년 중국 우한에서 발견된 신종 코

메가트렌드와 WHO 팬데믹 6단계

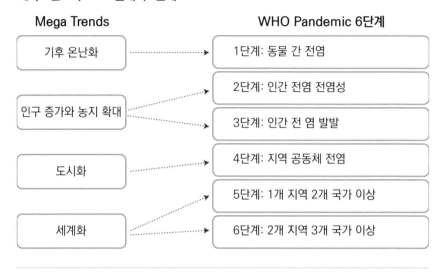

Mega Trends	WHO Pandemic 6단계
기후 온난화	1단계: 동물 간 전염
인구 증가와 농지 확대	2단계: 인간 전염 전염성
	3단계: 인간 전 염 발발
도시화	4단계: 지역 공동체 전염
세계화	5단계: 1개 지역 2개 국가 이상
	6단계: 2개 지역 3개 국가 이상

로나COVID-19의 두 가지다. 그런데 WHO의 팬데믹 선언 조건인, 2개 지역 3
개국 이상에서 발명한 감염병은 이보다 많다. 2002년의 사스, 2009년의 볼거
리, 2012년의 메르스, 2015년의 지카 바이러스 등이 있다. 발병이 세계적으로
일어난 것을 기준으로 할 때, 새로운 전염병의 등장 주기가 더욱 짧아지고 있
다. 신종 전염병의 등장주기 단축의 원인은 메가트렌드가 팬데믹 6단계에 강
한 연결고리 역할을 하고 있기 때문이다.

　기후 온난화는 영구 동토에서 수만 년 이상 동면하고 있는 병원균과 바
이러스를 깨우고 있다. 2015년 러시아의 시베리아 지역에서 탄저균이 노출
되었다. 기후온난화로 탄저균에 감염되어 죽은 순록이 얼음에서 노출된 것이
원인으로 분석되었다. 기후 온난화로 신종 감염병에 동물이 노출될 가능성이
더욱 커질 것이다. 팬데믹 1단계의 가능성을 늘린다. 기후변화는 지수적 성격

을 보인다. 최근 몇 년간 여름철 온도는 과거 최고 기온 기록을 깨고 있다. 캐나다의 영구 동토가 녹는 속도가 과학자의 예측보다 빠르다.

농지의 증가, 도시의 증가

21세기 들어 인구 증가는 지속되고 있으나, 식량 생산성 증가가 둔화되고 있다. 거기에 더해 절대 빈곤 인구가 줄어들고 세계적으로 중산층이 늘어나면서 식도락을 위한 식량 수요가 늘었다. 계란 대신 닭고기를 섭취하고, 닭고기 대신 돼지고기를 먹으며, 돼지고기 대신 소고기를 선호하게 되었다. 과일에 대한 수요도 증가하고 있다. 식량 수요의 증가는 녹지를 농지로 전환하게 한다. 녹지의 상실은 야생동물의 서식지 파괴를 불러오고, 야생동물은 먹이를 찾기 위해 인가로 내려온다. 동물과 인간의 접촉이 늘어나면서 인수공통감염병이 인간에게 전염될 기회가 늘어난다. 팬데믹 2단계와 3단계의 기회를 높인다.

전 세계에서 도시에 거주하는 인구의 비율, 즉 도시화는 55%다. 도시화는 경제성장과 삶의 질 제고를 위해 필수적이다. GDP의 증가와 도시화는 양의 상관관계를 가진다. 특정 국가가 GDP를 높이기 위해서는 도시화를 진행해야 한다. 성급한 도시화는 도시의 위생수준을 낮춘다. 선진국의 경우 대도시화가 진행되면서, 인구 밀집도가 높아진다. 수평적 확장에 한계가 발생한 거대 도시는 수직으로 도시를 확장한다. 수직으로 올라간 도시는 건물 환기에 제한이 있다. 한때 대도시의 자랑이 되는 대중교통망은 전염병 전파의 고

속도로가 될 수 있다. 도시화와 거대도시는 공동체의 전염 속도를 높인다. 4단계에 해당한다.

세계화로 인해 전염병의 전파 속도도 빨라졌다

세계화는 사람과 물류의 국경 이동을 높인다. 세계화로 인해 도시와 국가를 넘어서 전염병의 전파속도가 빨라졌다. 팬데믹 5단계와 6단계의 연결고리다. 그러나 세계화의 의미는 다층적인 부분이 있다. 세계화는 국가 간 세계화, 기업의 세계화, 개인의 세계화로 3개 층으로 나뉜다.[6] 1990년 이후의 인터넷은 세계화를 강화했으며, 21세기의 디지털화는 세계화 속도를 더 빠르게 한다. 코로나19로 인해 역세계화가 될 것으로 단정하기 어려운 이유다.

메가트렌드는 10년 이상 지속되는 트렌드, 즉 추세를 의미한다. 기후 온난화, 인구 증가와 농지 확대는 2100년까지 지속될 개연성이 크다. 도시화를 제3세계까지 확장하면 30년 이상까지 지속될 것이다. 세계화는 그 방식에 있어서 변화가 있다 하더라도, 당분간 현재의 상태를 지속할 수밖에 없을 것이다. 코로나 이후 세계여행의 빈도는 줄어들 것이기는 하나, 무역과 교육을 위한 이동은 당분간 지속될 것으로 보인다. 따라서 신종 감영병은 지속적으로 등장할 것이고, 그 신종감염병의 등장도 메가트렌드로 보는 것이 맞다.

예고된 위험이었던 코로나19는 이제 우리가 충분히 인식한 흰 코끼리가 되어, 한국사회와 세계에 돌이킬 수 없는 변화를 줄 것으로 전망되고 있다.

그 변화의 물줄기가 얼마나 굵고 거센지를 그래서 말 그대로 뉴 노멀을 불러

올 수 있는지가 화두로 떠올랐다.

관측 이래 가장 맑은 하늘…
코로나의 역설

강력한 트라우마는 행동의 변화를 가져온다

살다 보면 강력한 경험, 정신적 충격이 기억으로 남아 자신의 생각과 행동을 제약하는 경험을 하게 된다. 외상 후 스트레스 장애라고 하기도 하고 트라우마라고 한다. 트라우마는 개인만 겪는 것이 아니다. 사회도 겪고, 직접 당사자가 아닌 목격자도 겪는다. 코로나19로 벌어지고 있는 우리 사회의 여러 모습은 지난 세월호 사태, 메르스 사태의 경험이 중첩되며, 정치적으로는 바뀐 입장이 난맥상을 만들어 내는 기저에 깔려 있다. 이는 과잉 비난과 과잉 대응이라는 비판과 대응의 상승작용을 일으킨다.

방역 전문가의 전문성보다는 대중의 정서와 정치적 입장이 섞여서 혼돈이 커진다. 감염병 차단을 위한 사회적 거리두기는 자영업과 관광, 접객업 등의 어려움을 넘어 글로벌 밸류체인의 단절로 인한 경제 침체로 이어졌다. 사회 전반적인 충격을 준 이 사건은 우리에게 충격적 경험, 트라우마로 남을 것이다. 사회 공동체에 영향을 준 사건을 어떻게 다뤄야 할 것인가에 대한 진지한 성찰을 요구한다.

현재 우리 사회의 여러 특징을 형성하는 데 영향을 미친 가장 강력한 사건은 1997년 IMF 사태였다. 많은 기업이 도산하고 실업자가 증가하면서 이 시기에 청소년기를 보낸 사람들은 자신의 부모 또는 친척, 친구 부모가 실업자가 되거나 파산하는 경험을 했다. 이는 이들 세대만이 아니라 여러 세대에게 파산 가능성이 낮은 안정적인 직장, 대기업과 공무원을 선호하게 하는 트라우마가 되었다. 이것만이 아니다. 기업의 입장에서 현금 보유의 중요성, 최소 고용 관행은 지금까지 많은 비정규직과 높은 청년 실업률에 영향을 미치고 있다. 국민은 '금 모으기'를 했으나 일부 부유층이 더 부자가 되는 양극화 경험은 결국 위기의 시기에 사회 공동체가 개인을 보호해주지 못하고, 각자도생 할 수밖에 없다는 의식, 공동체 의식의 저하를 가져왔다고 할 수 있다.

이번 코로나19 사태는 IMF 사태보다 더 크고 깊은 충격을 줄 것이다. IMF는 한국을 비롯하여 동남아 일부 지역에서 발생한 금융위기였고, 사스SARS도 중국과 동아시아 일부 지역에서 몇 달에 걸친 영향을 미쳤지만, 이후 빠른 소비 회복을 가져왔다. 빠른 소비 회복의 이면에서 사스는 새로운 경제 현상이 자리 잡는 데 영향을 미쳤다. 집단 전염병에 대한 우려는 사람들의 소비생활, 경제활동을 영향을 미쳤다. 일차적으로 낯선 환경과의 접촉, 집단적인 대면 접촉이 감소하는 현상이 나타났고, 이는 온라인 쇼핑을 꺼리던 중국인들이 온라인 쇼핑을 일상화하는 계기가 되었다. 알리바바 성공 신화의 배경이 된 사회적 변화이다. 우리나라에서도 2015년 메르스 사태 후 온라인 쇼핑이 급성장했다.

이번 코로나19는 전 세계적인 소비활동과 경제활동의 침체, 마이너스 경제 성장이 1년 이상 지속될 것이라는 전망이 커지고 있다. 전 세계적으로 국경, 지역 봉쇄가 3분의 1 지역에서 실시되었고, 인구의 반인 39억 명이 집에 머무르도록 하는 통제 조치가 실시되었다. 일차적으로 이동의 중단은 항공, 여행, 관광업 등의 타격은 물로 글로벌 밸류체인GVC의 단절로 부품 수급 · 물류 차질 및 유통 감소라는 연쇄 효과가 나타났다. 각 국가들의 사회적 거리두기는 전 분야의 소비활동 감소, 특히 서비스 접객업의 일자리 상실을 가져왔다. 소비의 감소는 소비자 용품 등 생산 활동 감소, 제조업 일감의 감소로 이어지면서 악순환의 고리가 깊어지고 있다.

산업혁명은 흑사병이 불러온 나비효과?

전염병 전문가들은 코로나19와 같은 사건이 반복적으로 발생할 수 있을 것으로 전망하고 있다. 에볼라1976년, 사스2002년~03년, 메르스2012년~15년에 이어서 이번 코로라19²⁰¹⁹년~까지 전 세계적인 집단 발병 사례가 꾸준하고 주기가 빨라지고 있다. 전 세계가 항공기로 일일 생활권으로 들어온 시대에 그만큼 질병의 전파 속도도 빨라지고, 환경 파괴로 인간이 새롭게 야생동물과 접촉하는 사례도 늘어나면서, 새로운 전염병이 발생할 가능성이 상존하고 있다.

결국 코로나19는 한 국가, 한 대륙을 넘어 전 세계적인 영향을 미침으로써 이후 지속적인 사회 경제 체제의 변화로 이어질 가능성이 높아지고 있다.

역사적으로도 질병의 대유행pandemic은 왕조와 국가를 무너트리고 사회체제의 변화까지 가져온 경우가 많다. 대표적인 사건은 1350년 무렵 유럽을 강타한 페스트흑사병이다. 유럽 인구의 3분의 1 정도, 수천만 명이 목숨을 잃었다.

엄청난 피해를 가져왔지만, 이 사태는 새로운 국면을 만들었다. 많은 사람들이 목숨을 잃자 소작농도 크게 줄어드는 사태가 발생했다. 토지를 소유한 영주 등 대농에게는 노동력이 부족해진 것이다. 살아남은 소작농은 죽은 친척의 농지를 상속받아 자작농이 되었고, 1인당 경작 면적이 늘어나 경제력이 커졌다. 그러자 농업 노동자들의 협상력이 커졌고, 힘의 균형이 바뀌자 영주 소유의 땅에서 지대를 내며 소작농, 농노들이 일하던 낡은 봉건제가 무너지기 시작했다. 봉건적인 노역이 사라지자 잉글랜드 지역에서는 국민소득이 가파르게 증가하기 시작했다. 한편 이러한 노동력 부족은 인간의 노동력을 대체할 기술에 대한 투자가 증가하는 동인이 되었고, 결국 이는 유럽에서 산업혁명이 일어나는 기반이 되었다고 할 수 있다.

역사의 곳곳에 영향을 미친 전염병

15세기 말 아메리카 대륙의 식민지 개척자들을 따라 들어온 질병과 식민지 전쟁으로 당시 세계 인구의 10%에 해당하는 6,000만 명이 살던 아메리카 지역의 인구가 500~600만 명으로 줄어들었다. 이는 세계의 기후 변화를 가져왔다. 인구가 대폭 줄어들자, 농사나 거주에 사용하는 땅의 면적도 축소됐다. 죽은 사람들이 거주하던 땅은 자연스레 숲이나 초원지대로 돌아갔다. 프랑스의 국토 면적 규모인 56만 제곱 킬로미터가 녹지로 변했다. 식물과 나무가 크게 늘자 대기 중 이산화탄소 수치가 줄어들었고 전 세계 많은 지역에서 기온이 내려갔다. 유럽 지역은 저온 현상으로 엄청난 흉작과 기근이 닥치는 역풍을 겪었다.

동아시아 광대한 지역에 문화적 · 정치적으로 커다란 영향력을 행사하며 거의 3세기 동안 중국을 통치했던 중국 명나라도 전염병을 극복하지 못하고 몰락했다. 1641년 중국 북부에 커다란 전염병이 발생하여 인구의 20~40%가 목숨을 잃는 지역도 나타났다. 페스트와 함께 가뭄, 메뚜기 떼가 몰려와 기근으로 경제가 파탄 났다. 결국 만주지역에서 온 침입자들은 명 왕조를 무너뜨리고 청 왕조를 세웠다.

팬데믹은 국가 권력과 사회경제 제도만이 아니라 사람들의 인식, 세계관에도 영향을 미쳤다. 전염병이 하나님이 적국에 내리는 벌로 여기기도 하였으나, 전염병이 자신들에게도 닥치고 종교와 기도가 생명을 지켜주지 못하는 것을 경험하게 되었다. 사람들은 질병을 자연적인 현상으로 이해하고 과학적으로 규명하려는 한편, 종교의 힘에 대한 맹신적인 믿음을 회의하게 되었다. 이는 중세 교황의 권위와 권력이 약화되고 인본주의와 르네상스가 탄생하는 데 기여하였다.

코로나19가 드러낸 민낯

변화는 가장 크게 타격을 입은 분야에서부터 시작된다. 각국의 봉쇄 조치로 글로벌 밸류체인의 취약성이 드러났다. 세계의 공장 역할을 하던 중국에서 생산 차질이 일어나자, 부품이나 소재를 공급받던 기업과 국가들은 생산 라인이 멈추었다. 와이어 하나가 공급되지 않아서 공장 가동이 멈추는 현상이 발생했다. 최적 생산의 원리에 따라 마스크와 방역복 등 방역 제품을 수입하던 국가들은 수입이 중단됨으로써 의료 시스템이 감염에 노출되는 위기를 맞이했다. 결국 최적생산 시스템은 위기 상황에 리스크가 더 크다는 것이 드러났다.

글로벌 밸류체인의 다변화, 분산 생산, 보건 의료 관련 등 위기 때에 필요한 물품의 자국 생산 유지 등 여러 측면에서 위기 관리에 대한 대응책이 마련될 것이다. 수십 년 동안 최적생산 무역이론에 입각한 글로벌화에 제동이 걸렸다. 반글로벌화를 주장하던 세력이 힘을 얻게 되었다. 글로벌화가 최선이라고 반론을 제기하지 못하던 상황에서 글로벌화의 장단점을 따지는 분위기로 바뀌고 있다. 반글로벌화로 전환되지는 않더라도 지역 블록이 강화될 것으로 전망된다. 즉, 인근 지역별로 협력하면서 글로벌 밸류체인을 지역 밸류체인으로 바꾸는 흐름이 강화될 것이다.

위기 상황에서 찾은 가치와 가능성

두 번째는 변화는 위기 속에서 오히려 강점이 나타난 분야이다. 사회적 거리두기와 봉쇄로 사람들의 이동이 제한되자 사람들 간의 대면 접속이 없는 상태에서의 활동이 증가하였다. 온라인 쇼핑과 재택근무, 원격근무, 화상회의, 온라인 교육은 물론 게임, 유튜브, 넷플릭스 등 온라인 여가활동이 증가하였다. 코로나19 이후 사람들의 온라인 생활은 점점 더 확대되고, 새로운 분야의 온라인 생활이 증가할 것이다. 언택트와 온택트의 증가는 디지털 전환, 즉 디지털 트렌스포메이션의 가속화라고 할 수 있다.

세 번째 변화는 성찰을 통한 인식의 변화이다. 점염병은 인간이 서로 연결되어 있다는 것과 연대의 필요성을 일깨워 주었다. 한 사람이 조심하지 않으면 여러 사람에게 감염을 시키고, 점염성이 큰 질병은 결국 사회적 질병으로 내가 조심하더라도 막을 수 없는 것이라는 것이 드러났다. 먼 세상 한 곳의 변화가 결국 나에게 미친다는 것을 느끼게 되었다. 각자도생의 방식으로는 전염병을 이길 수 없고 모두 협력하고 연대해야 한다는 사회적 각성을 일깨웠다. 물론 이러한 각성이 바로 행동의 변화를 가져오지 않지만, 이는 장기간에 걸쳐서 인식의 변화를 가져오고, 행동, 나아가 제도의 변화로 이어질 것이다.

환경 보호라는 오래된 교훈

네 번째 변화는 궁극적으로 세계관의 변화로 나타날 것이다. 이는 자연과 생태계에 대한 우리 인식의 변화이다. 에볼라, 사스, 메르스, 코로나19 등 바이러스성 전염병은 대부분 박쥐의 바이러스에 기인하고 있다. 많은 바이러스를 갖고 있는 박쥐가 다른 포유동물과 달리 인간에게 위협이 적었던 이유는 동굴 등 고립된 지역에서 집단 서식하기 때문이다. 근대화와 산업화, 도시화과정에서 많은 야생동물의 서식지가 파괴되어 왔지만, 박쥐는 상대적으로 서식지 파괴가 적었다고 할 수 있다. 그러나 마지막 남은 야생동물 박쥐의 서식지가 파괴되면서 바이러스가 박쥐가 아닌 다른 숙주를 찾아 서식지를 옮기는 과정이 바로 전염병의 창궐로 이어지고 있다.

아프리카의 숲이 파괴되면서 야생동물의 서식지가 줄어들고, 원주민 또한 개발로 인하여 더 깊은 숲속으로 이주하여 침팬지나 박쥐에 의해 전염된 야생동을 잡아먹게 된 것이 에이즈와 에볼라의 기원이다. 사스, 메르스 또한 박쥐의 바이러스에 감염된 사향고양이, 낙타에 의해 인간이 감염된 것에 기인한다. 조류독감, 돼지열병도 마찬가지이다. 야생 조류의 서식지가 줄어들면서 야생 조류와 닭과 같은 가금류의 사육지가 가까워지면서 야생 조류의 바이러스가 가금류에 집단 감염을 일으키고 있다.

지구의 야생 밀림과 생태계를 파괴하면서 지구의 정복자로 자처하던 인간이 결국 눈에 보이지도 않는 바이러스의 반격을 받고 있다. 야생동물에 대한 위협을 줄여야 인간도 새로운 바이러스로부터 안전해질 수 있다. 결국 야생 생태계 파괴를 멈춰야 한다. 야생의 생태계가 파괴되는 것은 우리의 풍요한 생활 때문이다. 석유 한 방울, 나무 하나, 쌀 한 톨도 다 자연으로부터 오고, 우리가 쓰고 버리고 낭비할수록 자연은 더 오염되고 생태계가 줄어든다. 이미 우리는 지구가 감당할 수 있는 역량의 1.7배를 지구에서 착취하고 있다.

영구동토층이 녹으면 재앙이 닥친다

사실 더 심각한 문제는 온실가스와 지구 온난화이다. 산업혁명 이전보다 지구 평균기온이 1도 높아졌으며, 이번 세기 중반에 기온이 1도 더 오를 것으로 전망된다. 그 1도의 차이가 호주 전체 숲의 약 14%를 태워버리고 북극의 빙하를 녹이고 있다. 다음에 예견되는 사건은 수만 년 동안 얼어 있던 '영구동토층'이 녹기 시작하며 과거 바이러스와 병원체들이 부활하는 것이다. 기상이변 등으로 생태계가 교란되면 사람도 이동하고, 바이러스와 병원균도 새로운 서식지를 찾아 이동한다. 또 다른 전염병이 우리를 기다리고 있다고 할 수 있다. 조금이라도 물자 소비를 줄이면 그 만큼 자연과 생태계의 교란을 줄일 수 있다.

한편 코로나19는 그동안 우리 인간이 얼마나 자연을 오염시켰는지를 보여주었다. NASA는 중국 우한 상공의 대기가 관측 이래 가장 좋다고 발표했다. 30년 만에 인도에서 200km 떨어진 히말라야 산의 모습을 볼 수 있게 되었다. 이탈리아의 관광지에는 사슴 등 야생동물이 나타났다. 대기 오염이 심할수록 코로나19 감염 사망률이 높다는 결과도 나타났다.

생태를 보존하고 환경오염을 줄이는 것이 근본적인 질병예방 대책이라는 것을 인식하게 되었다. 환경을 위해서라도 덜 낭비하고, 덜 화석연료를 소비하고, 자전거와 전기차 등 친환경 교통수단을 이용하고, 더 스마트하게 일하고, 더 지속가능한 지구를 생각할 때 우리의 안전도 더 보장된다.

미래학으로 살펴본 '포스트 코로나 메가트렌드'

미래학은 미래를 어떻게 바라보는가

미래전략이란 미래의 변화에 대응하거나 혹은 미래 변화의 씨앗을 만들기 위한 전략이다. 코로나19의 현재와 미래까지 대응하고 준비해야 함은 당연하다. 이 때문에 코로나19 이후 단기간내에 포스트 코로나에 대한 많은 글과 책이 등장했다. 이 책도 그러한 고민의 하나다. 다만 이 책이 다른 책과 차이가 있다. 미래학의 고민을 체계적으로 반영했고, 그간의 고민이 집약되었다.

코로나19로 이한 미래변화에 차분히 대응하기 위해서는 미래전략이 필요하다. 미래 변화의 신호에 대응한 미래전략은 크게 3가지 유형으로 나뉜다. 적응/대응 전략, 혁신/이행 전략, 형성전략이 그것이다. 이들 전략의 대상 시기는 각각 호라이즌Horizon 1, 2, 3에 해당한다. 호라이즌 1, 2, 3를 시계時界 1,

2, 3이라고 한다.[1] 호라이즌 1, 2, 3는 현재 부터 단기 미래, 중기 미래 및 장기 미래에 해당한다. 다만 기계적으로 기간을 나누는 것은 아니며, 트렌드의 동향에 따른 실질적 분류다.

호라이즌은 미래학에서 매우 적정한 비유적 표현이다. 바다의 수평선 너머의 배는 간신히 돛대만 보이거나 혹은 그 돛대도 보이지 않는다. 이는 미래의 불확실성과 상당히 닮았다. 해도가 없는 바다를 항해하는 선장이 수평선 너머를 응시하는 장면을 상상해보자. 그것이 기업의 전략가와 정책가 그리고 미래학자가 미래를 응시하는 상징적 이미지이다.

미래학에서 미래의 신호를 탐색하는 활동을 호라이즌 스캐닝Horizon Scanning이라고 한다. 호라이즌 스캐닝은 현재부터 미래까지의 미래변화 동인을 탐색하는 것을 의미한다. 가상현실 기술의 미래동향, 인공지능의 미래동향, 세계질서의 다극화 등의 약한 신호Weak Signal와 이머징 이슈Emerging Issue 및 변화의 씨앗Seed of Change을 광범위하게 탐색하는 것이 호라이즌 스캐닝이다.

이에 반해 환경 스캐닝Environment Scanning은 과거와 현재시점까지의 변화 동향과 동인을 분석하는 것을 의미한다. 환경 스캐닝과 호라이즌 스캐닝을 구분하지 않는 경우도 있으나, 그 활동을 명료하게 구분해야 한다. 미래의 변화동인과 미래 신호를 의도적으로 탐색하는 것이 필요하기 때문이다. 호라이즌 스캐닝을 통한 다양한 동인을 코로나19로 인한 변화와 연계해서 고민한 것이 이 책의 장점이다. 미래연구에서 호라이즌 스캐닝만 하는 것은 아니며 환경 스캐닝도 같이 수행한다.

호라이즌 1은 트렌드가 정점에 머물러 있는 기간이다. 예측해야 하는 것은 그 추세가 쇠퇴하고 새로운 추세가 등장할 때까지이다. 추세가 결정된 미래에 대해서 우리는 어떻게 대응하고 적응할 것인가에 대한 정책과 전략적 고민을 해야 한다. 코로나19가 팬데믹으로 머물러 있고, 백신과 치료제가 충분히 전 세계에 공급되는 미래까지가 호라이즌 1이다. 현재의 트렌드에 대해서는 이에 대응하는 것 이외의 대안이 마땅치 않다. 예외적으로 트렌드를 억누르거나 회피할 수 있겠으나, 그렇게 하는 것은 불가능에 가깝기도 하며, 어리석은 일이기도 하다. 따라서 트렌드에 적응하고 대응하는 것이 사실상 유일한 방안이다. 이때의 전략이 대응과 적응 전략이다.

코로나19를 기준으로 말하자면, 팬데믹이 된 코로나19에 적응하고 대응하는 것이 최선의 선택이 될 것이다. 대응은 치료제와 백신을 개발하는 것이고 적응은 사회적 거리두기와 비대면에 적응하는 것이다. 대응과 적응 전략은 반드시 해야하는 것이나, 변화의 속도가 빠른 상황에서는 변화의 꼬리만 쫓을 가능성이 있다. 적응과 대응에는 시간이 걸리는데, 적응하고 대응을 완료하면 이미 주요 트렌드가 바뀔 가능성이 크다. 변화의 속도가 빠르기 때문이다.

호라이즌 2는 현재 시점에서는 아직 트렌드로 성숙하지 못한 미성숙 트렌드Emergent Trend가 성숙하여 트렌드가 되는 중기 미래에 해당한다. 디지털 뉴딜과 디지털 전환의 가속화가 이에 해당한다. 디지털 뉴딜의 10대 중점 과제에 클라우드 시스템과 사회간접자본을 IoT 기술을 이용하여 모니터링하는 것이 포함되어 있다. 한국 IT 산업의 클라우드 경쟁력은 매우 취약하다. 디지털 주권의 확보를 위해서라도 클라우드 경쟁력을 확보하는 것이 필요하다. 삼성전자도 자체 클라우드 시스템을 구축하겠다고 선언했다.

그러나 이 클라우드 시스템에서 한국기업이 경쟁력을 가질 것인가의 여부는 불확실하다. 현재의 미성숙 트렌드가 중기 미래에 트렌드가 될지의 여부에는 상당한 불확실성이 있다. 그러나 약한 신호를 포함한 이머징 이슈가 트렌드로 성장할 확률에 비해서는 그 가능성이 높기 때문에 합리적 전망이 가능하다. 샤오미의 레이쥔^{Lei Jun}이 '돼지도 태풍의 길목에 서면, 날 수 있다'고 했을 때의 태풍이 현재의 미성숙 트렌드에 해당한다. 새로운 비즈니스 모델을 만드는 것이 이에 해당한다.

호라이즌 3는 현재의 약한 신호, 변화의 씨앗 혹은 이머징 이슈가 트렌드가 되는 장기미래에 해당한다. 디지털 전환이 어느 정도 완료되고, 탈화석연료경제가 이슈가 되는 장기 미래이다. 그런데 이들 약한 신호 모두가 트렌드가 되지 않는다. 그래서 변화의 씨앗을 심는 것이 미래전략이 될 수 있다. 선호 미래를 달성하기 위해 현재에 변화의 씨앗을 심는 것은 미래전략의 핵심이다.

코로나19가 새로운 질서를 가져올 것이나, 그 방향이 아직 결정된 것은 아니다. 디지털 전환의 가속화는 친환경적 경제 시스템으로 전환될 기회를 줄 수 있다. 아울러 디지털 전환은 경제적 양극화를 가속화시킬 위험도 아울러 가지고 있다. 미래의 긍정적 변화를 위한 전략이 형성전략에 해당한다. 형성이란 형태를 만들어 낸다는 것으로, 새로운 것을 조성하고 만들어 내는 것을 의미한다.

세 개의 호라이즌과 미래전략[2]

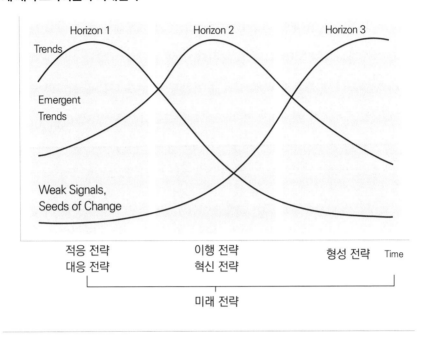

호라이즌 1, 2, 3과 미래전략 및 관련 트렌드의 유형을 도식으로 표현하면 도표 〈세 개의 호라이즌과 미래전략〉과 같다.

적응/대응 전략, 이행/혁신 전략과 형성전략은 현재 모두 진행해야 한다. 예를 들어 현재의 이머징 이슈가 트렌드가 되는 호라이즌 3의 시점에 해당 전략을 수행하면 이는 적응/대응 전략에 불과하다. 현재의 이머징 이슈가 이머징 이슈로 머물러 있을 때 진행하는 전략이 형성 전략에 대응한다.

코로나19 이후의 미래전략을 여기서 모두 제시하는 것은 어렵다. 전략은 맥락성과 고유성을 지녀야 하기 때문이다. 전략 수립과 실행 주체가 처한 위치와 상황에 따라서 수립되어야 하며, 차별적 경쟁력을 가지기 위해서는 다른 조직의 전략과는 달라야 한다. 우리나라와 우리나라 기업이 신속 추격^{Fast Follow} 전략으로 성공했다. 그러나 신속 추격 전략은 더 이상 유효하지 않다. 변화의 속도가 빨라졌고, 변화의 바탕이 바뀌었기 때문이다.

개발도상국에서의 4차산업혁명은 공장자동화에 불과한데, 독일의 4차산업혁명은 디지털 기술을 이용한 분산된 가치사슬의 통합과 매스 커스터마이제이션을 의미한다. 독일의 4차산업혁명의 성공은 곧 개발도상국이 저임금 기반 경쟁력의 상당수를 상실한다는 의미다. 인공지능에 의해 인지노동이 자동화되는 흐름 속에서, 그 흐름이 가속화되는 속에서 신속 추격 전략은 더 이상 유효하지 않을 수 있다. 유효하다 하더라도 그 유효의 깊이와 폭이 낮아지고 좁아질 것이다. 다시 강조하나 전략은 맥락성과 고유성을 지녀야 한다. 미래전략도 마찬가지다.

따라서 여기서 일반적 미래전략을 제시하기보다는 코로나 이후의 미래 변화동인을 제시하는 것이 더 적합하다고 생각했다. 이후 각 미래변화 동인에 대응한 전략은 독자의 상황에 맞게 수립되어야 하는데, 일반적이고 공통적 전략을 제시할 수 없어, 다양한 전략 대안을 제시하는 것으로 마무리를 하겠다. 미래동인은 KAIST 미래전략센터의 미래이슈카드[3]와 국회미래연구원의 2019년〈미래영향 결합 분야 종합 시나리오 및 정책과제 도출 연구〉[4] 를 참고했다.

참고로 호라이즌 1, 2, 3은 개별적 추세에 대응하는 것이 아니므로, 일정한 시간을 할당한다. 전체 미래 시간 중 각각 1:2:3 으로 기간을 할당한다.

다시 설명하면 미래 시점을 1세대 미래 30년이라고 한다면 호라이즌 1에 5년, 호라이즌 2에 10년, 호라이즌 3에 15년을 할당한다.

코로나19 사태를 기준으로 포스트 코로나에 대한 미래를 전망하기 위해서는 호라이즌 1, 2, 3에 각각 2년 4년 6년을 배치하고, 이에 따른 이머징 이슈 등의 미래동인을 탐색하는 것이 필요하다. 호라이즌 1에 2년을 할당한 것은 백신과 치료제의 개발과 배포에 2년 정도가 예상되기 때문이다. 2021년 봄 철에 백신 등이 개발되어도 선진국 정도에 배포하기 위해서는 상당한 기간이 소요되기 때문이다. 따라서 미래 시점이 늘어날수록 코로나 이후에 대한 전망은 현재 코로나 사태가 문제가 되는 기간을 2년이라고 하면 2년, 4년, 6년이 된다. 메가트렌드 전망은 사회, 기술, 경제, 환경, 정치의 STEEP의 시각 틀로 제시했다.

코로나 이후의 메가트렌드 전망

구분	호라이즌 1 (2020~2021)	호라이즌 2 (2022~2025)	호라이즌 3 (2026~2031)
사회 Society	언택트 문화 원격교육 경제적 양극화 심화* 세대갈등 심화 등	대학역할 변화 및 교육 시스템 변화 원격근무 비율 점증 정년제도 폐지* 언어장벽 약화 디지털 역량 중요성 확대 등	언택트 세대 사회 진출 대도시 인구 감소* 베타 세대 출생 시작 등
기술 Technology	디지털 전환 가속화 생명과학기술 투자 확대 원격의료 시작 등	인공지능 응용분야 확대 사물통신 적용 확대 정밀의료 시작 대체육, Lab Grown Food 중요성 증가 등	가상현실 기술 대중화 원격근무 기술 성숙 저궤도 위성 무선통신 상용화 무인자동차 상용화 배터리 기술 혁신 등

경제 Economy	글로벌 경제 침체 심화 가계부채 심화 자영업 폐업률 증가 등	디지털 전환에 따른 자영업자 경쟁력 상실 젠트리피케이션 약화* K-Smart Government* K-Medical System* 기술 실업의 증가 글로벌 가치사슬 약화 의료분야 등 기본 산업의 리 쇼어링 강화 등	경제적 양극화의 심화 포스트 캐피탈리즘 논의 본격 화 등
환경 Environment	코로나19 팬데믹 평균 기온 신기록 등	코로나19 엔데믹 평균 기온 신기록 갱신 등	신종 전염병 등장 탈화석연료경제 시스템* 식량지도 변화에 따른 식량 안보 문제 환경 난민의 증가 등
정치 Politics	디지털 뉴딜 건축 환기 규정 강화 항공기 환기 표준 강화 등	의료분야의 글로벌 가버넌스 정착* 지방분권 디지털 민주주의와 디지털 거 버넌트 논의 심화 등	인도와 아프리카의 부상 신북방정책 유효성 증가* 등

(*: 높은 불확실성 존재)

표 〈코로나 이후의 메가트렌드 전망〉에서 모든 이머징 이슈를 도출한 것은 아니다. 약한 신호 등의 이머징 이슈는 지속적으로 보완해야 한다. 세상은 모두 연결되어 있으며 끊임없이 변전하여, 새로운 미래 신호가 부단하게 등장하기 때문이다. 또한 앞에서 제시한 메가트렌드 후보군이 모두 해당 시기에 메가트렌드가 되는 것이 아니다. 호라이즌 3의 메가트렌드 후보군은 상당한 불확실성이 있다. 예를 들어 호라이즌 3에 무인자동차가 상용화될 것으로 전망했으나, 더 많은 시간이 걸릴 수도 있다. 기후온난화가 기하급수적으로 진행됨에 따라, 탈화석연료 경제가 본격화될 것으로 전망하나, 이 또한 불확실성이 높다. 아프리카의 부상이 전망되나 디지털 전환의 가속화와 기후변화의 가속화는 아프리카에 자본이 집중되는 것을 막고 아프리카의 GDP 증가에 부정적일 수도 있다.

이 책에서 메가트렌드 후보군인 이머징 이슈 중 일부는 이 책에서 이미 설명했다. 일부 핵심 이머징 이슈에 대해 간략하게 설명하겠다.

대학역할 변화 및 교육 시스템 변화

영국의 캠브리지 대학은 2021년 여름까지 그들의 강의를 모두 온라인으로 개설하겠다고 선언했다. 코로나19로 영국 대학에 외국 유학생이 등록을 취소한 결과 재정문제가 심각해졌다.[5] 코로나19가 상당기간 지속할 개연성이 높고, 새로운 감염병의 등장에 대비하기 위해서는 온라인 강의를 개설하는 것이 대학의 지속가능성을 높이는 길이 될 것이다. 여기에 인공지능 등을 이용한 교육 공학Educational Technology의 보조로 온라인 교육의 한계와 문제를 일정 수준 보완할 것으로 기대되면서, 대학역할의 변화 및 교육 시스템의 변혁이 전망된다. 대학 과목 수업을 온라인으로 진행함에 따라 그 접근성이 높아질 것이다. 이로 인해 생각보다 멀지 않은 미래에 우리나라 대학은 한국 내의 다른 대학과 경쟁하는 것이 아니라 캠브리지와 스탠포드, 파리 대학 등과 경쟁해야 할 수도 있다.

원격근무 비율 점증

코로나19로 원격근무의 가능성이 확인되었다. 비용절감을 목적으로, 그리고 세계 도처의 인재를 활용하기 위해 원격근무를 채용하는 기업이 점진적으로 증가할 것이다. 원격근무가 가능한 산업은 주로 지식산업으로, 상대적으로 임금이 높은 직종이다. 원격근무 비율이 증가함에 따라 주택의 구조와 주택의 최적지 등에 대한 변화가 있을 것이다. 원격근무의 증가는 사무실 공간에 대한 수요를 줄이고, 아울러 음식점 등의 자영업의 수요 변화를 가져올 것이다.

인공지능 응용분야 확대

디지털 전환 가속화와 디지털 뉴딜은 한국사회의 인공지능 응용분야를 확대할 것이다. 디지털 전환 가속화로 디지털 비즈니스 모델과 디지털 전략의 채용을 확대하게 할 것이다. 기업은 비용 절감과 고객가치제안의 전환 및 스마트 서비스와 제품 등을 위해 인공지능 응용분야를 적극적으로 확대하고자 할 것이다. 특히 인공지능의 기능 중 통계적 예측Forecasting과 특수 목적의 이미지 인식 및 소리 인식 등에 인공지능의 응용을 확대하고자 할 것이다. 음성인식, 자연어 처리, 일반적 이미지 인식 등은 디지털 플랫폼 기업의 주도로 발전할 것이다.

사물통신 적용 확대

디지털 뉴딜, 디지털 전환 가속화, 원격근무 등은 사물통신 적용분야를 확대하게 할 것이다. 사물통신은 스마트 공장과 스마트 제품의 기반이 되며, 사회간접자본에 대한 실시간 모니터링을 통한 관리 등에도 활용된다. 사물통신의 확대는 농업, 제조업, 의료 분야 등 다양한 분야에 확대될 것이다. 사물통신 기술 전문가를 양산하기 위한 물리 컴퓨팅Physical Computing 전문가를 키울 수 있는 전공과정이 생길 것이다.

정밀의료 시작

원격의료 기술의 발달과 코로나19로 인한 생명과학기술 발달은 정밀의료를 본격적으로 시작하게 할 것으로 전망된다. 정밀의료란 개개인의 유전자 특성과 생활습관에 맞는 약물과 치료를 제공하는 맞춤형 의료를 의미한다. 이를 위해서는 병이 발생한 이후의 사후 치료가 아니라 사전 예방적 의료 체계로 전환해야 한다. 다만 초기에 정밀의료의 혜택은 소수만이 받을 수 있다. 의료의 공공성 측면과 의료서비스의 핵심 이해관계자인 의사의 목소리 등이 반영되어 정밀의료의 범위, 방식, 대상 등이 결정될 것이다.

K-Smart Government*

한국사회가 신종 감염병에 적극적으로 대응할 수 있던 데에는 한국의 지능형 정부, 즉 Smart Government가 있다. 우리나라의 전자정부의 우수성은 이미 알려져 있다. 이번에 코로나 사태에 대한 대응에는 공공정보의 공유가 있었다.[6] 코로나 사태 이후 제3세계는 한국의 K-Smart Government에 대한 관심이 높아질 것으로 전망된다. 이와 관련하여 우리나라 관련 기업의 적극적인 투자와 수출 등을 고려해야 한다. 이때 Smart Government는 디지털 플랫폼의 형태를 띨 것으로, 관련 기업은 이를 고려해야 한다. 동시에 Smart Government는 감시 국가의 위험성도 아울러 가지고 있어서, 우리나라 정부와 비정부 기구 등은 이를 충분히 고려해야 한다.

K-Medical System*

한국의 의료 시스템도 수출의 대상이 될 수 있다. 의료 시스템은 건강보험관리공단의 의료보험 시스템, 약국정보시스템 등이 주요 대상이 될 수 있다. 우리나라가 코로나19에 성공적으로 대응할 수 있었던 이유의 하나를 공공의료와 민간의료 균형적 접근에서 찾는데, 이에 대한 연구와 시스템에 대한 수입요구가 있을 것이다. 정보 시스템은 관련 IT 회사에 사업 기회가 될 것이고, 공공의료와 민간의료의 균형에 대한 수입은 관련 전문가의 자문 의뢰가 늘어나는 형태가 될 수 있다.

의료분야 등 기본 산업의 리쇼어링 강화

유럽의 여러 나라는 마스크와 인공호흡기도 제대로 만들지 못했다. 이로 인해 이들 나라는 의료 관련 제품은 자국에서 생산하는 체제로 돌릴 것이다. 의료 관련 제품 등 국민의 안전과 생존과 관련된 제조업을 기본 산업이라고 한다면, 이들 산업에 대한 리쇼어링이 강화될 것이다. 그런데 이들 제품의 소재, 부품 및 장비를 모두 자국 영토에서 생산할 수 있는 나라는 많지 않으며, 자국에서 모두 생산할 수 있다 하더라도 비용이 높아진다. 따라서 신뢰가능한 국가간 경세 블록의 형성을 추진하게 될 것이나, 이에는 일정한 시간이 소요될 것이다. 어떻든 기본 산업에 대한 리쇼어링은 강화될 것이며, 인근 국가 간 협업이 진행될 것이다.

가상현실 기술 대중화

가상현실 기술은 2030년 이전에 대중화될 것으로 전망된다.[7] 다만 가상현실 기술이 충분히 성숙하는 데는 2030년을 넘어서야 할 것으로 판단된다.[8] 기술적으로 성숙한다 함은 해상도, 시각, 착용편의성, 감각, 무선 등의 기존 문제가 해소되어 완전한 몰입감을 주고 가격 또한 저렴해진다는 의미다. 가상현실 기술의 대중화는 교육, 가상 실재 기술을 이용한 원격 회의와 협업, 가상공간 내에서의 학습과 노동, 여행, 엔터테인먼트 등에서 근본적 영향을 미칠 것이다. 비대면과 디지털 전환의 가속화는 어쩌면 가상현실 기술의 대중화로 완성될 것으로 판단된다. 언택트세대는 Z세대의 일부와 그 다음 세대인 알파세대 일부를 포함한다. Z세대는 1995년에서 2009년까지의 출생자를, 알파세대는 2010년에서 2014년까지의 출생자를 의미한다. Z 세대의 주요 미디어는 스마트폰이고, 알파세대의 주요 미디어는 가상현실, 혼합현실일 것으로 전망된다. 언택트세대는 가상현실 공간에서 새로운 문화와 가치를 만들어낼 것이다.

식량지도 변화에 따른 식량 안보 문제

우리가 전문가의 의견을 애써 무시하고나 고개를 돌리고 있는 대표적인 것이 기후변화다. 안타까우나 기후온난화는 현재 기하급수성을 보이고 있다. 2001년부터 2010년까지 남극이 녹는 속도가 이전에 비해 2배에서 4배가 빨라졌다고 한다.[9] 그런데 2019년의 연구에 따르면 그린랜드의 얼음이 녹는 속도가 1990년대에 비해 7배가 빨라졌다고 한다.[10] 인류는 10년 안에 유의미한 조치를 취해야 할 것이나, 인류의 역사를 보면 충분한 고통을 겪어야만 교훈을 얻었다는 것을 기억해야 한다. 기후변화는 에너지 문제에 큰 영향을 줄 것이며, 식량지도에 변화를 가져올 것이다. 식량지도의 변화는 인류가 이에 대응하고 적응하기까지 식량생산성에 큰 영향을 미칠 것이다. 우리나라의 식량자급율은 2020년 45.4%에 불과하여,[11] 기후변화로 인한 식량안보 위기가 큰 충격으로 다가올 수 있다. 다만 우리나라에 유휴농지가 적지 않고, 대체육과 Lab Grown Food 등의 기술 발전이 대안이 될 수 있다. 또한 북한과 러시아의 경우 기후변화로 식량생산성이 일부나마 개선될 수 있다.

인도와 아프리카의 부상

중국 이후 인도, 인도 이후 아프리카의 경제가 부상될 것으로 전망된다. 이는 우리 한국사회의 국제전략과 경영전략에 변화를 요구하게 될 것이다. 이들 시장은 저가 시장으로 중국의 주요 타깃이 될 가능성이 크다. 비용경쟁력에 있어서 우리나라가 중국을 뛰어넘기 어려울 수 있다. 우리나라 중견기업과 중소기업의 글로벌 전략이 필요하다. 이를 위한 정부의 지원 등이 필요하다. 인도의 경우 코로나19 감염자가 증가하고 있고, 아프리카도 상당한 피해를 받을 위험이 있다. 이미 2020년 6월 20일 현재 남아프리카 공화국의 확진자 수는 9만명에 가깝다. 즉, 아프리카의 낮은 확진자 수는 낮은 GDP로 인해 검사수가 적은 결과에 불과하다. 백신과 치료제가 나오더라도 인도와 아프리카의 뒷골목과 농촌에까지 그 혜택이 돌아오지 않을 가능성이 있다. 다른 이야기이나 2020년대 말 부터 상용화가 전망되는 저궤도 위성기반 무선인터넷은 인도와 아프리카의 디지털화^{Digitalization}을 가속화할 것으로, 이는 특히 아프리카의 경제성장률을 높일 가능성이 크다. 한국 사회는 이에 대응한 국가전략 및 경영전략을 세워야 한다.

신북방정책 유효성 증가*

기후변화는 우리나라의 신북방정책의 가치를 높일 것이다. 기후변화는 한국사회의 에너지 안보를 상당히 취약하게 할 것이다. 기후변화의 가속화는 화석연료 수출입과 사용에 영향을 미치며, 에너지 자급률이 낮은 우리나라에 직접적인 충격이 될 것이기 때문이다. 2030년까지 이에 대응하기 위해서는 신재생에너지 사용 확대, 탄소 발자국의 깊이가 얕은 천연 가스의 안정적 공급, 소형 모듈 원전^{SMR, Small Modular Reactor}, 분산발전 체계 도입 등이 되어야 한다. 더 나아가 시베리아 지역의 풍부한 수력을 개발하는 것도 대안으로 포함해야 한다. 그 중 천연가스의 안정적 공급을 위해서는 신북방정책의 성공적 전개가 필요하다. 그리고 기후변화로 인해 러시아 등의 북방국가가 상대적으로 이익을 볼 수 있다는 점도 간과해서는 안된다. 앞에서 강조하였듯이 코로나19라는 검은 코끼리를 보았다면, 그 이후의 검은 코끼리인 기후변화에 대해서도 적극적으로 대응을 준비해야 한다. 국제적인 준비가 어렵다면 국가나 기업 차원의 준비도 필요하다.

코로나19로 말미암은 그리고 그 이외의 독립적인 메가트렌드와 메가트렌드 후보군 중 주요한 것을 개괄했다. 그러나 모든 것을 상세하게 살펴보지 못했다. 이는 다른 책에서 그 의미와 전개를 상세하게 설명하는 것으로 약속하겠다. 이들 메가트렌드의 흐름에 따라 정부, 기업, 자영업자 및 개인을 위한 미래전략 목록을 제언하겠다. 다시 말하지만 전략이란 맥락성과 고유성을 지녀야 한다. 하나의 통일된 전략으로 모든 기업과 조직이 성공한다는 것은 논리적으로 맞지 않다. '망치가 있다고 튀어나온 모든 것을 두들겨서는 안 된다.'는 의미다. 그런 차원에서 아래 제시하는 전략 목록은 참고 정도로 이해하여 주기 바라며, 제시된 전략을 확대하고, 응용하고, 뒤틀어서 활용하기 바란다.

미래전략 후보군

구분	호라이즌 1 (2020~2021)	호라이즌 2 (2022~2025)	호라이즌 3 (2026~2031)
	대응/적응 전략	혁신/이행 전략	형성 전략
정부	디지털 주권 확보(소프트웨어, 오픈소스, 데이터, 클라우드 시스템) 등	디지털 전환 기반 기술 확대 예측적 표준화 K Brand 전략 '신뢰받는 국가' 이미지 구축 등	일자리 보장을 사회적 대합의: K-몽플레 프로젝트 탈화석연료 경제 식량지도 변화 정치, 경제 및 사회의 디지털 전환 준비 등
기업	기민한 생존 재무상황 점검 최악의 시나리오 점검 및 지속 가능 점검 등	디지털 모델 개발 디지털 전략 개발 임직원 디지털 역량 개발 조직구조 전환 임직원 성과평가 전환 미래 위험에 대한 적극적 인식 및 대안 수립 의료 IoT(MIoT) 진출 등 미래 동향 선제 대응 기본 산업 리쇼어링 대응 등	대도시 인구 감소에 따른 비즈니스 모델과 전략 탈화석연료 대응 비즈니스 모델 언택 세대 연구 및 마케팅 식량 안보 비즈니스 등

| 자영업 | 기민한 생존
최악의 시나리오 달성 시의 생존력 점검 등 | 비즈니스 모델의 디지털 전환 진행
경험과 체험 비즈니스 모델 개발
역발상 전략: 오프라인 역량 강화
지역 토착화 등 | 인도, 아프리카, 러시아 지역 경제발전에 따른 자영업 영역 확대 등 |
| 개인 | 디지털 역량 제고와 준비
새로운 역량 확보 기간과 인내 등 | 틈새 역량 확보 및 준비 등 | 벤처
창직 등 |

정부, 기업, 자영업, 개인 등의 계층에 따른 포스트코로나 미래전략 후보군을 제시했다. 각 전략은 이름만 제시했는데, 이 책을 읽은 독자들은 이름만으로 어떤 전략인지를 짐작할 수 있을 것이다. 각 전략의 구체화를 위한 전략계획은 보다 치밀한 환경 스캐닝과 호라이즌 스캐닝과 엄밀한 분석을 필요로한다. 고故 스티브 잡스가 시장 조사에 의하지 않고 시장의 수요를 직관적으로 예측했으며 일론 머스크의 과학적 상상력이 스페이스X 등을 추진하게 하는 힘이었다. 그런데 이의 실천적 전략의 수립을 위해서는 보다 엄밀하고 세밀한 접근이 필요하며, 그것은 각 독자의 역할이다.

남북 앞에 놓인
16개의 시나리오

북한은 코로나19 청정지역?

북한은 코로나19로 인해 상당한 고통을 받고 있는 상황이다. 북한은 코로나가 발발하자 서둘러 국경을 봉쇄했다. 2020년 1월 21일 중국인의 북한 입국을 금지시켰던 것이다.[1] 북한 관영매체에 따르면 2월 말 북한 전역에 약 7,000여 명의 의학적 격리대상자가 있다고 보도했다.[2] 또한 북한은 초중고의 개학을 2개월 연기한 6월 초에 단계적으로 진행했다.[3] 참고로 북한의 정상적인 개학일은 남한보다 1개월 늦은 4월 1일이다. 북한은 과거에도 전염병에 대해 국경을 봉쇄하는 등의 조치를 단호하게 취했는데, 이는 북한의 의료 시스템이 낙후되어, 전염병이 전파되는 경우 이에 대응할 여력이 없기 때문인 것으로 이해된다. 그런데 북한의 이러한 조치에도 불구하고 코로나19가 북한

내에 상당히 전파되었다는 의심이 존재한다.

한 대북언론매체에 따르면, 북한군 내에 코로나19로 인한 의심 사망자의 수가 200명에 달한다고 한다.[4] 만약 이 매체의 주장이 사실이라면 북한의 코로나19 감염률이 상당히 높을 것으로 판단된다. 북한은 2003년 이래 징집제를 실시하고 있는데, 징집연령은 17세에서 25세, 늦어도 28세에는 징집되며, 남자는 복무기간이 10년, 여성은 7년이다. 따라서 북한 사병의 나이대는 17세에서 38세다.[5] 우리나라의 코로나19 통계에 따르면 10대와 20대 사망률은 0.0%, 30대 사망률은 0.1%다.[6] 연령대별 사망률은 연령대별 코로나19 감염 사망자 수에서 연령대별 코로나19 감염자 수를 나누어 계산했다.

젊은 층의 사망율이 낮다는 것을 감안한다면, 북한의 코로나19 감염자 수가 적지 않을 것이라는 것은 쉽게 짐작할 수 있다. 북한은 공식적으로 코로나19 감염자가 없다고 밝히고 있다. 그러나 UN의 인도지원조정실OCHA, Office for the Coordination of Humanitarian Affairs 담당자는 북한에 코로나19 대응을 포함하여 인도적 지원에 1억 4,670만 달러가 필요하다고 주장했다.[7]

북한, 개성공단 연락사무소를 폭파하다

북한은 코로나19로 인한 주민의 전염 이외에도 물자의 유통이 사실상 중단되면서 더 큰 고통을 받는 것으로 판단된다. 접경지역이 폐쇄됨에 따라 북한의 장마당 물가가 급등했다.[8] 북한에 대한 다양한 경제 제재에 코로나19로 인한 국경폐쇄는 북한에게 설상가상이며 '엎친 데 덮친 격'이 되었다. 이런 상황에서 북한은 2020년 6월 16일 개성공단의 연락사무소를 폭파했다.

북한의 강경한 태도에 대해서는 여러 가지 해석이 있는데, 코로나19로 인한 북한의 어려움도 한 몫을 했다는 데는 큰 이견이 없는 것으로 판단된다. 그런데 코로나19가 이번 가을에 더 크게 유행할 가능성이 크다. 그러한 경우 북한이 입을 피해는 막대할 것으로 예견된다.

남북한 평화와 경제협력은 한국사회가 대륙국가로 복원하는 길이다. 특히 기후변화로 인한 탈화석연료경제를 준비하기 위해서는 남북한 경협이 반드시 필요하다. 기후온난화가 지수적으로 진행되고 있는 지금, 2030년 이전에 가시적인 성과를 얻으려면 지금부터 남북한 평화와 경협을 준비해야 한다. 한반도에 그렇게 많은 시간이 남아 있지 않다. 여유를 부릴 수 있는 상황이 아니다.

코로나19는 남한의 북한에 대한 주도적이면서도 인도적 지원을 할 수 있는 여지를 높인다. 또한 코로나19 이후의 경제질서의 변화에 적극적으로 대응하고 우리나라 기업의 경쟁력을 확보하는 데도 도움이 될 수 있다. 더 나아가 기후변화 이후의 식량안보의 위험에 대해서도 적극적으로 대처할 수 있는 방안이 된다.

남북의 선택에 따른 미래 시나리오

남북한의 관계는 대외적 환경 변수와 남북한의 의지에 의해 변화되었다. 도표 〈남북한 4차산업혁명 공진화 심층 미래 시나리오 맵Map〉은 남북한 4차

남북한 4차산업혁명 공진화 심층 미래 시나리오 맵(Map) [10]

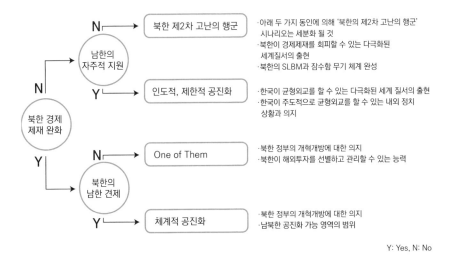

북한 경제
제재 완화

N

남한의
자주적 지원

N → 북한 제2차 고난의 행군
· 아래 두 가지 동인에 의해 '북한의 제2차 고난의 행군'
  시나리오는 세분화 될 것
· 북한이 경제제재를 회피할 수 있는 다극화된
  세계질서의 출현
· 북한의 SLBM과 잠수함 무기 체계 완성

Y → 인도적, 제한적 공진화
· 한국이 균형외교를 할 수 있는 다극화된 세계 질서의 출현
· 한국이 주도적으로 균형외교를 할 수 있는 내외 정치
  상황과 의지

Y

북한의
남한 견제

N → One of Them
· 북한 정부의 개혁개방에 대한 의지
· 북한이 해외투자를 선별하고 관리할 수 있는 능력

Y → 체계적 공진화
· 북한 정부의 개혁개방에 대한 의지
· 남북한 공진화 가능 영역의 범위

Y: Yes, N: No

산업혁명 공진화 심층 미래 시나리오를 다양한 미래동인으로 구성한 것이다. 참고로 다양한 미래동인에 의해 역동적으로 미래 시나리오를 구성하는 것을 심층 미래 시나리오라고 한다.[9] 심층 시나리오는 미래변화에 기민하게 대응할 수 있는 체계를 마련하는 것이 목적이다. 남북한 관계의 변동성을 고려할 때, 이러한 심층 시나리오는 필수불가결하다.

이번 심층 미래 시나리오 맵은 맥락에 따라 핵심동인이 달라진다는 전략적 사고에 기반을 둔다. UN과 미국의 대북한 경제 제재가 완화되는 경우, 남한의 자주적 지원의 의미는 크지 않다. 경제 제재가 완화되지 않는 경우에 남한의 자주적 지원이 의미를 가진다. 심층적 미래 시나리오의 각 동인은 맥락적 중요성과 의미를 지니는 것으로, 3개의 동인에 의해 4개의 중심 시나리오로 구성되며, 각 1개의 시나리오는 2개의 핵심동인에 의해 2 x 2의 4개 하위 시나리오로 구성된다. 따라서 총 16개의 시나리오로 남북한 4차산업혁명 공진화 심층 미래 시나리오가 구성되었다.

각 시나리오를 구성하는 미래 동인未來動因, Futures Drivers은 확정된 것이 아니라 지속적으로 변화할 수 있다. 이는 특정 하위 시나리오에서 동인의 변화에 따라 다른 하위 시나리오로 바뀔 수 있음을 뜻한다. 이는 긍정적 시나리오로 전환하기 위해 미래 동인을 변화시키는 우리의 자주적, 예측적 전략과 정책이 필요함을 의미한다. 북한의 개성공단 내 연락사무소 폭파는 겉으로는 '북한의 제2차 고난의 행군'으로 진입한 것으로 보인다. 우리나라에서는 남한의 자주적 지원을 강화하여, 남북한 간 인도적, 제한적 공진화 시나리오가 전개되도록 노력하려 하는 상황이다.

16개 하위 시나리오에 따른 달성 조건이 되는 미래동인을 도표 〈남북한 4차산업혁명 공진화 심층 미래 시나리오 및 코로나19〉에 제시했다. 일부 하위 미래 시나리오는 상대적으로 먼 미래의 것에 해당한다. 북한의 비대칭 전력 완성, 다극화된 세계질서, 북한의 개혁개방속도 가속화, 북한의 해외 투자 관리역량 높음 등은 단기적으로 달성되기 어렵다. 단기 미래에 달성 가능한 하위 미래 시나리오는 별도의 표시*로 표현했다. 여기서 단기 미래란 코로나19 팬데믹이 영향을 미칠 것으로 전망되는 2021년 말까지다. 2022년까지 코로나19가 제3세계에 영향을 미칠 수 있다는 전망도 있으나, 일단 여기서는 2020년부터 2021년까지를 단기 미래로 설정했다.

남북한 4차산업혁명 공진화 심층 미래 시나리오[11] 및 코로나19

중심 시나리오	하위 시나리오	달성 조건 (미래동인)	코로나19 인도적 지원	포스트 코로나 남북한 경협
북한 제2차 고난의 행군	중국 블록경제 체계 내에 편입	북한 비대칭 전력 완성 × 다극화된 세계질서		
	새로운 협상 시작	북한 비대칭 전력 완성 × 단극적 세계질서 유지		
	인내와 고난*	북한 비대칭 전략 미완성 × 단극적 세계질서 유지*	현재 북한이 처한 상황으로, 북한은 '새로운 협상 시작' 시나리오로 이행하려 하고 있는 상황	
	복합적 경제압박	북한 비대칭 전략 미완성 × 다극화된 세계질서		
인도적, 제한적 공진화	주도적 경제 협력	주도적 협력 실천 × 다극화된 세계질서		
	인도적, 국제법적 협력*	주도적 협력 실천 × 단극적 세계질서 유지*	○	○
	극도로 제약된 경제 협력*	주도적 협력 실천 부족 × 단극적 세계질서 유지*	○	
	민간주도 경제 협력	주도적 협력 실천 부족 × 다극화된 세계질서		
One of Them	급진적 개혁개방	북한 개혁개방 속도 가속화 × 북한의 해외 투자 관리 역량 높음		
	새로운 혼란	북한 개혁개방 속도 가속화 × 북한의 해외 투자 관리 역량 낮음		
	북한의 개혁개방 속도 조절 강화*	북한 개혁개방 속도 엄격한 통제 × 북한의 해외 투자 관리역량 낮음*	○	○
	북한 감시국가로 이행	북한 개혁개방 속도 엄격한 통제 × 북한의 해외 투자 관리역량 높음		
전면적 공진화	지식사회로의 빠른 이행	북한 개혁개방 속도 가속화 × 공진화 영역 확대		
	세계의 공장	북한 개혁개방 속도 가속화 × 공진화 영역 제한		
	절제된 협력*	북한 개혁개방 속도 엄격한 통제 × 공진화 영역 제한*	○	○
	선택과 집중*	북한 개혁개방 속도 엄격한 통제 × 공진화 영역 확대*	○	○

(×는 두 개의 미래 동인이 AND 조건으로 묶여 있음을 의미)

(* 표시: 현재부터 단기미래에 달성 가능한 미래 시나리오)

2020년 6월 현재: '인내와 고난'

16개 미래 시나리오 중 6개 시나리오가 단기 미래에 달성 가능하다. 이 중 '인내와 고난' 시나리오는 이 글을 쓰는 현재인 2020년 6월 현재에 처한 상황이다. 2020년 하반기 우리나라 정부의 주도적 협력 실천과 북한의 수용은 다른 미래 시나리오로 전개하는 것을 가능하게 할 것이다.

올 가을에 예견된 코로나 2차 파동은 북한에 상당한 위기가 될 것이다. 2018년 겨울 남한이 북한에 타미플루를 지원하려 하였으나, 타미플루를 운송할 트럭이 대북 경제제재로 막혔기 때문이다. 남한이 북한에 대해 선제적, 인도적 대응을 하는 것이 필요하다. 더구나 중국에 코로나 2차 파동이 문제가 되는 경우, 물류 이동이 심각해져서, 북한의 식량 생산도 문제가 될 수 있다. 남한의 선제적이고 인도적 대응이 필요한 이유다.

인도주의적 공진화는 의료지원과 식량지원에서 시작해야 한다. 이를 바탕으로 4차산업혁명에 대한 제한적 공진화를 추진해야 한다. 에너지 협력과 일부 제조업에 대한 제조업 가치사슬 연계를 고려하는 것이 필요하며, 궁극적으로 상호 신뢰관계가 안정적으로 정착하게 되면 확장적 공진화로 나아가야 한다.

코로나 이후 전 세계의 글로벌 가치사슬의 변화는 불가피하다. 다만 단순히 글로벌 가치사슬이 짧아지고 넓어지는 것으로만 접근하기 어렵다. 글로벌 가치사슬이 이윤의 극대화를 목적으로 이루어졌고, 가격 경쟁력을 유지하면서도 글로벌 가치사슬을 짧게 할 수 있는 제품이나 산업은 현재로서는 많지 않기 때문이다.

남북한 4차산업혁명 공진화 전략 [12]

> **인도주의적 공진화**
> · 인도주의법에 의해 허용되는 범위의 진원과 납북한 협업진행
> · 한국 정부가 국제세계에 설득하는 노력 필요

> **제한적 공진화**
> · 한국사회에 시급한 분야를 대상으로 남북한 공진화 후선 시행
> · 제조업 일부에 대한 협업 가능성

> **확장적 공진화**
> · 남북한 전면적 협업
> · 다양한 분야에서 병행적, 동시적 공진화 진행

다만 의료물품과 같이 보건 안보에 해당하는 것은 가격 경쟁력을 무시하고 국내에 유치할 것이나, 그것도 소재, 부품 및 장비의 차원으로 확대하면 글로벌 가치사슬을 유지할 수밖에 없다. 글로벌 가치사슬의 다변화는 리스크 관리 차원에서 진행될 것이다.

이러한 글로벌 가치사슬의 변화는 남북한 경협 시 우리나라 기업의 경쟁력을 올리는 데 상당한 장점이 될 것이다. 글로벌 가치사슬의 다변화에 대응하여 북한을 생산 거점으로 활용할 수 있다. 북한을 생산 거점으로 활용하는 경우 북방 국가의 수출기지로 활용가능하다는 것에 주목해야 한다. 우리나라 중소기업의 다수가 4차산업혁명 경쟁력이 없는 상황인데, 북한과의 경협

은 이들 기업에 시간을 벌어 줄 수 있다. 디지털 전환의 가속화가 주로 서비스 분야에서 진행되겠으나, 스마트 팩토리의 진행에도 직간접적 영향을 미쳐 가속화하게 할 것이다. 다시 말하자면 코로나19로 한국의 중소기업이 가졌던 시간적 여유가 더욱 짧아졌다. 이에 대한 대응방안으로 북한과의 경협은 상당히 좋은 대안이 될 수 있다.

코로나19로 인한 경제 침체와 미중 무역갈등의 심화는 내수시장의 중요성을 증가시킬 것이다. 우리나라의 수출입의존도는 매우 높은데, 이는 우리나라의 경제 불안정성을 높인다. 북한의 수요를 내수경제라고 하기 어렵다. 또한 남북한의 밀접한 경제협력은 북한으로 하여금 북한이 남한에 경제적으로 종속될 것이라는 두려움을 안길 것이다. 이에 따라 남북한 간의 경제협력은 원심력과 구심력이 함께 작용할 것이다. 그러나 장기적으로 내수 경제 확대라는 측면에서 남북한 경협을 바라볼 필요가 있다.

코로나19는 남북한 평화와 경협에 상당한 기회가 될 수 있다. 코로나19의 2차 파동과 코로나19 변종 및 신종감염병에 대한 선제적, 예측적 대응을 위해 인도적 지원을 확대하는 기회로 만들 수 있다. 코로나19는 남북한 경협의 필요성을 높일 것이다. 글로벌 가치사슬의 변화에 대한 대응과 수출입의존도를 낮추어야 하기 때문이다.

그런데 남북한 간의 미래는 남북한이 영향력을 크게 줄 수 없는 외부동인, 남한이 영향을 주기에 제한적인 북한의 내부동인에 의해 영향을 받는다. 그럼에도 불구하고 코로나19로 인한 새로운 질서와 기후변화 등으로 인해 도래할 막대한 변화에 선제적으로 대응하기 위해서는 남북한의 미래를 주도적으로 설계하고 추진하는 것이 필요하다. 이는 평화와 번영을 위한 것도 있으나, 한국사회와 한국기업이 엄혹해질 미래에 살아남기 위해서다.

3년 후 키워드는 디지털, 10년 후 키워드는 탈화석연료

"역사는 반복된다. 한 번은 비극으로, 한 번은 희극으로"

앞에서 코로나19는 검은 백조, 즉 블랙스완이 아니라 검은 코끼리라고 했다. 검은 코끼리란 전문가의 조언에도 불구하고 의사결정권자와 그 사회가 애써 무시한 것을 의미한다. 럼스펠드 매트릭스를 기준으로 하면 언노운 노운즈에 해당한다. 한국사회가 코로나19에 탁월하게 대응할 수 있었던 이유 중의 하나는 신종 감염병을 검은 코끼리가 아니라 흰 코끼리로 인식하고 있었기 때문이다. 노무현 정부 당시 높은 치사율을 보인 급성호흡기증후군 사태를 보면서 미국 질병통제예방센터CDC, Centers for Disease Control and Prevention에 대응하는 질병관리본부를 만들었고, 박근혜 정부 당시 중동호흡기증후군MERS 대응 실패 경험이 질병관리본부의 위상을 강화하게 했다.

이제 코로나19를 포함한 신종감염병은 일부 선각자와 전염병 전문가 및 미래학자 정도가 미래에 대한 걱정과 근심으로 고함을 치는 검은 코끼리는 아니다. 코로나19 사태를 겪은 전 세계는 신종 감염병을 확연히 흰 코끼리로 인지하게 되었을 것이다. 이제 신종감염병 대응을 위한 조직과 제도에 소요되는 비용을 아까워하지 않을 것이며, 신종감염병이 등장하는 경우 집단면역 등의 주장은 사라질 것이며, 신종감염병에 대한 국제적 협력은 신속하게 진행될 것이다. 전 세계적으로 신종감염병 대응을 위한 생명과학기술에 기업은 기업연속성 계획을 강화할 것이며, 국가 차원에서도 기업 연속성 계획이 강화될 것이다. 온라인 교육과 원격근무는 차츰 확대될 것이며, 의료용 사물통신[MIoT]을 이용한 예방적 원격진료 체계도 정착하게 될 것이다.

검은 코끼리가 흰 코끼리가 되면서, 기존의 다양한 이해관계의 틀로 인해 요동하기 어려웠던 제도와 틀이 변혁될 수 있게 되었다. 이는 한국사회와 인류사회에 새로운 가능성을 열어준다. 동시에 이는 상당한 고통을 당해야만 인류에게 새로운 변혁의 가능성이 열린다[1]는 아픈 교훈을 다시 확인시켜 준다. 1차와 2차 세계대전이 일어나고 나서야 이상주의에 기초한 국제적 협력의 필요성이 구체화되었다.

그럼에도 불구하고 우리는 검은 코끼리를 찾아내고, 인류가 당하기 전에 이를 흰 코끼리로 전환시켜야 한다. 적게는 수십만에서 많게는 수억 명이 죽거나 고통을 받아야 비로소 다시 교훈을 얻는다는 것은 비극을 넘어서 희극이다. 카를 마르크스[Karl Marx]가 말했듯이 '역사는 반복된다. 한 번은 비극으로, 한 번은 희극으로' 반복된다. 그렇기 때문에 비극을 넘어선 희극을 반복하지 않기 위해 우리는 우리가 애써 무시하고 있는 검은 코끼리 들을 제대로 인식하고 이들 검은 코끼리의 검은 눈동자를 직시할 수 있도록 해야 한다.

그렇다고 필자가 모든 검은 코끼리를 다 알고 있다고 주장하려 함은 아니다. 이번 기회에 솔직하게 말하 건데 미래학을 하는 필자도 코로나19와 같은 검은 코끼리를 충분히 인지하고 있었으나, 그 위험을 충분히 인지하지 못하고 있었다. 검은 코끼리를 충분히 인지하기 위해서는 전문가의 식견과 미래학자의 열린 태도 및 집단지성이 필요하다. 일단 다수의 미래학자가 현재까지 공통적으로 인식한 검은 코끼리를 나열하겠다. 이 책의 독자들이 공감하고 함께 준비하기를 바라며 각 검은 코끼리를 설명하겠다.

기후변화와 탈화석연료경제

기후변화가 가속화되고 있다. 최근 연 평균기온이 과거의 기록을 깨고 오르고 있다. 2020년 여름은 역대 가장 더울 것이라는 전망이 나오고 있다. 기후변화가 가속화되었다는 의미다. 기후변화는 신종전염병과 관련이 있다. 영구 동토 지역에 동면해 있는 바이러스와 박테리아를 노출시킬 것으로, 인류가 진화과정 중에 겪지 못한 새로운 병원설 바이러스와 병원균은 치명적인 결과를 낳을 수 있기도 하다. 그리고 그보다 더 큰 문제는 가속화된 기후변화는 탈화석연료경제를 유도한다는 것이다. 기후변화로 인한 비용이 탈화석연료경제의 비용보다 크다면 전 세계는 강대국을 주도로 탈화석연료로 이행하게 될 것이다.

탈화석연료경제란 석탄과 석유와 같은 탄소 발자국이 깊은 화석연료를 사용하지 않거나 최소한으로 사용하는 경제를 의미한다. 1973년 1차 오일파동 당시의 OPEC의 석유장관이었던 아메드 자키 야마니는 '돌이 다 떨어져서 석기시대가 끝나지 않았듯이, 석유가 다 떨어져서 석유시대가 끝나는 것은 아닐 것이다'라고 말했다. 야마니의 발언은 석유시대가 끝날 것에 대비해 중동산유국이 새로운 경제성장모델을 만들어야 한다는 의미다. 동시에 탈화석연료경제는 한국사회에서도 화석연료를 사용하지 못하는 환경에 처했을 때의 산업과 경제시스템을 마련해야 함을 의미한다.

다만 야마니의 주장에는 석유보다 더 경제적 에너지원이 등장할 것에 대비해야 함을 주장한 것이다. 인류에게 충분한 시간이 주어진다면, 즉 기후변화의 속도가 빠르지 않다면, 다시 말해 기후변화로 인한 외부불경제가 내부비용화 되는 속도가 빠르지 않다면, 다른 신재생에너지의 비용이 화석연료보다 양질이며 저렴하게 될 것으로 기대한다. 그러나 기후변화의 속도는 기하급수성을 보이며, 신재생에너지의 개발은 산술적 증가 추세를 보인다. 속도경쟁에서 기술이 기후변화에 지고 있다. 페루와 같은 지역에서 태양광 발전이 석탄 발전에 비해 비용이 적어지는 'Grid Parity'가 벌어졌다고 하는데, 이는 일부 지역이며 아직 전기에너지의 저장에 한계가 있어 양질의 에너지가 아니며, 전 세계적인 저금리 현상으로 태양광발전 시설의 이자비용이 낮아졌다는 것을 감안해야 한다.

따라서 탈화석연료경제는 자발적이거나 혹은 기술의 발달에 따라 자연스럽게 이행하는 것이 아니라, 소수의 강대국에 의해 강제적으로 진행될 수 있다. 그러한 경우 에너지 의존도가 90% 후반대인 우리나라는 치명적 영향을 받을 위험이 있다. 우리나라, 일본 및 대만의 영향이 클 것이다.

제3세계의 인당 GDP가 증가함에 따라 인당 에너지 소모량도 증가하고 있다. 제3세계의 경우 가격대비 열량이 높은 석탄의 사용량 증가가 눈에 띌 정도로 올라간다. 석탄은 열량 대비 온실가스 배출량이 높다. 열량 대비 온실가스 배출량이 낮은 천연가스의 경우 비용이 비싸다는 단점이 있다. 이는 제3세계의 경제성장을 정체시킬 수 있을 것으로, 아프리카와 동남아의 경제를 침체하게 할 가능성이 크다.

한국사회는 탈화석연료경제가 실현될 것에 선제 대응하기 위해 신북방전략을 강화하고 에너지 집약적 산업을 전환해야 한다. 신북방전략은 러시아와의 경협을 강화하여 시베리아 지역의 풍부한 수력자원을 개발하고, 천연가스를 북한경유 가스관을 통해 직접수입하여 에너지 안보를 높이는 것 등을 포함한다. 에너지 안보란 에너지 원을 필요한 만큼 적정한 가격에 공급받을 수 있는 것을 의미한다.

이번 그린 뉴딜에서 한국사회가 기후변화로 인한 탈화석연료경제에 대한 체계적 대응을 위한 틀을 마련하는 계기가 되기를 바란다. 그리고 우리 모두가 큰 시각 틀로 탈화석연료경제를 흰 코끼리로 인식하게 되기를 바란다.

극단적 경제적 양극화

경제적 양극화는 사회를 불안하게 한다. 인류의 역사적 경험에 따르면 경제적 양극화가 심화되는 경우 전쟁, 혁명 등에 의해 경제적 양극화가 완화된다.[2] 인류의 역사는 경제적 양극화에서 일종의 사이클을 보여주었다. 1920년대에서 1970년대까지 이어진 미국의 '위대한 압축성장Great Compression'은 노동자의 소득이 증가하고 상위 소득자의 경제적 분배가 줄어들면서 일어났다. 그런데 1980년대부터 미국의 소득 양극화는 심화되었는데, 경제적 양극화의 심화는 전쟁, 폭력, 혁명, 국가의 쇠퇴, 혁명의 방지를 위한 자체 개혁 등으로 해소되었다. 우리나라도 예외는 아니다. 정도전의 혁명적 사상은 고려말의 권세가에 부가 집중되어 있어 이에 대한 문제의식에서 출발했다. 조선조도 다르지 않다고 판단된다. 지나친 부의 불균형은 보정되고 조정될 수밖에 없다.

코로나19는 경제적 양극화 현상을 모두에게 인식하게 했으며, 동시에 경제적 양극화를 심화시켰다. 과거의 전염병은 빈부를 가리지 않았던 것은 아니다. 그러나 병의 원인을 알지 못했던 중세 당시 흑사병과 같은 팬데믹은 빈부와 신분을 가리지 않고 모두에게 위협이 되었다. 그러나 코로나19로 인한 사망자 현황을 보면 빈부에 따른 사망자에 차이가 있음을 알 수 있다. 미국의 경우 코로나19로 인한 흑인 사망자의 수가 많다는 것이 이를 증명한다. 코로나19 이후 다른 주가는 하락했으나, 아마존의 주가는 상승했다. 코로나19와 같은 위기에 디지털 성숙도가 높은 기업의 생존가능성이 높은 것으로 나타났는데, 이는 디지털 관련 기업의 주가를 상승하게 했다.

디지털 전환은 경제적 양극화를 심화시킬 가능성이 크다. 디지털 플랫폼 비즈니스 모델은 네트워크 효과로 인해 해당 산업에서 과점 현상을 흔히 보인다. 예를 들어 검색 서비스에서 구글과 네이버 등 소수의 기업이 과점을 하고 있다. 디지털 기업은 그 매출액과 이윤에 비해 임직원의 수가 많지 않다. 신경망 알고리즘의 인공지능의 개발에는 대량의 데이터가 필요하며, 이 대량의 데이터는 디지털 플랫폼 기업이 플랫폼을 통해 확보할 수 있다. 인공지능은 저작권의 대상이 아니라 소유의 대상이 된다. 이는 다시 경제적 양극화를 심화시킨다. 또한 디지털 전환으로 인한 경제적 양극화는 지역적 차원이 아니라 국제적 차원으로 진행된다.

디지털 전환이 가속화되는 경우 경제적 양극화도 가속화하게 할 것으로 전망된다. 속도가 빠르니 사회가 이에 대응할 수 있는 시간적 여유를 많이 주지 않게 된다. 사회가 경제적 양극화에 대응하지 못하면, 이는 사회적 불안정성을 야기한다. 지역적 차원에서만 경제적 양극화가 진행되는 경우 해당 지역 내에서의 사회적 문제에 머물게 된다. 그런데 국제적 차원의 경제적 양극화는 보다 악독한 결과를 낳을 위험이 있다. 국가주의와 결합된 경제적 양극화는 그 정도를 극단까지 몰고 갈 위험이 있다. 그 누구도 그 정도와 결과를 예측하기 어려울 수 있다.

극단적 경제적 양극화의 결과는 매우 참혹할 수 있다. 인류 역사가 반복적으로 경험한 그 비극적 '희극'을 잊지 말아야 한다. 이는 한국사회만의 책무는 아니며 인류사회 전체가 이 검은 코끼리를 흰 코끼리로 인지하는 것이 필요하다.

장생사회

장생사회長生社會란 기대수명과 건강수명이 높아서 노년기에도 건강하고

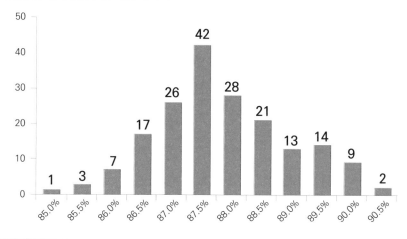

기대수명 대비 건강수명 비율 국가 수[5]

활동적으로 살 수 있는 사회를 의미한다.[3] 이러한 장생사회의 도래는 현재의 추세가 지속되면 달성되는 미래에 해당한다.

정밀의료 기술의 발달과 예방의학의 발달 및 생명과학기술의 발달은 인류의 기대수명을 점진적으로 늘릴 것으로 판단된다. 특히 건강수명을 증가시킬 것이다. 수명연장에 대한 인류의 욕망은 근원적이다. 유발 하라리[Yuval Noah Harari]가 그의 책《호모 데우스》에서 인류가 언젠가 영생할 수 있을 것이라는 전망은 너무 당연한 것으로 진부한 것이다.

기대수명이 늘어나면 건강수명도 증가하게 된다. 세계보건기구의 보고에 따르면 건강수명은 기대수명의 85%에서 90% 인데, 한국사회는 88%로 상대적으로 높은 수준이다.[4] 기대수명 대비 건강수명의 비율이 일정하다는 것은 기대수명이 늘어나면 이에 비례하여 건강수명도 증가할 것이라는 의미다.

그런데 단순한 인간의 수명 연장은 사회에 큰 문제를 야기하며, 깊은 불확실성Deep Uncertainty를 준다.[6] 이에 대응하기 위해서는 정치, 경제 및 사회의 변화가 필요하다. 결혼제도와 직업 등의 변화가 필요하며, 교육제도의 변화도 필요하다. 또한 세대 갈등을 최소화할 수 있도록 해야 한다. 세대 갈등은 경험의 차이, 발달단계의 차이, 변화수용능력의 차이 등으로 발생한다.[7] 이러한 세대갈등을 극복할 수 있는 사회적, 제도적 장치를 만들어야 한다. 노인기준연령을 극단적으로 증가시켜야 한다.

이러한 문제는 누구나 인식하고 있으나, 이에 대한 적극적 대안을 모색하고 있지 않으며, 현재의 문제가 아니라고 외면하고 있다. 기대수명의 증가에 대비하여 사회, 정치, 경제의 변화를 적극적으로 전망하고, 사회적 합의를 이룰 수 있는 기반을 제공하도록 해야 한다.

코로나19는 인류의 기대수명 증가에 부정적 영향을 미칠 수 있다. 코로나19로 인한 치사율은 노인일 수록 높다. 확진자 중 80대 이상 노인의 사망률은 25%를 넘으며, 70대 노인의 10%를 넘는다. 앞으로 코로나19의 후유증이 더욱 드러나, 20대 확진자에게도 전혀 영향이 없지는 않을 것이라는 짐작이 드나, 이는 과학적 증명이 필요하다. 어떻든 코로나19로 인한 기대수명 저하 등은 추후 확인이 필요하다.

이외에도 검은 코끼리는 적지 않을 것이다. 검은 코끼리를 적극적으로 인식하기 위해서는 생각과 눈을 열어야 한다. 미래연구의 기능 중 하나는 미래 위험을 적극적으로 인식하고 이에 대한 대응방안을 도출하는 것이기도 하다. 참고로 스위스의 재보험사인 스위스리Swiss Re는 매년 전망되는 위험 보고

서인 SONAR를 발간하고 있다. 세계경제포럼도 매년 세계 위험 보고서^{Global} ^{Risk Report}를 발간하고 있다.

흑사병이 지나간 자리에 르네상스가 피어났듯이

호수에 던져진 돌이 만드는 파동

코로나19는 인류와 한국 사회에 영구적인 영향을 미칠 개연성이 크다. 코로나19가 단기간에 종료되지 않으며, 이후에도 신종 감염병이 지속적으로 등장할 것이기 때문이다. 아울러 코로나19로 인해 디지털 전환이 가속화 되었기 때문이다.

그런데 코로나19로 인한 변화를 우리는 어렴풋하게만 짐작할 수 있다. 미래의 변화가 복잡성을 지니며, 우리가 역동성을 가지고 대응하기 때문이다. 이러한 불확실성에 대응하여 미래의 변화를 전망하기 위해 흔히 사용하는 도구가 미래전개도, 혹은 'Futures Wheel'이다. 호수의 중심에 돌을 던지면 그 파동이 호수 전체에 퍼지는 것이 미래전개도이다. 미래전개도는 경제학의 파급효과Riffle Effect, 경영학의 충격 수레바퀴Impact Wheel에 해당한다.

미래전개도는 귀납추론, 유비추리 혹은 유추의 논리를 사용한다. 인류의 역사적 경험, 물리법칙, 인류의 심리적 경험 등을 이용하여 추론한다. 귀납추론의 결론이 항상 참이 아니나, 정보가 부재한 상태에서 합리적 사유 방식이다. 또한 미래전개도는 연결적 사고 방식이다. 정보와 정보, 지식과 지식을 연결함으로써 새로운 혁신과 새로운 생각을 이끌어낼 수 있다.

제론 글렌의 미래전개도 사고기법

이러한 미래전개도의 사례는 피터 나바로의 책 《브라질에 비가 내리면 스타벅스 주식을 사라》에서 찾을 수 있다. 브라질에 비가 내리면, 커피 농사가 잘되고, 커피 농사가 잘되면, 커피 원두 가격이 싸지며, 커피 원두 가격이 싸지면, 브라질에서 원두를 사는 스타벅스의 영업이익이 올라가며, 스타벅스의 영업이익이 올라가면 스타벅스의 주가가 올라가니, 스타벅스 주식을 사라는 의미다. 이러한 사고의 연결과 귀납추론이 미래전개도가 가지는 가치다.

참고로 미래학에서 미래전개도를 만든 이는 우리나라에도 자주 방문하는 미래학자 중의 한명인 제론 글렌Jerome Glenn이다.[1] 저자들의 미래전개도는 제롬 글렌의 미래전개도와 시스템 사고기법을 융합한 것이다. 시스템 사고란 전체적 사고를 하기 위한 방식으로 시스템을 구성하는 요소의 순환적 관계 등을 파악하기 위한 것이다. 시스템 사고는 기본적으로 닫힌 시스템을 전제로 하나, 미래는 열려 있다는 점에서 시스템 사고를 그대로 받아들이기 어

코로나19 팬데믹 이후의 미래전개도(Futures Wheel)

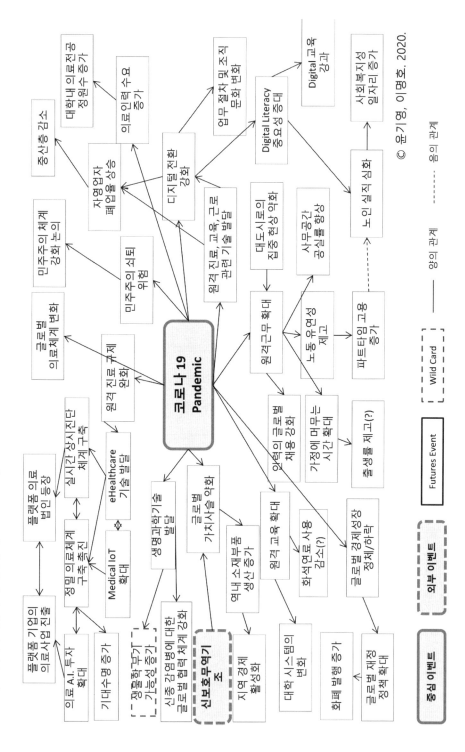

© 윤기영, 이명호. 2020.

중심 이벤트

외부 이벤트

Futures Event

Wild Card

── 양의 관계

----- 음의 관계

럽다.

　따라서 코로나19로 인한 미래변화를 전망하기 위한 적절한 방법은 미래 전개도일 수 밖에 없다. 팬데믹과 외부의 충격에 대한 역사적 경험, 과학적 법칙, 인류의 심리적 경향 등을 연결사고를 통해 그 파급현상을 전망하는 것이 필요하다. 코로나19가 정치, 경제 및 사회에 전반적 영향을 미칠 것으로, STEEP^{Society, Technology, Economy, Environment/Ecology, Politics}의 시각 틀을 사용했다. 코로나19로 인한 미래전개도를 도표 〈코로나19 팬데믹 이후의 미래전개도^{Futures Wheel}〉에 제시했다. 미래전개도 제시 후 그 파급 현상을 개괄적으로 설명을 붙였다.

원격근무는 기업의 비용 부담을 낮춘다

　신종 코로나 이후 원격근무, 원격교육, 원격진료에 대한 논의가 활성화 될 것으로 전망되는데, 이는 많은 사람이 이미 전망하고 있는 것이다. 다만 원격 근무와 교육이 급격하게 진행되지는 않을 것이다. 원격근무는 산업생태계, 조직문화 및 관련 기술의 성숙도가 전제되어야 하는데, 이들 전제조건에 한계가 있기 때문이다. 그러나 원격근무 노동자의 수 증가 추이는 상당히 늘 것으로 판단된다. 이번 사태로 원격 근무가 충분히 가능하나는 것이 입증되었다.

　원격근무의 확대는 거주지를 직장과 교통 거리 1시간 이내로 묶어 두지 않을 것이다. 주택가격이 높은 대도시에서 벗어나 중소도시가 점진적으로 확대될 것이며, 이에 따라 지방소멸의 속도가 완화되거나 멈출 것이다.

다만 원격근무 비율의 증가는 점진적으로 올라갈 가능성이 크다. 서로 연결하고자 하는 욕구가 크고, 온라인으로만 업무를 처리하는 데는 아직 비효율성이 있기 때문이다. 그러나 원격근무의 확대는 장기적으로 기업의 비용을 낮추는 결과를 가진다. IBM의 원격근무 방침이 부동산 정책과 연계되어 있었다는 점을 감안해야 한다. 이후 IBM이 원격근무를 축소했는데, 이는 업무 효율을 높이고자 함이 아니라 임직원의 구조정리가 목적이었다.

코로나19로 인해 사무공간 비용이 증가할 것이다. 코로나 이전보다 이후에 1인당 필요 공간이 확대되고, 사무실 공간에 환기 요구가 강화될 것이기 때문이다. 이는 기업의 공간 비용을 늘리고, 원격근무로 비율을 늘리는 계기가 될 것으로 판단한다. 지식산업의 비중 증가에 따라 원격근무가 가능한 직군과 일자리가 늘 것이다. 이에 따라 원격근무의 비율은 지속적이고 점진적으로 늘어날 것인데, 그 증가 속도가 코로나 이전에 비해 완연하게 빨라질 것으로 판단된다.

사무실을 중심으로 한 상권의 축소

다른 한편으로 원격근무의 확대는 사무실에 대한 수요를 줄일 것이다. 원격근무를 포함한 비대면 비즈니스의 확대는 상가 공실률도 늘릴 것이다. 디지털 전환으로 자영업자의 매출이 지속적으로 감소되는 상황에서, 이번 신종 코로나로 인해 자영업자의 폐업률이 더욱 오를 것이고, 이에 따라 상가 공실률도 증가할 것이다. 다만 자영업종마다 차이가 있을 것으로, 특정 업종은 코로나로 인해 더욱 성장할 가능성도 있다.

디지털 전환과 원격근무의 확대는 도시의 풍경에 큰 변화를 가져올 것이다. 이러한 변화는 급격하게 이루어지지는 않으나, 지속적으로 진행될 가능성이 크다. 다만 기업이 부동산 가격의 장기적 하락을 확신하게 되면, 서둘러 부동산을 매각할 가능성이 있고, 이는 다시 부동산 가격의 급격한 하락을 불러올 수 있다.

대신 지방 중소도시의 부동산 가격이 상승할 수는 있으나, 이는 주택 가격을 중심으로 이뤄질 것이다. 다른 한편으로 원격근무의 확대는 사무실 공간에 대한 수요의 변화를 가져올 것이다. 모바일 오피스가 확대될 것이며, 이와 관련된 수요가 증가할 것이다.

원격근무에 비해 천천히 도입될 원격교육

원격교육은 원격근무에 비해 급격하게 확대되는 것은 어렵다. 기술적으로 가능하다 하더라도, 교육의 목적이 단순히 지식의 전달에만 머무는 것은 아니며, 교육의 한 축인 교사가 이에 대한 준비를 하는데 상당한 시간이 걸리기 때문이다. 다만 주 5일 모두 학교에 갈 필요가 있는 지에 대해서는 사회적 재합의가 있을 수 있다. 최악의 신종 전염병이 등장해도 교육을 멈출 수 없으며, 이에 대한 대안으로 원격 교육 시스템을 유지하는 것이 필요하다. 초중고의 경우 주 1일 원격교육일로 지정하는 것도 대안이 된다. 고등교육에서는 일정 비율 이상을 원격교육 시스템을 도입하도록 하는 것이 필요하다.

원격의료에 대한 제재는 완화될 수밖에 없다. 한국의사협회가 원격의료에 반발하고 있으나 시대적 추세에 어긋난다. 인구의 고령화와 감염병에 대한 대응을 위해서는 원격의료가 허용되는 것 이외에 대안이 마땅하지 않다. 다시 말하자면, 고령인구의 증가에 대응하고, 의료산업의 발전 및 신종 전염병에 대한 대응을 위해서라도 원격의료 체제가 구축되어야 하기 때문이다.

이때 원격의료는 사람의사가 원격에서 환자를 진료하는 것에 그치지 않고, 메디컬Medical IoT 기기가 원격으로 상시 진단을 지원하는 체계까지 확대될 것이다. 이렇게 수집된 데이터를 개인의 유전자와 기존의 활동정보와 함께 인공지능이 분석하여 인간의사를 지원하는 시스템이 구축된 것이다. 일부 질병에 대해서는 인공지능이 의사를 대신하여 독립적으로 사전 진단하는 체계도 구축되기 시작할 것이다. 이러한 흐름은 일종의 메가트렌드에 해당하는데, 신종 코로나로 인해 그 전환의 속도가 빨라질 것이다.

원격진료, 메디컬 IoT, e-헬스케어, 정밀의료, 인공지능 진단 알고리즘의 발달은 한편으로 의료법인의 플랫폼화와 기존 플랫폼 기업이 의료산업에 진출하도록 할 것이다. 신종 코로나로 의료의 공공성이 전 세계적으로 다시 인식되는 계기가 될 것인데, 의료 산업의 플랫폼 경제화는 의료산업의 공공성에 역행하는 결과를 낳을 수도 있다.

원격 근로, 원격 진료 및 원격 교육의 동향은 디지털 전환을 가속화할 것이다. 이들 원격 근무 등은 디지털 기술을 기반으로 하고, 디지털 기술이 근로, 교육 등에 전파될수록 디지털 전환의 속도가 빨라진다. 이는 정부도 예외가 아니다. 디지털 정부, 스마트 정부로의 전환 요구가 늘 것인데, 우리나라보다 다른 나라에서 그 요구가 커질 가능성이 크다.

디지털 변혁이 아닌 사회 전반의 변혁

디지털 전환의 요구가 늘수록 RPA^{Robot Process Automation}이나 인공지능에 집중된 투자가 디지털 기술과 비즈니스를 전반적으로 융합하거나 새로운 비즈니스 모델을 만드는, 디지털 비즈니스 모델, 디지털 전략으로 확대될 것이다. 현재 우리나라 기업의 디지털 전환은 주로 RPA와 인공지능에 집중되어 있다. RPA는 일부 반복적 사무 업무를 자동화하여 업무효율성을 제고하고 비용효율성을 제고하겠다는 것인데, 그 성과가 가시적이기 때문에 주로 채용하고 있는 상황이다. 인공지능에 대한 적극적 투자는 과거의 빅데이터 투자에서 실마리를 찾을 수 있다. 인공지능이든 빅데이터든 비즈니스 모델과 비즈니스 전략이 먼저 세워져야 하는 것이다. 디지털 전환은 궁극적으로 조직 구조와 문화 등을 바꿀 것이다. 디지털 전환은 인지노동의 자동화, 지식의 라이프 사이클 변혁과 근본적 연계성이 있어, 궁극적으로는 조직구조와 문화의 변화를 가져올 것이며, 더 나아가 정치 · 경제 및 사회시스템의 변혁을 가져올 것이다.

신종 전염병에 대한 대응 필요성과 디지털 전환이 융합됨에 따라, 자영업자의 폐업이 늘어나고, 중산층이 감소하며 정치 · 경제 및 사회 시스템의 변혁은 멀지 않은 미래에 한국사회에 상당한 도전이 될 것이다. 우리나라의 경우 로봇 밀도가 전 세계적으로 가장 높다. 원격근무의 확대는 디지털 기술의 발달에 따른 인지노동의 자동화 속도를 빠르게 할 가능성이 있다. 한국사회는 이러한 변화를 예견하고 분명한 답을 준비해야 한다.

디지털 전환은 디지털 문해력의 중요성을 부각시킬 것이다. 디지털 문해력은 엑셀과 같은 스프레드시트 활용능력과 인터넷 검색 능력으로 측정된다. 디지털 전환이 성숙해지면 디지털 문해력에 대한 요구는 고도화될 것이다. 인터넷 검색 능력은 비판적 사고와 인지적 유연성과 연계되어 요구될 것이며, 스프레드시트 역량은 데이터를 다루는 역량으로 고도화될 것이다. 디지털 이주민인 X세대에 대한 퇴직압력이 늘어날 가능성이 있다. 이에 따라 디지털 역량을 높이는 교육 수요가 증가할 가능성이 있다.

업무 연속성 계획

코로나19 사태를 겪은 정부와 기업은 업무 연속성 계획[BCP, Business Contingency Plan]을 강화할 가능성이 크다. 다양한 위험과 위험에 따른 시나리오에 대비하여 비즈니스 연속성을 보장해야 함을 정부의 정책담당자와 기업의 의사결정권자가 절실하게 느꼈을 것으로 판단한다. 원격 근무 등의 확대는 한편으로 업무연속성계획의 강화에 따른 자연스러운 결과가 되기도 할 것이다. 한국사회에서 업무연속성계획의 수립과 이에 대한 실천은 일종의 비용으로 인식되었던 것이 사실이다. 그러나 이번 기회를 통해 업무연속성계획에 대한 투자가 확대될 것이다.

업무연속성계획에 대한 투자는 작게는 위험관리^{Risk Management}로 크게는 리스크 거버넌스^{Risk Governance}의 형태 등으로 다양하게 나타날 것이다. 또한 업무연속성계획의 확대는 글로벌 가치사슬의 다변화를 요구할 것이고, 이는 다시 역내 소재와 부품 생산 시설을 최소한으로 유지하게 할 가능성이 있다. 또 다른 한편으로 업무연속성계획의 확대는 클라우드 시스템에 대한 요구를 늘리고, 규모의 경제를 크게 할 것이다. 업무연속성계획의 확대는 상당한 비용을 요구한다. 이러한 비용을 감당하는 방안은 비용을 분산하거나 전체 매출액 대비 비용의 비율을 줄이는 것이다. 전자는 클라우딩 시스템을 사용하는 것이고, 후자는 규모의 경제를 달성하는 것이다. 클라우딩 시스템은 플랫폼 경제를 늘릴 것이고, 후자는 전 세계적인 기업의 독과점 현상을 불러올 수 있다.

신종 전염병은 민주주의의 위기가 될 수 있다. 현재까지 대한민국은 신종 코로나에 대한 대응을 잘해왔다. 그러나 중국의 사례에서 보듯이 민주주의의 가치를 유지하면서 치사율과 전염성이 높은 전염병에 대응하는 것은 어려울 수 있다. 신종 전염병의 등장 추이로 보건대, 신종 코로나 보다 전염성과 치사율이 높은 전염병이 가까운 미래에 등장할 가능성은 낮지 않다. 그때도 한국사회와 인류사회가 민주주의를 유지할 수 있을까? 전염된 공포와 광기는 민주주의에 대한 위험이 되며 정보 시스템으로서의 역할을 하는 시장경제도 마비시킨다.

신종 코로나가 우리사회와 인류사회에 끼치는 영향은 거대할 수 있다. 흑사병으로 르네상스가 촉발되었듯이 신종 코로나가 끼치는 영향은 신종 코로나 백신과 치료제 개발에 그치지 않을 것으로 전망된다. 이번에 바뀌지 않으면 다가올 다른 신종 전염병에 의해서라도 바뀔 것이다. 그리고 변혁을 가능하게 되는 근저에는 디지털 혁명이 있다.

미래는 열려 있으나
완전히 비어 있는 것은 아니다

라플라스의 도깨비라도 '포스트 코로나'는 예측 못한다

코로나19 이후의 뉴 노멀에 대한 짧지 않은 거친 여행을 이제 마칠 때다. 이 여행의 목적은 예견과 예언을 위한 것이 아니다. 이 책의 목적은 '복잡한 미래에 대한 대화'를 통해 인류, 한국사회, 기업 및 개인에게 바람직한 미래를 만들어 가기 위한 것이다. 미래의 불확실성이라는 안개 너머에 있는 어렴풋한 미래의 신호를 더듬어가며, 앞으로 전진하기 위한 것이 이 책의 목적이다. 코로나19 이후의 한국사회와 우리 앞에 놓인 여러 갈래 길을 보여주고, 그 여정에 있는 강과 산, 호수와 들 및 간간이 서 있는 건축물에 대한 대화를 촉구하기 위한 것이다. 우리가 고민하고 실천해야 하는 미래전략에 대한 차분한 대화를 유도하는 것이 이 책의 독자에게 바라는 것이다.

미래학의 대부인 짐 데이토Jim Dator와 미국의 대표적 미래연구기관의 하나인 IFTFInstitute For The Future의 설립자인 로이 아마라Roy Amara는 '미래는 정해져 있지 않으며, 그래서 미래를 예견할 수도 없다.'고 강조했다.[1] 우주에 있는 모든 원자의 정확한 위치와 운동량을 알고 있다는 '라플라스의 도깨비'가 지금 우리의 곁에 있다 하더라도, 코로나19 이후의 역사적 전개를 예언하는 것은 불가능하다. 양자물리학의 불확정성의 원리와 엔트로피의 법칙은 라플라스의 예언을 틀린 점쟁이로 만들기 때문이다. 전지전능한 신이 있다 하더라도 코로나19 이후를 크리스탈 볼을 보듯이 명료하게 예언할 수 없다. 인류에게 자유의지를 주었기 때문이다.

그렇다고 미래가 완전히 비어 있는 것은 아니다. 미래는 '열려 있으나 완전히 비어 있는 것은 아니다.'Open, But not Empty[2]. 미래는 가능성의 공간으로 열려 있으나, 현재의 트렌드, 약한 신호, 이머징 이슈Emerging Issue 등으로 완전히 비어 있는 것은 아니다. 코로나19 이후의 미래전개를 전망하기 위해 우리는 코로나19의 추세와 다양한 이머징 이슈를 탐색하고, 미래전개도를 작성했다.

'거대한 변화는 곧 거대한 기회'

이 책에서 코로나19로 인한 트렌드와 그 이외의 이머징 이슈를 통해 코로나19 이후의 정치, 경제 및 사회의 변화를 전망했다. 어떤 전망은 달게 들릴 것이고 또 어떤 전망은 쓰게 들릴 것이다. 어떤 전망은 현재의 흐름에 반하는 것으로 보일 것이고, 또 어떤 전망은 엉뚱하게 들릴 것이다. 어떤 전망에 대해서는 고개를 가볍게 끄덕거릴 것이고 또 어떤 전망에 대해서는 고개를 거세게 좌우로 흔들 것이다. 그런데 이 모든 전망은 우리 앞에 있는 것이고, 그 선택은 우리에게 있다.

코로나19는 기회다. 코로나19는 비즈니스 모델과 전략, 일하는 방식, 거주 공간, 관계 맺음의 방식에 많은 변화를 가져올 것이다. 이러한 변화는 코로나19와 코로나19로 인한 디지털 전환의 가속화가 가져올 것이다. 코로나19와 직간접적 관련이 있는 혹은 독립된 미래 동인인 메가트렌드도 그러한 변화를 강화하면서 그 변화의 속도를 빠르게 할 것이다.

정부·기업·사회·개인이 처한 환경의 근본적 변화는 한편으로는 위기이며 동시에 기회다. 위험과 불확실성이 곧 이익의 원천이며[3] 변화는 곧 기회다. 그런데 변화가 곧 기회라는 말은 진부하며, 진부한 만큼 '정당화된 진실한 믿음Justified True Belief'인 확고한 지식이다. 중세 유럽의 흑사병으로 인해 인구가 줄었다. 이는 유럽에게 상업적 자본주의와 르네상스를 왔다. 급성호흡기증후군인 SARS로 인해 중국에서 알리바바가 부상했다. 거대한 변화는 곧 거대한 기회다.

문화의 중심에 설 언택트

문화가 될 언택트는 스마트 폰 세대인 Z 세대와 알파 세대의 일부를 언택트 세대로 만들며 새로운 소비문화를 일굴 것이다. 사람과 사람의 관계 맺음의 변화는 기성세대의 전통적 가치를 도전할 것이다. 또한 디지털 미디어를 통해 이들 세대는 그 누구보다 큰 목소리를 낼 가능성이 크다. 2021년 졸업을 앞둔 청년층의 취업률 하락은 역으로 새로운 벤처의 붐을 일으킬 수 있다. 디지털 역량이 다른 세대에 비해 높은 우리 청년은 새로운 가능성을 열 수 있다.

전통적인 오프라인 자영업자는 생존을 위해 경험과 체험을 결합하는 틈새 시장을 만들 것이며, 디지털 기술과 결합하여 새로운 비즈니스 모델을 만들 것이다. 일부 자영업자는 상권을 골목길에 그치지 않고, 디지털 네트워크를 이용하여 전 세계를 대상으로 비즈니스를 확장할 수 있는 기회를 가질 것이다. 그간 지속적으로 실패한 일이기는 하나, 동종의 자영업자가 조합을 결성하여 규모의 경제를 이루려는 시도도 반복적으로 나타날 것이다. 그 중에 성공 사례가 등장할 것으로 기대한다.

새로운 과제를 마주하게 된 기업

우리나라 중소기업과 중견기업은 이 새로운 도전에 혁신으로 대응할 것이다. 빨라진 변화의 속도에 대응하기 위해 과거의 안전지대에 머무르지 않고, 불확실성의 야생으로 돌아갈 것이다. 이들 중소기업과 중견기업의 창업가 중 다수는 야생의 비즈니스 세계를 헤쳐 나온 경험이 있다. 코로나19가 가져오는 변화의 태풍으로 그간 머물렀던 안전 지대에서 강제로 퇴출 당한 이들은 과거의 야성을 살릴 것이다. 이들은 성공의 함정에서 벗어나, 새로운 도전을 할 것으로 저자들은 기대한다.

이미 글로벌 기업이 된 대기업은 미래 위험과 가능성에 보다 적극적인 투자를 할 것이다. 빨라진 디지털 전환에 부응하기 위해 조직 내부의 디지털 성숙도를 높일 것이다. 이를 위해서 조직문화, 업무 절차와 성과평가를 변화시킬 것이다. 조직의 기민성을 높이고, 장기, 중기 및 단기 미래전략의 수립과 검토 체계를 도입할 것이다. 당분간의 경치 침체에 대응하기 위해 허리띠를 졸라매면서도 미래의 디지털 비즈니스 모델과 비즈니스 전략을 만드는 노력을 멈추지 않을 것이다.

코로나19가 가져올 경제 침체와 혼란 속에서 새로운 도전을 멈추지 않고 희망을 잃지 않는 것이 새로운 뉴 노멀의 시대를 준비하는 최적의 방안이다. 모두 지도 없는 미래의 막대한 바다에서 멋진 항해를 하기 바란다.

속도가 빠르면
충격도 크다

책을 마무리하고 후기를 쓰는 마음이 가볍지 않다. 코로나19가 던질 뉴 노멀과 미래의 무게가 무겁기 때문이다. 코로나19로 인해 예상보다 많은 사람이 세상을 달리할 것이며, 코로나19가 가져올 혹은 재촉할 뉴 노멀로의 전환 과정 속에서 고통을 받고 뒤쳐질 사람이 생각보다 많을 것이라는 점을 알고 있기 때문이다. 한국 사회의 많은 청년이 그들의 꿈과 그들의 가진 역량에 비해 부족한 일자리를 찾게 될 것이다. 그러한 일을 원려遠慮하고 있는 지금 심장은 무겁게 뛰고 손가락은 컴퓨터 자판 위에서 잘 떨어지지 않는다. 그럼에도 불구하고, 그러한 위기 속에서 새로운 가능성과 빛이 있다. 그러한 변화 속에서 새로운 기회를 탐색하는 것이 미래학자의 역할이다.

미래연구자란, 미래학자란, 미래실무가란 바람직한 미래의 희망의 끈을 놓지 않는 자이다. 역사라는 이름의 '수레바퀴 위에서 그 수레바퀴를 돌리려는 자'다. 21세기는 변혁의 세기로 전망된다. 디지털 기술의 발달과 생명과학 기술의 발달은 노동의 의미와 생명의 의미에 큰 변화를 가져올 것이다. 그런데 코로나19는 그 변화를 가속화시킬 것이다. 변화의 속도는 인류사회와 한국 사회에 큰 영향을 미칠 것이다. 운동에너지는 질량에 속도를 곱한 값인데, 그 속도가 빠르니 충격도 크기 때문이다. 그 충격 속에서 새로운 긍정적 변화를 만들어 내고 꿈꾸는 것이 미래학자의 역할이며 미래학의 사명이기도 하다. 이 책이 그런 희망을 만들어내는 변화의 씨앗Seed of Change이 되기를 바란다.

이 책을 쓰면서 (사)창조경제연구회 이사장이시며 카이스트 교수로 우리 나라의 미래를 걱정하고 혜안을 가지고 열정적으로 사셨던 故 이민화 교수님 의 부재가 더 아쉽게 다가왔다. 교수님의 조언이 있었다면 더 좋은 책을 독자 에게 선보일 수 있었을 텐데…. 이광형 카이스트 부총장께 끊임없는 영감을 받았다. 이광형 부총장님은 (사)미래학회의 초대회장이시며 우리나라에 공식 적으로 미래학 과정을 만드셨다. 이광형 부총장님으로부터 세상을 다르게 보 고 넓게 보는 방법을 배웠다. 그분이 있어서 미래학을 할 수 있었다. 김동환 (사)미래학회 학회장에게 큰 격려를 받았다. 김동환 학회장님의 따뜻한 격려 와 신뢰로 이 책을 마무리할 수 있었다. 이 책이 공식적인 (사)미래학회의 책 이 된 것은 저자에게는 영광이다. (재)여시재의 전 이광재 원장(국회의원)의 배 려와 격려로 연구에 전념할 수 있었던 것이 이 책의 밑거름이 되었다. 성균관 대 국정전문대학원 권기헌 교수님으로부터 정신적 지지를 받았다. 권기헌 교수님의 학문적 열정과 성찰을 이 책을 통해 실천하려고 노력했다. 우천식 미래학회 부학회장님에게서 미래의 변화를 따뜻하게 바라보는 자세를 배웠다. 우천식 부학회장님과의 대화를 통해 미래의 가능성을 포기하지 않고 찾는 것을 배웠다.

코로나19로 인한 세상의 신호를 인지하는 데 많은 사람의 도움이 있었다. 미래학회의 김홍열 박사에게 감사를 표한다. 인적 네트워크의 중심에서 다양한 의견을 만날 수 있는 기회를 주었다. 이 책이 현실 감각을 유지하고 있었다고 평가를 받는다면 이는 다양하고 인내 있는 토론과 정보를 준 김기옥, 김인현, 박경민, 정은식이 있었기 때문이다.

이 책이 나오는 데 있어 가장 큰 공을 돌려야 할 사람은 양현경 편집자다. 책의 출간을 제언했고, 책을 집필하는 전 과정에서 저자들과 호흡을 같이 했다. 그가 없었으면 이 책이 나올 수 없었다. 고맙고 감사하다. 책들의정원 김용호 대표에게도 큰 감사를 드린다. 저자의 고민과 대화를 활자로 나올 수 있는 기회를 주었다.

서점의 서가에서 책의 처음과 목차와 중간과 마지막 후기만 읽는 독자를 포함하여, 이 책을 읽는 모든 독자에게 응원의 글로 남송 시대 시인인 육유陸游의 시를 남기며 이 책을 마무리 하겠다.

산이 다하고 물길이 끊어진 곳에

길이 없는가 했더니

버드나무 무성한 곳

밝게 피어 있는 꽃 너머로 또 마을 하나.

1장 경제 | 지금은 경주 직전의 숨고르기

준비되지 못한 채 성큼 다가온 미래

1) TBS. 2020.04.02. 4월 9일부터 순차적 '온라인 개학', "모든 학생 인터넷 접속 보장하고 혼란 막을 것", TBS [김어준의 뉴스공장]과의 인터뷰 내용. http://tbs.seoul.kr/news/newsView.do?typ_800= 6&idx_800=2390054&seq_800=10383713

2) Jared Spataro. 2020.04.30. 2 years of digital transformation in 2 months. Microsoft. https:// www.microsoft.com/en-us/microsoft-365/blog/2020/04/30/2-years-digital-transformation-2- months/

3) 윤기영, 김숙경, 박가람. 2019.《디지털 트랜스포메이션을 위한 비즈니스 모델링》. 박영사; 권병일 , 안동규, 권서림 (2018).「4차 산업혁명의 실천 디지털 트랜스포메이션」. 청람; Alp Ustundag, Emre Cevikcan. 2018.《Managing The Digital Transformation》. Springer

4) 윤기영, 김숙경, 박가람. Ibid; 윤기영. 2018.10.13. "기업 디지털 전략, 누가 만들어야 하나". 전자신문. http://www.etnews.com/20181002000092; Anthony Scott. 2016. What Do You Really Mean by Business "Transformation"?. Harvard Business Review; Shahyan Khan. 2017. Leadership in the Digital Age - a study on the effects of digitalization on top management leadership. Stockholm Business School, Master Thesis.

5) Capgemini Consulting. 2011. Digital Transformation: A Roadmap For Billion-dollar Organizations. Https://Www.Capgemini.Com/Wp-content/Uploads/2017/07/Digital_ transformation__a_road-map_for_billion-dollar_organizations.Pdf

6) Tunde Olanrewaju, Paul Willmot. 2013.11.01. Finding your digital sweet spot. Mckinsey. https:// www.mckinsey.com/business-functions/mckinsey-digital/our-insights/finding-your-digital- sweet-spot

7) Anthony Scott, Gilbert Clark, Johnson Mark. 2017. 《Dual Transformation: How to Reposition Today's Business While Creating the Future》. Harvard Business Review Press

8) https://thefuturesociety.org/

9) Yehezkel Dror. 1996. Improving Critical Choices. Futures, Volume 28, Issues 6-7, Pages 559-562

10) 클라우스 슈밥 저, 송경진 역. 2016. 《클라우스 슈밥의 제4차 산업혁명 : 2016 다보스포럼 '제4차 산업혁명' 최초 논의는 이 책에서부터다!》. 메가스터디북스

11) Shahyan Khan. Ibid.; 윤기영, 김숙경, 박가람. Ibid

12) 윤기영, 김숙경, 박가람. Ibid

13) 윤기영. 2018.02.21. 디지털 전략의 최종 표적은 조직문화다. 한겨레. http://www.hani.co.kr/arti/science/future/832954.html

14) 윤기영. 2018. 디지털 범용기술의 출현과 디지털 트랜스포메이션의 전개. 미래연구 3권 2호.

15) Frank Knight. 2014. 《Risk Uncertainty and Profit》. Martino Fine Books. 초판은 1921년 출간

16) Carl Benedikt Frey, Michael A. Osborne. 2013. The Future Of Employment: How Susceptible Are Jobs To Computerisation? Oxford Martin School.

17) 곽노필. 2019.11.14. 아디다스 로봇공장 실험은 왜 실패했나. 한겨레. http://www.hani.co.kr/arti/science/future/916957.html#csidx7850c30cdfc31e2b964d51eee3111b2

18) Alyssa Aquino. 2020.04.09. Coronavirus Sets New Waves of Digital Transformation. Social Bakers. https://www.socialbakers.com/blog/coronavirus-sets-new-waves-of-digital-transformation

19) Syed Imran Shafiqa, Cesar Sanina, Edward Szczerbickib, Carlos Toro. 2015. Virtual Engineering Object / Virtual Engineering Process: A specialized form of Cyber Physical System for Industrie 4.0. Procedia Computer Science 60, 1146 - 1155.

20) 윤기영. 2018. 디지털 범용기술의 출현과 디지털 트랜스포메이션의 전개. 미래연구 3권 2호; Yoon, Keeyoung. 2018.11 Digital Transformation and Foresight. Journal of Futures Studies blog; Yoon, Keeyoung. 2019.09. Digital Transformation and Social Change in ASEAN Region. APFN 2019 Bangkok Conference, ASEAN 2030

21) 국민일보. 2020.04.16. 코로나 대불황 속 29조원 쓸어담은 이 남자: 코로나 호황 누린 온라인쇼
핑...제프 베조스 자산 29조원 '껑충'. http://news.kmib.co.kr/article/view.asp?arcid=0014481376
&code=61131511&cp=nv

22) Rianna Croxford. 2020.05.01. Coronavirus: Black African deaths three times higher than white
Britons - study. https://www.bbc.com/news/uk-52492662

23) 예헤즈켈 드로어 저, 권기헌, 윤기영, 이강희, 조진형, 이대웅 공역. 2019.《인류지도자를 위한 비
망록: 나는 인류사회를 위해 무엇을 할 것인가》. 박영사

24) 윤기영. 2019.08.30. 기본소득보다 기본일자리가 더 시급하다. 한겨레. http://www.hani.co.kr/
arti/science/future/907792.html

디지털 뉴딜, 데이터의 바다에 댐 세울 인력을 모집합니다

1) 한겨레. 2020.05.07. 디지털·비대면·SOC…'한국판 뉴딜' 밑그림. http://www.hani.co.kr/arti/
economy/economy_general/944093.html

2) 기획재정부. 2020.05.12. 김용범 1차관, 한국판 뉴딜 추진 TF 1차 회의 개최. https://www.gov.kr/
portal/ntnadmNews/2159902

3) 기획재정부. 2020.05.12. Ibid

4) 아주경제. 2020.05.07. 한국판 뉴딜 정책에서 쏙 빠진 '원격의료'…무너진 기대감. https://www.
ajunews.com/view/20200507162803520

5) 기획재정부. 2020.05.12. Ibid

6) 동아일보. 2020.05.15. "원격의료, 한국판 뉴딜 과제중 하나"… 올가을前 제도화 나설듯. https://
www.donga.com/news/Politics/article/all/20200515/101053365/1

7) 한겨레. 2020.05.20. 그린뉴딜 + 디지털뉴딜…한국형 뉴딜 핵심축. http://www.hani.co.kr/arti/
economy/economy_general/945821.html#csidx4decd4c7c484987a001fe7e7e1b59cc

8) CNN. 2020.01.22. Prince Charles: We need a new economic model or the planet will burn.
https://edition.cnn.com/2020/01/22/business/prince-charles-climate-davos/index.html

9) 조선비즈. 2020.05.21. 포스트 코로나, 왜 '클라우드'에 주목하는가. https://biz.chosun.com/site/

data/html_dir/2020/05/20/2020052003721.html

다시 쓰는 대한민국 부동산 지도

1) IMF. 2020. World Economic Outlook 2020: Great Lockdown

2) e-나라지표. 지가동향 및 경제성장률

3) 경기침체를 V, U, W, L로 유형화할 수 있다. https://en.wikipedia.org/wiki/Recession_shapes

4) Sharpe, Bill. 2013. 《Three Horizons: The Patterning Of Hope》. Triarchy Press

5) 통계청. 2019.03.28. 장래인구특별추계: 2017~2067년

6) Gartner. 2019. 5 Trends Appear on the Gartner Hype Cycle for Emerging Technologies, 2019. https://www.gartner.com/smarterwithgartner/5-trends-appear-on-the-gartner-hype-cycle-for-emerging-technologies-2019/

7) Ian Klaus. 2020.03.06. Pandemics Are Also an Urban Planning Problem. https://www.citylab.com/design/2020/03/coronavirus-urban-planning-global-cities-infectious-disease/607603/

8) Buffer. 2019. State Of Remote Work. https://buffer.com/state-of-remote-work-2019

9) Futurism. Things To Come: A Timeline of Future Technology. https://wordpress.futurism.com/images/things-to-come-a-timeline-of-future-technology-infographic; National Academy of Sciences, SmartThings Future Living reports, Scientific American, University of Bristol

10) 윤기영. 2019. 현실에서의 '통속의 뇌'와 디지털 범용기술. 미래학회 2019년 춘계학술대회; ZDNet. 2019.09.25. Mark Zuckerberg: VR isn't a 2020 thing, but hopefully isn't a 2030 thing. https://www.zdnet.com/article/mark-zuckerberg-vr-isnt-a-2020-thing-but-hopefully-isnt-a-2030-thing/

11) https://www.aniwaa.com/buyers-guide/3d-printers/house-3d-printer-construction/

12) https://all3dp.com/2/3d-printed-house-cost/

13) 통계청. 2019.03.28. 장래인구특별추계: 2017~2067년

미중 무역전쟁 2라운드, 한국의 수출길은 어디로?

1) Uma S Kambhampati. 2020.04.29. The whole idea of global value chains will be reconsidered after coronavirus. The Conversation. https://theconversation.com/the-whole-idea-of-global-value-chains-will-be-reconsidered-after-coronavirus-137132

2) 연합뉴스. 2020.04.30. 코로나로 흔들리는 글로벌 가치사슬…"짧아지고 넓어질 것". https://www.yna.co.kr/view/AKR20200429180900003

3) Finanacial Times. 2019.05.17. Chipmakers under pressure after US places Huawei on export blacklist https://www.ft.com/content/5dfab8f8-77e8-11e9-be7d-6d846537acab

4) 최경영의 경제쇼. 2020.05.21. 안유화 ― "중국은 미국의 신용으로 가는 나라! 한국은 시간없다, 스타기업 빨리 키워야~". KBS. http://vertical.kbs.co.kr/popup.html?source=episode&sname=vod&stype=vod&program_code=R2019-0175&program_id=PS-2020080069-01-000&section_code=99&broadcast_complete_yn=N&local_station_code=00

5) Kearney. 2020.Trade war spurs sharp reversal in 2019 Reshoring Index, foreshadowing COVID-19 test of supply chain resilience.

6) 조선비즈. 2020.05.15. MIR 지수의 하락은 미국이 다양한 정책과 제도를 통해 자국의 글로벌 가치사슬에 영향을 미칠 수 있다는 것을 의미한다. https://biz.chosun.com/site/data/html_dir/2020/05/15/2020051501183.html

7) Richard Javad Heydarian. 2020.05.25. Trump's 'New Cold War' aims to hold China at bay. Asia Times. https://asiatimes.com/2020/05/trumps-new-cold-war-aims-to-hold-china-at-bay/

8) Gary Gereffi. 1994. The Organization of Buyer-Driven Global Commodity Chains: Gary Gereffi(Ed), Miguel Korzeniewicz(Ed). 1994. How U.S. Retailers Shape Overseas Production Networks; Commodity Chains and Global Capitalism, Chapter 5. Praeger Publishers.

9) 정희철, 강내영, 김건우. 2020. 글로벌 가치사슬(GVC)의 패러다임 변화와 한국무역의 미래. 한국무역협회, 국제무역연구원

10) Ibid

11) 한국경제. 2018.11.13. 아디다스 獨공장, 年産 50만켤레…직원은 단 10명. https://www.hankyung.com/economy/article/2018111319111

12) Marc Bain. 2019.11.12. Adidas is shutting down the robotic factories that were supposed to be its future. Quartz. https://qz.com/1746152/adidas-is-shutting-down-its-speedfactories-in-germany-and-the-us/

13) 머니투데이. 2020.05.07. 효성, 섬유 신소재 '아라미드' 공장···베트남 대신 울산으로 '유턴'. https://news.mt.co.kr/mtview.php?no=2020050612195132463

14) Zaeem Hassan Mehmood. 2019.09.03. Reassessing Realities of a Multi-Polar World Order. Modern Diplomacy. https://moderndiplomacy.eu/2019/09/03/reassessing-realities-of-a-multi-polar-world-order/

15) Wall Street Journal. 2019.10.21. Lagarde Says U.S. Is at Risk of Losing Global Leader Role https://www.wsj.com/articles/lagarde-says-u-s-is-at-risk-of-losing-global-leader-role-11571625166

16) Alan Beattie. 2019. Can the World Economy Find a New Leader?. Chatam House

자영업 키워드는 혼밥·혼술 아니라 '홈밥·홈술'

1) Trade Brief. 2020.05.25. 포스트 코로나, 변화하는 국내 서비스업 생태계. 한국무역협회

2) Ibid; 한국은행. 2020.04.23. 2020년 1/4분기 실질 국내총생산

3) 한국경제. 2020.05.08. 코로나 100일간 줄어든 폐업··· 출구조차 못 찾은 자영업. http://newslabit.hankyung.com/article/202005071929G

4) 이로운넷. 2020.05.14. 경기도, 재난기본소득 이후 자영업자 월매출 18% 늘어. http://www.eroun.net/news/articleView.html?idxno=11758

5) 한국경제. 2020.05.08. Ibid.

6) KB금융지주경영연구소. 2012. 개인사업자 창·폐업 특성 및 현황 분석. KB 경영정보리포트 2012-12호

7) LBC News. 2020.05.20. Cambridge University moves all lectures online until summer 2021. https://www.lbcnews.co.uk/uk-news/cambridge-university-announced-move-to-hold-all-le/

8) Yoon, Keeyoung. 2017.10   The Long Life Society Is Coming. OECD 국제인구 컨퍼런스; KAIST 문술미래전략대학원.미래전략연구센터. 2018.《인구 전쟁 2045 인구 변화가 가져올 또 다

른 미래》. 크리레이터

9) ZDNet. 2019.09.25. Mark Zuckerberg: VR isn't a 2020 thing, but hopefully isn't a 2030 thing. https://www.zdnet.com/article/mark-zuckerberg-vr-isnt-a-2020-thing-but-hopefully-isnt-a-2030-thing/

10) Futurism. 2018. "Things To Come: A Timeline Of Future Technology". Retrieve From http://wordpress.futurism.com/images/things-to-come-a-timeline-of-future-technology-infographic/

11) BBC. 2020.04.16. Coronavirus: Ventilator built by Airbus and F1 approved. https://www.bbc.com/news/business-52309294

12) 아주경제. 2020.03.23. 코로나19로 교통량 급감 추세 속 자가용 이용 '나홀로 증가'. https://www.ajunews.com/view/20200322104637305

13) Garner. 2019. Hype Cycle for Emerging Technologies, 2019. https://www.gartner.com/en/documents/3956015/hype-cycle-for-emerging-technologies-2019

14) E-나라지표. 자영업자 현황. http://www.index.go.kr/potal/main/EachDtlPageDetail.do?idx_cd=2779

팬데믹에 빠진 2차·3차 산업… 일부 구간은 녹색불

1) Mckinsey & Company. 2020.04.03. COVID-19: Briefing Materials

2) http://www.bizinfo.go.kr/flexer/docView_flexer.jsp?FileDir=%2F&SystemFileName=SIIA200_201701231413591612.xls&ftype=xls&FileName=%ED%95%9C%EA%B5%AD%ED%919C%EC%A4%80%EC%82%B0%EC%97%85%EB%B6%84%EB%A5%98%EC%BD%94%EB%93%9C.xls

3) 삼정KPMG 경제경영연구소. 2020. COVID-19 Business Report: 코로나19에 따른 산업별 영향 분석

4) Mckinsey & Company. 2020.04.03. Ibid; Corporate Performance Analytics, S&CF Insights, S&P Global

5) Henry Mintzberg. 1994. The Fall and Rise of Strategic Planning. Harvard Business Review; Henry Mintzberg. 1994. 《The Fall and Rise of Strategic Planning》. Free Press

6) 권기헌. 2020.05. 신종 코로나 위기에 대한 한국정부의 전략적 대응 : 정책 모형과 디지털 역량. SPRi SW중심사회 2020년 5월호; Gi-Heon Kwon. 2020. Korea's Strategic Response to COVID-19 Crisis: Network Governance, Digital Capacities & Its International Implications; Azeem Majeed, Yongseok Seo, Kyungmoo Heo, Daejoong Lee. 2020. Can the UK emulate the South Korean approach to covid-19?: Not yet, and perhaps not ever. The British Medical Journal.

7) Mckinsey & Company. 2020.04.03. COVID-19: Briefing Materials; Klaus Fuest. 2020.03.12. Three Scenarios For How Coronavirus May Affect Economies And Industries. Roland Burger. https://www.rolandberger.com/fr/Point-of-View/Three-scenarios-for-how-Coronavirus-may-affect-economies-and-industries.html;

8) Minqi Li. 2017. World Energy 2017-2050: Annual Report. Department of Economics, University of Utah; World historical oil, natural gas, and coal consumption from 1950 to 1964 is estimated from carbon dioxide emissions (Boden, Marland, and Andres 2017); world primary energy consumption and its composition from 1965 to 2016 is from BP (2017)

태풍 앞에서 쓰러질 것인가, 바람을 타고 날아오를 것인가

1) http://www.index.go.kr/potal/main/EachDtlPageDetail.do?idx_cd=1063
2) 프랭크 하이너먼 나이트 저, 이주명 역. 2018. 《위험과 불확실성 및 이윤》. 필맥
3) 에릭 리스 저, 이창수, 송우일 역. 2012. 《린 스타트업 : 지속적 혁신을 실현하는 창업의 과학》. 인사이트
4) 김주환. 2019. 《회복탄력성 시련을 행운으로 바꾸는 마음 근력의 힘》. 위즈덤하우스
5) 미치오 카쿠 저, 박병철 역. 2010. 《불가능은 없다》. 김영사
6) 더리포트. 2017.12.04. 샤오미 "태풍의 길목에 서면 돼지도 날 수 있다.". http://www.thereport. co.kr/news/articleView.html?idxno=4925

2장 사회 | 오늘부터의 세상은 낯선 곳
기본소득 vs 고용보장, 당신의 선택은?

1) BIEN. History of basic income

2) Rutger Bregman. 2016.05.05. Nixon's Basic Income Plan. Jacobin.

3) 윤기영. 2019.08.30. 기본소득보다 기본일자리가 더 시급하다. 한겨레

4) 홍석만. 2018.06.04. 기본 일자리(Basic Job), 고용의 사회화. 월간 워커스

5) https://www.congress.gov/bill/115th-congress/senate-bill/2746

6) https://berniesanders.com/issues/jobs-for-all/

7) 로봇신문. 2019.09.27. 싱가포르, 한국 제치고 '로봇밀도' 1위 등극; https://ifr.org/

8) 예헤즈켈 드로어 저, 권기헌, 윤기영, 이강희, 조진형, 이대웅 공역. 2019.《인류지도자를 위한 비망록》.박영사

9) Adam Kahane. 2012.《Transformative Scenario Planning: Working Together to Change the Future》. Berrett-Koehler Publishers

3장 기회 | 보려고 하는 사람에게만 보이는 것

우리는 왜 검은 코끼리를 놓쳤는가

1) Time. 2015.05.28. Bill Gates Thinks This Is the Deadliest Threat to Humankind. https://time. com/3899414/bill-gates-disease-epidemic-ebola-threat-to-humanity-disaster/

2) 아시아 경제. 2020.01.31. 美 상무장관 "신종 코로나가 미국 일자리 만들 기회" 막말. https://www. asiae.co.kr/article/2020013112455711323

3) https://en.wikipedia.org/wiki/List_of_epidemics

4) Ziauddin Sardar, John A.Sweeney. 2016. The Three Tomorrows of Postnormal Times. Futures, 75:1-13

5) 인지체계를 알고 있음과 모르고 있음으로 분류한 사람은 아들 Bush 정권 당시 국무부 장관을 지낸 Rumsfeld에 의해서다. 이를 Rumsfeld Matrix라고도 한다.

6) 토마스 프리드만 저, 최정임, 이윤섭 역. 2006.《세계는 평평하다: 21세기 세계 흐름에 대한 통찰》. 창해

미래학으로 살펴본 '포스트 코로나 메가트렌드'

1) 윤기영, 이상지, 배일한 외. 2017. KAIST 미래관리 방법론 프레임워크 v 1.1. KAIST 미래전략센터

2) 윤기영. 2018. 국가미래준비지표 프레임워크 및 사례 발표. 정보진흥원(NIA)

3) 서용석, 윤기영, 임대근. 2020. 미래이슈카드. KAIST 미래전략센터, 발간예정

4) 윤기영, 김두환, 김원택, 배일한, 이명호 등. 〈미래영향 결합 분야 종합 시나리오 및 정책과제 도출 연구〉. 국회미래연구원

5) The Guardian. 2020.03.06. UK universities face cash black hole amid coronavirus crisis

6) 전자정부 1.0은 행정부의 서비스를 온라인으로 제공하는 것을, 전자정부 2.0과 한국의 전자정주 3.0은 공공정보의 공개하고 기업과 비정부기구 등이 이를 이용하여 다양한 서비스를 만들 수 있도록 한 체제를 의미한다. 전자정부 4.0 혹은 지능형 정부는 4차산업혁명의 촉매기술인 인공지능 등을 이용하여 보다 지능적이고 행정부의 기능 일부의 자동화를 추구한다. 코로나19의 진단, 추적, 치료는 전자정부 2.0를 기반으로 한다. 그리고 지능형 정부는 전자정부 2.0과 3.0을 전제로 한다.

7) ZDNet. 2019.09.25. Mark Zuckerberg: VR isn't a 2020 thing, but hopefully isn't a 2030 thing.

8) Futurims. 2018. "Things To Come: A Timeline Of Future Technology". Retrieve From http://wordpress.futurism.com/images/things-to-come-a-timeline-of-future-technology-infographic/

9) KBS. 2015.08.05. "21세기 빙하 녹는 속도 2~4배 빨라져"

10) The Guardian. 2019.12.10. This article is more than 6 months old Greenland's ice sheet melting seven times faster than in 1990s

11) 한국농촌경제연구원. 2020. 농업전망 2020: 농업·농촌 포용과 혁신, 그리고 지속가능한 미래

남북 앞에 놓인 16개의 시나리오

1) 자유아시아방송. 2020.01.21. 중국 폐렴 확산 속 외국인 관광객 입국금지

2) Daily NK. 2020.03.03. "의학적 감시 대상자들, 집밖에 나오지 못하고 자택 격리"

3) 연합뉴스. 2020.06.01. 북한, 이달 초에 코로나19로 미뤘던 초·중·고 개학

4) Daily NK. 2020.03.06. 북한군도 '발칵'…코로나19 의심 사망 200명 육박

5) 통일부, 북한정보포털, 전민군사복무제. https://nkinfo.unikorea.go.kr/nkp/term/

viewNkKnwldgDicary.do?pageIndex=1&dicaryId=159

6) 코로나19(COVID-19) 실시간 상황판: https://coronaboard.kr/

7) Yonhap News. 2020.05.08. U.N. needs US$146 mln for humanitarian aid, coronavirus relief to N.K

8) 손광수. 2020.03.20. 북한의 코로나19 동향과 남북보건협력 전망. KB북한연구

9) 윤기영, 이광형 교신저자. 2019. Deep Scenarios. 미래연구 4권 2호

10) 김원택, 윤기영, 진정숙, 김민지. 2020. 2040년, 남북한 통합과 4차산업혁명 공진화 시나리오 연구. 통일과나눔 재단

11) Ibid

12) Ibid

3년 후 키워드는 디지털, 10년 후 키워드는 탈화석연료

1) 예헤즈켈 드로어 저, 권기헌, 윤기영, 이강희, 조진형, 이대웅 공역. 2019. 《인류지도자를 위한 비망록》. 박영사

2) 예헤즈켈 드로어 저. Ibid; Peter Turchin. 2013.02.07. Return of the oppressed. Aeon.

3) 윤기영 등. 2018. 《인구 전쟁 2045 인구 변화가 가져올 또 다른 미래》. 크리에이터

4) 윤기영, 김두환, 김원택, 배일한, 이명호 등. 2019. 미래영향 결합 분야 종합 시나리오 및 정책과제 도출 연구. 국회미래연구원

5) WHO. 2016. Life expectancy increased by 5 years since 2000, but health inequalities persist

6) 예헤즈켈 드로어 저. Ibid

7) 이창호. 2002. 세대 간 갈등의 원인과 해결방안. 한국청소년학회 학술대회. 131-140.

흑사병이 지나간 자리에 르네상스가 피어났듯이

1) Jerome C. Glenn, Theodore J. Gordon(Ed.). 2009. 《Futures Research Methodology Version 3.0》. The Millennium Project

미래는 열려 있으나 완전히 비어 있는 것은 아니다

1) 윤기영, 이상지, 배일한 등. 2017. KAIST 미래관리 방법론 프레임워크 v 1.1. KAIST 미래전략센터.

2) WRR. 2010. Out of sight- Explore Future with policy

3) 프랭크 하이너먼 나이트 저, 이주명 역. 2018. 《위험과 불확실성 및 이윤》. 필맥

2장 사회 | 오늘부터의 세상은 낯선 곳
언택트를 넘어 온택트로 향하는 라이프 스타일

· 유호석. 포스트 코로나, 콘택트(Contact) 위한 언택트(Untact). SPRI. 2020.3

· 방은주. 포스트 코로나, 언택트 디지털 전환 기회. SPRI. 2020. 4

· 정준화. 코로나19에 대응한 ICT 정책의 현황과 향후 과제. 국회입법조사처. 2020.5.7

· 한국리서치. 여론속의 여론: 코로나19 6차 인식조사. 한국리서치 주간리포트 제76호. 2020.5.6

· 이승환, 한상열. 비대면 시대의 게임 체인저(Game Changer), XR(Extended Reality). SPRI. 2020.6.5

· 이성엽. 포스트 코로나 시대, 언택트 이코노미와 금융권의 변화. 코스콤 리포트. 2020.5.23

· 양병석. 언택트를 콘택트처럼 만드는 5G와 실감기술의 기회. SPRI. 2020.4

· 배영임. 코로나19, 언택트 사회를 가속화하다. 경기연구원. 2020.5.20

· 한국무역협회. 코로나19로 주목받는 중국의 언택트 산업. KITA Market Report. 2020.4

· 시사저널. [언택트 시대] 코로나19 이후 우리 의식주 어떻게 변할까. 2020.5.19

· 경북일보. [코로나19 시대 우리의 자화상] 4. 개인화 시대 사회공동체 시험대. 2020.5.11

· 경북일보. [코로나19 시대 우리의 자화상] 2. 언택트 넘어선 온텍트 문화 확산. 2020.5.

· 동아일보. 코로나19 장기화에 '언택트 채용 문화'로의 전환 필요성 대두. 2020.4.22

· IT조선. 코로나19, 소비 문화 바꿨다…韓 성인 남녀 71.1% 언택트 소비 증가. 020.4.9

· 모수진. 코로나19가 가져온 언택트 문화, 포스트 코로나 시대를 준 비하며. 복지타임즈. 2020.5.25.

재택근무로 얻는 행복의 가치는 1인당 월 150만 원

· 니킬 서발(2015). 큐브, 칸막이 사무실의 은밀한 역사

· Deloitte Insights(2019). The future of work in technology

· 이명호. 재택/원격근무와 미래의 일 공간. SPRI. 202004

· Coronavirus: What's the future for the office? (https://www.bbc.com/news/amp/uk-52720007)

· How the office was invented (https://www.bbc.com/news/magazine-23372401)

· COVID-19: Is this what the office of the future will look like? (https://www.weforum.org/agenda/2020/04/covid19-coronavirus-change-office-work-homeworking-remote-design/)

· The office as we knew it is dead (https://www.businessinsider.com/coronavirus-pandemic-wont-kill-office-but-it-will-change-forever-2020-4)

· Coronavirus has lifted the work-from-home stigma (https://www.nbcnews.com/news/us-news/coronavirus-has-lifted-work-home-stigma-how-will-shape-future-n1205376)

· The end of the office? Coronavirus may change work forever (https://www.ft.com/content/1b304300-0756-4774-9263-c97958e0054d)

· How COVID-19 could impact workplace design: managing movement (https://www.frameweb.com/news/covid-19-workplace-design-movement)

· Post-pandemic workplaces will be decentralized, and empower employees, say #FrameLive panellists (https://www.frameweb.com/news/frame-live-post-pandemic-work-overview)

· The Agile Workplace 2.0: designing for diversity on #FrameLive (https://www.frameweb.com/news/hok-workshop-agile-workplace)

공교육의 미래는 개인화에 있다

· 이주호. [이주호의 퍼스펙티브] 코로나 위기를 21세기 에듀테크 도입 계기로 삼아야 (https://news.joins.com/article/23742172)

· 이주호. [이주호의 퍼스펙티브] 미래 먹거리로 부상한 AI 교육혁명 불 지펴야 (https://news.joins.com/article/23784495)

· 중앙일보. [톡톡에듀]온라인 수업 실제 해보니… 집중도 높고 발표기회 늘고 (https://news.joins.com/article/23742487)

· 중앙일보. 더 심해지는 코로나발 학습격차…해결책은 바로 '이것' (https://news.joins.com/article/23795219?cloc=joongang|article|tagnews)

· 주간한국. "온라인개학, 교육부가 현장 여건 너무 모른다" (http://weekly.hankooki.com/lpage/
society/202004/wk20200406070520146100.htm

· 뉴스원. 구글 클래스 학교·PC도 없는 학생…온라인 개학 '극과극' (https://www.news1.kr/
articles/?3893076)

· 한국일보. 원격수업 접속 지연 사라졌으나… 수업 켜놓은 채 게임도 (https://www.hankookilbo.
com/News/Read/202004101442023926?did=NA&dtype=&dtypecode=&prnewsid=)

지식의 유통기한은 어디까지 짧아질 것인가

· 한국일보. 대학 온라인 강의 만족도 7% 불과… 학생들 "등록금 돌려달라" (https://www.
hankookilbo.com/News/Read/202004051554074446?did=NA&dtype=&dtypecode=&prnews
id=)

· 이주호. [이주호의 퍼스펙티브] 코로나 위기를 21세기 에듀테크 도입 계기로 삼아야 (https://news.
joins.com/article/23742172)

· 이주호. [이주호의 퍼스펙티브] 대학행정 교육부에서 분리해야 (https://news.joins.com/
article/23707614)

· 이주호. [이주호의 퍼스펙티브] 미래 먹거리로 부상한 AI 교육혁명 불 지펴야 (https://news.joins.
com/article/23784495)

· 이명호. 여시재 인사이트. 4차 산업혁명시대의 대학, 해체까지 고민하지 않으면 살아남지 못할 것

· 염재호. 여시재 대화. [여시재 대화 / 염재호 전 고려대학교 총장] "SKY 졸업장 10년 내 의미 없어질
것" (https://www.yeosijae.org/research/973)

의료산업의 고객층은 0세부터 100세까지

· 홍윤철. 팬데믹. 포르체. 2020.

· 홍윤철. 의료와 도시(여시재 신문명연구 시리즈). 여시재. 2020

· 방은주. 포스트 코로나, 언택트 디지털 전환 기회. SPRI. 2020.4

K-방역의 성공을 애써 무시하는 선진국들

· KISDI(2020). 인공지능, 코로나19를 만나다. 정보통신정책연구원. AI Trend Watch 2020. 4.15.

· http://it.chosun.com/site/data/html_dir/2019/09/15/2019091501251.html

· 미디어오늘(http://www.mediatoday.co.kr)

· http://www.kharn.kr/news/article.html?no=12345

3장 기회 | 보려고 하는 사람에게만 보이는 것

관측 이래 가장 맑은 하늘… 코로나의 역설

· https://www.bbc.com/korean/51992962

· https://www.bbc.com/korean/news-52364876

뉴 노멀

초판 1쇄 발행 · 2020년 6월 30일

지은이 · 윤기영·이명호·(사)미래학회
펴낸이 · 김동하

책임편집 · 양현경
기획편집 · 김원희
온라인마케팅 · 이인애

펴낸곳 · 책들의정원
출판신고 · 2015년 1월 14일 제2016-000120호
주소 · (03955) 서울시 마포구 방울내로9안길 32, 2층(망원동)
문의 · (070) 7853-8600
팩스 · (02) 6020-8601
이메일 · books-garden1@naver.com
포스트 · post.naver.com/books-garden1

ISBN · 979-11-6416-059-4 (03320)